대화의 힘

대화의 힘

원하는 모든 것을 얻어내는 최고의 기술

찰스 두히그 지음
조은영 옮김

CHARLES
DUHIGG

SUPER
COMMUNICATORS

갤리온
GALLEON

프롤로그

펠릭스 시갈라Felix Sigala라는 인물에 관해 물었을 때 한결같이 돌아오는 답은 이야기 나누기 편한 사람이라는 것이었다. 그냥 편한 정도가 아니라 사람들은 시갈라와 얘기하는 걸 무척 좋아했다. 그와 말하다 보면 왠지 자신이 좀 똑똑하고 재밌고 썩 괜찮은 사람이 된 것 같은 기분이 든다고 했다. 그는 딱히 공통점이 없는 사람과도—사실 그럴 일도 별로 없긴 한데, 얘기를 하다 보면 가치관이나 경험, 건너 건너 아는 사람 등 공유하는 게 하나쯤은 나오게 마련이니까—마치 둘 사이에 대단한 역사가 있었던 것처럼 자연스럽게 대화를 이어갔다.[1]

연구팀이 시갈라를 찾은 것도 그가 그런 사람이었기 때문이다.

펠릭스 시갈라는 20년간 미국 연방수사국FBI에 몸담았다. 대학 졸업 후 입사했고, 군에서 잠시 복무한 다음 현장 요원으로 몇 년을 보냈다. 남들과 쉽게 어울리는 그의 면모를 윗선에서 처음 눈여겨보게 된 것도 현장에서였다. 이후 그는 승진을 거듭했고 마침내 고위 관리자가 되어 전천후 협상가로서 임무를 수행했다. 그는 증언을 꺼리는 목격자를 구슬려 진술을 받아내고, 수배 중인 범인이 자진 출두하게 유도하거나, 슬퍼하는 유가족을 위로했다. 한번은 실내에서 코브라 여섯 마리, 방울뱀 열아홉 마리, 이구아나 한 마리로 진을 치고 버티던 동물 밀수범을 설득해 순순히 공범의 이름까지 불게 한 적도 있다. "상황을 뱀의 관점에서 보게 하는 게 관건이었습니다." 시갈라가 내게 말했다. "평범한 사람은 아니었지만 그래도 동물을 사랑하는 마음은 진심이었거든요."

FBI에는 인질 상황을 전담하는 위기 협상반이 있다. 사태가 복잡해지면 시갈라 같은 전문가가 투입된다.

조언을 구하는 젊은 요원에게 시갈라는 항상 이렇게 말한다. 경찰이 아닌 척하지 말 것. 선불리 상대를 조종하려 들거나 협박하지 말 것. 질문을 많이 던지고 상대가 감정을 드러내면 함께 울고 웃고 불평하고 기뻐할 것. 그러나 구체적으로 그가 어떤 능력 때문에 그토록 뛰어나게 임무를 수행했는지는 가까운 동료도 알지 못했다.

2014년에 심리학자, 사회학자 등으로 구성된 특별 연구팀이 국방부 요청으로 설득과 협상을 가르치는 새로운 방식을 구상하게 되었다. 국방부의 궁극적인 목표는 군 장교들을 커뮤니케이션에 뛰어난 사람으로 훈련하는 것이었다. 이들이 시갈라를 찾아갔다. 여러 관료에게 함께 일했던 최고의 협상가가 누구였냐고 물었을 때 가장 많이 언급된 이름이었기 때문이다.

그를 기다리면서 연구자들은 시갈라가 키가 크고 인물도 좋고 따뜻한 눈에 그윽한 바리톤 음색을 지닌 사람일 거라고 예상했다. 그러나 인터뷰하러 들어온 남성은 콧수염이 있고 배도 나오고 부드러운 콧소리를 내는 평범한 중년의 아버지가 아닌가. 어딜 봐도 눈에 띄는 구석이 없는 보통 사람이었다.

시갈라는 내게 인터뷰 당시의 상황을 말해주었다. 서로 소개와 약간의 농담을 주고받은 후 연구자 중 한 사람이 프로젝트에 관해 설명했고 그때부터 질문을 던지기 시작했다. "커뮤니케이션이 뭐라고 생각하십니까?"

"글쎄요, 말보다는 직접 보여드리는 게 더 낫겠네요. 괜찮으시면 인생에서 가장 소중한 추억 하나만 말씀해주시겠습니까?"

시갈라에게 질문한 과학자는 자신을 어느 대형 연구소 소장이라고 소개했다. 그는 휘하에 수십 명을 거느리고 수백만 달러의 연구비를 총괄하는 사람이었다. 근무 시간에 한가롭게 추억이나 떠올릴 사람 같지는 않았다.

그러나 그 과학자는 잠시 생각하더니 이렇게 대답했다. "딸아이 결혼식인 것 같습니다. 가족이 모두 한자리에 모였지요. 그리고 몇 달이 안 돼서 어머니가 돌아가셨어요."

시갈라는 그에게 몇 가지를 더 물었고 중간중간 자신의 기억도 공유했다. "제 여동생은 2010년에 결혼했습니다. 지금은 이 세상에 없지만요. 암이었는데, 투병하는 내내 많이 힘들어했죠. 하지만 그날만큼은 정말 하늘에서 내려온 선녀 같았어요. 전 그때의 모습으로 동생을 기억하려고 합니다."

이런 식으로 45분이 지났다. 시갈라는 과학자들에게 묻기도 하고 자기 얘기도 했다. 상대가 사적인 얘기를 꺼내면 그 역시 자신의 사연으로 호응했다. 한 과학자가 사춘기 딸과의 고충을 털어놓자 시갈라는 자기가 아무리 노력해도 서로 어긋나기만 했던 이모 이야기를 꺼냈다. 어린 시절에 대해 묻자 시갈라는 자신이 원래 수줍음이 아주 많은 아이였다고 대답했다. 그러나 영업 사원이었던 아버지와 사기꾼이었던 할아버지를 흉내 내면서 마침내 사람들과 가까워지는 법을 터득했다고 했다.

예정된 인터뷰 시간이 끝날 무렵 한 심리학 교수가 끼어들었다. "죄송하지만 저는 아직 선생님께서 하시는 일을 잘 이해하지 못하겠어요. 왜 그렇게 많은 분들이 저희에게 당신을 추천했다고 생각하십니까?"

"정말 좋은 질문을 주셨습니다." 시갈라가 대답했다. "답변을 드리기 전에 먼저 한 가지 여쭤도 될까요? 교수님께서는 싱글맘이라고 하셨잖아요. 엄마의 역할을 하면서 일을 병행하기가 얼마나 힘드실지 전 상상도 못 하겠군요. 외람되지만 선생님께서는 주위에 이혼을 결심한 사람이 있다면 어떤 조언을 해주고 싶으신지요?"

심리학자는 잠시 말이 없었다. 그러더니 입을 열었다. "뭐, 해줄 말이야 많죠. 제가 전남편과 별거했을 때…."

이때 시갈라가 부드럽게 말을 가로막았다.

"진짜로 답변을 들으려던 것은 아니었습니다." 시갈라가 말했다. "하지만 동료 전문가들이 함께 있는 이 방에서 저와 대화를 시작한 지 한 시간 만에 교수님께서는 지금 본인의 인생에서 가장 사적인 영역의 이야기를 서슴지 않고 꺼내셨다는 점을 알려드리고 싶군요." 시갈라는 그 심리학자가 기꺼이 자기 얘기를 꺼낼 수 있었던 것은 한 시간 동안 그들이 함께 만든 분위기 때문이라고 설명했다. 시갈라는 상대의 이야기를 세심하게 들었고, 사람들이 자신의 치부나 취약한 부분을 끄집어낼 만한 질문을 던졌으며, 시갈라의 질문을 받은 사람 역시 성의 있고 자세하게 자기 이야기를 했다. 시갈라는 그 자리에 있던 과학자들이 각자 세상을 보는 방식을 설명하도록 격려했고 그런 다음에는 시갈라 자신이 그 이야기를 성심껏 듣고 있다는 걸 보여주었다. 상대가 자기도 모르게 자신의 감정을 이야기할 때마다 시갈라는 본인의 감정을 함께 밝히는 것으로 화답했다. 이런 작은 선택들이 신뢰할 수 있는 대화의 환경을 만들어냈다는 게 시갈라의 답변이었다.

그가 과학자들에게 말했다. "그저 간단한 기술을 좀 썼을 뿐입니다. 여기에 마법 같은 것은 없습니다." 달리 말하면 누구나 슈퍼 커뮤니케이터가 될 수 있다는 뜻이다.

속상한 일이 많은 하루였는가? 그럼 당신은 누구에게 전화하겠는가? 직장에서 거래를 망쳤거나, 배우자와 언성을 높였거나, 일이 지독하게 풀리지 않아 지쳤다면 누구에게 토로하고 싶은가? 힘든 일이 있을 때 기분을 풀어주고, 복잡한 상황에서 돌파구를 찾게 돕고, 상심한 순간이든 기쁜 순간이든 함께 나눌 수 있다고 생각되는 누군가가 주변에 있지 않은가.

그럼 이제 다시 묻겠다. 머릿속에 떠오른 그 사람이 당신의 삶에서 가장 웃기는 사람이던가? (아마 아닐 것이다. 잘 생각해보면 오히려 남들보다 많이 웃는 편일 것이다.) 아니면 당신이 아는 가장 흥미롭고 똑똑한 사람이던가? (오히려 그와 얘기하고 나면 나 자신이 더 똑똑해진 기분이 들 거라고 기대했을 것이다.) 혹은 남을 즐겁게 하거나 자신감이 넘치거나 최고의 조언을 주는 사람이던가? (아마 답은 '아니요', '아니요', '아니요'일 가능성이 크다. 그러나 통화를 끝내고 나면 왠지 마음이 차분해지고 집중하게 되고 올바른 선택에 가까워진 기분이 들 것이다.)

그렇다면 그 사람의 어떤 행동이 당신을 그렇게 기분 좋게 만들었을까?

나는 이 질문에 답하기 위해 이 책을 썼다. 왜 어떤 사람과의 대화는 술술 풀리고, 또 어떤 사람과 얘기하면 꽉 막힌 듯 답답한 걸까? 지난 20년 동안 그 답을 알려주는 연구가 많이 발표되었다. 이런 지혜를 배우면 우리는 좀 더 명확하게 듣고 매력적으로 말할 수 있게 된다. 우리는 사람의 뇌가 타인과의 연결을 갈망하도록 진화했다는 것을 알고 있다. 의기투합하는 상대를 만나면 두 사람의 눈은 동시에 확장하고 맥박이 일치하며 비슷한 감정을 느끼고 머릿속에서 서로의 문장을 완성하기 시작한다. '신경동조neural entrainment'라고 알려진 이 현상이 사람을 기분 좋게 만든다. 살다 보면 가끔 이런 즐거운 순간이 찾아오지만 거기에 어떤 원인이 있었다기보다 그저 우연히 말이 잘 통하는 사람을 만난 거라고 생각한다. 반면에 상대와 가까워지고 싶은 마음이 절실한데도 생각처럼 되지 않을 때가 있다.

타인과의 대화는 종종 당황스럽고 스트레스를 주며 결국 파탄으로 이어질 때도 있다. 극작가 조지 버나드 쇼는 "소통의 가장 큰 문제는 상대와 소통했다는 착각이다"라고 말했다.[2] 그러나 이제 과학은 성공적인 대화의 갖가지 비결을 풀어놓는다. 과학자들은 대화 중에 상대방의 목소리는 물론이고 그 사람의 몸에 주의를 기울였을 때 더 잘 듣게 된다는 것을 배웠다. 때로는 무엇을 묻느냐보다 어떻게 묻느냐가 더 중요하다. 사람 간에 사회적 차이가 존재하지 않는 척 애쓰는 것보다 처음부터 인정하고 시작하는 편이 나을 때가 있다. 모든 대화는 아무리 이성적인 화두를 내세워도 결국엔 감정의 지배를 받게 마련이다. 이야기를 나누기에 앞서 이 대화는 모든 참석자가 각각 원하는 바를 알아내야 하는 협상이라고 생각하면 도움이 될 것이다.

어떤 대화든 가장 중요한 목적은 상대와 통하는 것이다.

사실 애초에 이 책을 쓰겠다고 생각하게 된 것은 나 자신이 커뮤니케이션 문제로 여러 차례 곤혹을 치렀기 때문이다. 몇 년 전, 비교적 복잡한 연구 프로젝트 관리를 요청받은 적이 있었다. 관리 업무를 맡아본 적은 없었지만 나는 윗사람들과 일한 경험이 풍부했다. 게다가 이 몸은 그 대단하다는 하버드 MBA 소유자가 아닌가. 또 저널리스트란 원래 소통이 직업인 직종이다. 어려워봤자겠지….

무슨! 결론만 말하자면 너무 힘들었다. 일정을 세우고 실행 계획을 짜는 일쯤은 문제없었다. 하지만 소통이 걸림돌이었다. 하루는 동료 하나가 찾아와 자신들의 제안이 무시되고 공을 제대로 인정받지 못하는 것 같다고 불평했다. "얼마나 답답한지 아십니까?"

나는 무슨 말인지 알겠다고 답한 다음 해결책을 제시하기 시작했다. 당신들이 회의를 직접 주관하면 어떻겠습니까? 각자 임무를 명시한 조직도를 붙여놓는 방법도 있겠죠. 아니면….

"아직도 무슨 말씀인지 모르시네요. 역할 분담을 더 명확하게 하자는 게 아닙니다. 그저 일터에서 서로 좀 더 존중하자는 거예요." 그 사람은 이곳에서 사람들이 서로를 대하는 방식에 대해 얘기하고 싶어 했는데 나는 구체적인 방책에 집착했다. 공감해달라는 말은 듣지 않고 어쭙잖은 해결책으로 답하려고 한 것이다.

사실 비슷한 역학 관계가 집에서도 연출되었다. 가족과 휴가를 가면 나는 으레 불만거리를 찾곤 한다. 호텔에서는 예약한 조건의 방을 내주지 않았고, 비행기 안에서는 내 앞사람이 좌석을 뒤로 젖히는 바람에 내내 불편했다. 그러면 아내는 내 불평을 듣고서 아주 이상적인 답을 제시한다. "이왕이면 여행의 긍정적인 면에 집중하면 어때?" 그러면 나는 더 부아가 나는데, 내가 바라는 건 단지 누군가 내 편을 들어주는 것임을 아내가 모르는 것 같기 때문이다. 냉정하고 합리적인 충고 말고, 그냥 내가 화나는 게 당연하다고 말해달라고! 반대로 어떨 때는 우리 애들이 나와 얘기하고 싶어 하다가 내가 일에 정신이 팔려 건성으로 듣고 있으면 결국 자기 방에 들어가버린다. 돌이켜보면 나는 나에게 가장 소중한 사람들과의 관계에 실패하고 있다는 걸 알면서도 어떻게 해야 할지 몰랐다. 이런 실패가 나한테는 대단히 치명적이다. 작가인 나는 사실상 소통으로 먹고사는 사람이기 때문이다. 왜 나는 나에게 가장 중요한 사람들과 가까워지고 그들의 이야기를 듣는 것이 힘들까?

이런 혼란이 나만의 것은 아니라는 생각이 들었다. 모든 사람이 때로는 친구나 동료의 말을 경청하지 못하고, 그들의 진심을 이해하지 못하며, 그들이 진짜로 말하려는 것을 듣지 못한다. 게다가 우리 자신도 남들이 제대로 이해하지 못하게 말하곤 한다.

이 책은 커뮤니케이션이 원치 않는 방향으로 흘러가는 원인을 밝히고 더 나은 소통을 위해 무엇을 어떻게 해야 하는지 설명한다. 그 중심에는 몇 가지 핵심 개념이 있다.

첫째, 많은 대화가 실제로는 세 가지 유형으로 이루어진다. '무엇을 말하고 싶은가?'에 집중하는 실용적인 의사 결정의 대화가 있다. '어떤 기분인가?'를 나누는 감정적인 대화도 있다. 마지막으로 '우린 누구인가?'를 탐구하는 사회적 정체성에 대한 대화가 있다. 대개는 이야기가 진행되면서 이 세 대화가 뒤섞이게 된다. 그러나 내 앞에 있는 상대와 동일한 유형의 대화를 하고 있지 않다면 서로 진정으로 통하게 될 가능성은 아주 낮다.

게다가 각 유형은 각각의 논리에 따라 운영되고 나름의 기술이 필요하다. 따라서 상대와 제대로 소통하려면 지금 그와 어떤 유형의 대화를 나누고 있는지 파악하고 그 기능을 이해해야 한다.

그것이 곧 이 책의 두 번째 핵심 개념으로 이어진다. 의미 있는 대

3가지 대화 유형

무엇을 말하고 싶은가?	어떤 기분인가?	우린 누구인가?
(의사 결정을 위한 대화)	(감정을 나누는 대화)	(사회적 정체성에 대한 대화)

화를 하려면 '알아가는 대화learning conversation'를 목표로 삼아야 한다. 구체적으로 말해 상대가 세상을 어떻게 보는지 배우고 또 반대로 상대 역시 나의 관점을 배우도록 도우라는 뜻이다.

마지막 핵심 개념은 실제로 어떤 개념이라기보다는 나 자신이 경험을 통해 깨달은 것으로, 본능을 올바로 잠금 해제하면 누구라도 슈퍼 커뮤니케이터가 될 수 있다는 사실이다. 그리고 실제로도 많은 이들이 이미 그 경지에 올랐다. 상대방의 말을 명확하게 듣게 되면 누구나 한 차원 더 깊이 연결되고 가까워질 수 있다.

앞으로 우리는 넷플릭스 경영진, 시트콤 〈빅뱅 이론〉의 작가진, 첩보원, 외과의사, 미 항공우주국 심리학자와 코로나19 연구자들이 어떻게 스스로 말하고 듣는 방법을 바꾸면서 간극을 극복하고 사람들과 진정으로 소통하게 되었는지를 살펴볼 것이다. 독자는 그 가르침을 직장 동료, 친구, 연인, 자녀, 카페의 바리스타, 그리고 적과의 대화 등 일상에서 어떻게 적용할지 감을 잡게 될 것이다.

의미 있는 대화법을 익힐 필요가 그 어느 때보다 절실한 세상이 되었다. 세상이 점점 양극화로 치닫고 있다는 사실은 쉬쉬할 일이 아니며, 많은 사람이 남의 말을 듣고 남이 자기 말을 듣게 하는 데 어려움을 겪고 있다. 그러나 모두 한자리에 앉아 서로의 이야기에 귀 기울이게 된다면, 또 의견 차이를 깨끗이 해소할 수는 없어도 상대의 이야기를 듣고 각자 자기에게 필요한 것을 전달할 줄 알게 된다면, 우리는 함께 잘 살아갈 수 있을 것이다.

의미 있는 대화는 수많은 작은 선택으로 구성된다. 적절한 질문, 비언어적 표현, 다정한 공감이 대화의 성격을 완전히 바꾸는 순간이 있다. 소리 없는 웃음, 들리지 않는 한숨, 긴장된 분위기에서의 미소까지, 어떤 사람들은 이러한 기회를 포착하고 대화의 유형을 파악하고, 상대가 정말로 원하는 것이 무엇인지 알아챈다. 그들이 익힌 것은 상대가 말하지 않은 것을 듣고, 상대가 듣고 싶어 하는 것을 말하는 기술이다.

그렇다면 이 책은 타인과 소통하고 가까워지는 방법을 탐구하는 여정이라 할 수 있다. 적절한 타이밍에 시작된 적절한 대화에는 무엇이든 바꿀 수 있는 힘이 있으니까.

차례

프롤로그   4

Part 1   선택의 기술
———————— 모든 대화는 수많은 선택들로 구성된다

1 대화는 세상에서 가장 강력한 도구다   21
● CIA 신입 요원은 어떻게 중동의 스파이를 포섭했을까

왜 어떤 사람과의 대화는 즐겁고 어떤 사람과의 대화는 답답할까 28 슈퍼 커뮤니케이터 31
대화할 때 뇌에서 벌어지는 일 39 상대가 듣고 싶어 하는 것을 말하라 45
▶ 알아가는 대화의 4가지 규칙 53

Part 2   협상의 기술
——————————— 원하는 것을 얻어내는 법

2 모든 대화는 협상이다   63
● 논란의 판결을 뒤집은 배심원의 질문

조용한 협상 67 왜 환자는 의사의 말을 의심하는가 70 뭔가 다른 배심원의 특별한 능력 78
위대한 협상가는 예술가다 82 황당한 음모론에 넘어가는 이유 88 결정적 순간을 포착하는
힘 93
▶ 의사 결정을 위한 대화 101

Part 3

연결의 기술
우리는 타인과의 연결을 갈망한다

3 나의 이야기를 털어놓을 때 생기는 변화   113
● "다른 사람 앞에서 울었던 때가 언제인가요?"

인생을 바꾼 하나의 질문 118 60분의 대화는 무엇을 바꾸는가 124 취약함을 드러낸다
는 것 127 감정의 전염 128 빠르게 깊어지는 법 133 때로는 민감한 질문을 던져야 한다
138 감정은 왜 그토록 중요한가 141

4 상대가 말하지 않은 것을 듣는 기술   144
● 제작 중단 위기였던 <빅뱅 이론>이 최고의 시트콤이 된 이유

나사NASA의 면접관은 어떤 지원자를 뽑을까 149 사람은 가짜 웃음을 1초 만에 알아챈다
154 비언어적 신호를 보내라 157 극도의 스트레스 상황에서 대화하는 법 162 감정의 교
류가 힘든 물리학자들 169

5 대화는 갈등을 어떻게 해결하는가   176
● 총기 난사 사건의 피해자와 총기 광신도의 대화 실험

의견의 간극이 좁혀지지 않을 때 179 갈등을 회피하는 사람들 183 잘 듣고 있다는 것을 보
여주는 방법 187 불행한 부부와 행복한 부부의 결정적 차이 197 왜 사람은 악한 댓글을 다
는가 205
▶ 감정을 나누는 대화 212

Part 4
수용의 기술
수용하는 대화는 세상을 바꾼다

6 누군가의 세계를 이해할 때 성숙한 대화가 시작된다   **225**
● 백신 반대주의자를 설득하는 법

고정관념이 망치는 것들 234 우리는 모두 복잡한 존재다 246 의사는 어떻게 백신 반대주의자를 설득했을까 253

7 나 자신을 온전히 드러내는 대화의 마법   **259**
● 넷플릭스의 커뮤니케이션 책임자가 해고된 이유

단어 하나로 위기에 빠진 넷플릭스 264 왜 어떤 대화는 그토록 어려운 걸까? 270 '규칙 금지'라는 규칙 282 불편한 대화를 피하면 아무것도 얻지 못한다 291
▶ 사회적 정체성에 대한 대화 297

에필로그 306
주 320
감사의 말 362

Part
1

선택의 기술

모든 대화는
수많은 선택들로 구성된다

1

대화는 세상에서 가장
강력한 도구다

●

CIA 신입 요원은 어떻게 중동의 스파이를 포섭했을까

짐 롤러Jim Lawler는 솔직히 자신이 정보원 매수에 젬병이라는 걸 인정했다. 아니, 유일하게 애착을 가진 직장에서 해고될까 봐 숱한 밤을 지새울 정도로 형편없었다. 그는 2년 전 미국 중앙정보국CIA의 공작관이 되었다.[1]

때는 1982년, 롤러는 서른 살이었다. 텍사스대학교에서 평범한 성적으로 로스쿨을 졸업하고 고만고만한 직장을 전전하던 그는 어느날 앞날에 대한 막막한 심정으로 예전에 캠퍼스에서 만난 적이 있는 CIA 헤드헌터에게 연락했다. 면접을 보고 거짓말 탐지기를 통과하고 이후에도 여러 도시에서 수십 번의 면접을 더 거치며 마치 자신이 모르는 게 뭔지 캐내려고 작정한 것 같은 시험들을 쳤다(1960년대 럭

비 세계 챔피언을 기억하는 사람이 있다고?).

마침내 그는 최종 면접까지 올라갔다. 하지만 합격 가능성은 바닥이었다. 시험 성적은 평균 아래였고, 해외 경험도 없었다. 변변찮은 외국어 실력에, 군에서 복무한 적도, 딱히 내세울 기술도 없었다. 그러나 면접관은 롤러가 면접을 보러 워싱턴 D. C.까지 자비로 찾아왔고, 실마리 하나 없는 막막한 질문에도 끝까지 성실하게 시험에 임했으며, 좌절할 만한 상황에서도 감탄스러울 정도로 긍정적인 태도로 대응했다는 점에 주목했다.

면접관은 롤러에게 왜 그렇게 CIA가 되고 싶냐고 물었다.

"저는 중요한 일을 하면서 살고 싶습니다." 롤러가 대답했다. 그는 조국을 위해 일하고 "자유를 갈망하는 나라에 민주주의를 선사하고" 싶다고 했다. 하지만 그 말을 입 밖에 낸 순간 아차 싶었다. 이런 우스꽝스러운 답변이 또 있을까. 누가 면접을 보면서 갈망이라는 단어를 쓴단 말인가. 그래서 바로 말을 멈추고 숨을 고른 다음, 다시 최대한 솔직하게 말했다. "제 삶은 공허합니다. 의미 있는 존재가 되고 싶습니다."

일주일 뒤, CIA가 합격 소식을 알렸다. 그는 바로 제안을 받아들였고, 캠프 피어리─버지니아주에 있는 요원 훈련 기관으로 통상 '농장'이라고들 불렀다─에 입소해 자물쇠 따기, 데드 드롭dead drop(첩보원의 접선 방법, 지정된 장소에 물건을 두고 가면 다른 사람이 회수하는 방식─옮긴이), 미행 및 감시 등의 훈련을 받았다.

그러나 농장의 교육 과정에서 가장 의외의 부분은 대화 기술에 치중된 훈련이었다. 농장에 머무는 동안 롤러는 CIA 요원의 일이 본질적으로 커뮤니케이션이라는 걸 배웠다. 현장 요원의 가장 큰 임무는 그림자처럼 건물에 숨어들거나 주차장에서 밀담을 나누는 것이 아니었다. 파티에서 사람들과 대화하고 대사관에 연줄을 대고 외국 관리와 유대감을 쌓으며 언젠가 결정적인 순간에 중요한 정보를 두고 긴밀한 이야기를 나눌 인맥을 형성하는 것이었다. 이들에게 커뮤니케이션은 가장 중요한 요소였으며, 이 측면에서 CIA 훈련 방식을 요약하면 다음과 같다. "어떻게든 끈을 만들어라. 공작관의 목표는 예비 요원으로 하여금 (이왕이면 좋은 이유로) 이 공작관이 자기를 진정으로 이해하는 유일한 사람이라고 믿게 만드는 것이다."[2]

롤러는 스파이 학교를 높은 점수로 마쳤고 유럽에 파견되었다. 그의 임무는 외국 관료와 인맥을 형성하고 대사관 담당자와 친분을 쌓아 기꺼이 내부 사정을 얘기해줄 정보원을 발굴하는 것이었다. 고위 간부들이 국제 문제를 좀 더 쉽게 해결할 대화의 창구를 열 수 있기 바라면서 말이다.

외국에서 보낸 처음 몇 달은 하루하루가 처절했다. 롤러는 최선을 다해 사람들과 어울렸다. 공식 만찬에 참석하고 대사관 근처 바를 돌아다니며 술을 마셨다. 하지만 건진 게 없었다. 한번은 스키 뒤풀이 행사에서 안면을 튼 중국 대표단 직원에게 점심과 칵테일을 사줘가며 가까워진 끝에 용기 내어 물었다. 혹시 대사관에서 들은 소문을 흘려주고 돈을 벌 생각이 없냐고. 그 직원은 고맙지만 자기는 이미 부유하고 괜히 잘못 얽혔다가 걸리기라도 하면 처형될 거라며 정중히 사양했다.

다음에는 소련 영사관 안내실 직원에게 접근했다. 웬일로 일이 술술 풀렸으나 어느 날 롤러의 상사가 오더니 사실 그 직원은 소련 국가보안위원회KGB 소속이며 그쪽에서도 롤러를 포섭하려고 작전 중이었다는 처참한 소식을 전했다.

그렇게 허우적대기만 하던 어느 날, 마침내 해고의 위기를 막아줄 기회가 찾아왔다. 어느 중동 국가 외무부에서 일하는 야스민이라는 젊은 여성이 휴가차 오빠가 있는 유럽에 왔다는 소식을 한 CIA 동료가 귀띔해주었다. 그로부터 며칠 뒤 롤러는 한 식당에서 그녀와 우연인 척 부딪치는 데 성공했다. 그는 자신을 석유 투자자라고 소개하고 대화를 시작했다. 야스민은 오빠가 워낙 바빠서 함께 구경 다니지 못한다고 했다. 그녀는 몹시 외로워 보였다.

롤러는 다음 날 점심에 야스민을 초대하고 이것저것 캐물었다. 지금 하는 일은 마음에 드는가? 최근 보수 혁명을 겪은 나라에서 사는 것이 어렵지는 않은지? 야스민은 권력을 잡은 과격한 종교주의자들을 싫어한다고 털어놓았다. 그녀는 파리나 뉴욕에서 살고 싶은 마음이 굴뚝같지만 경제 사정이 좋지 않아 이 짧은 여행을 오는 데도 몇 달 동안 돈을 모아야 했다.

승산이 있다고 판단한 롤러는 자신이 다니는 석유 회사에서 컨설턴트를 찾는다며 슬쩍 떠보았다. 시간제 업무라 외무부 일을 그만두지 않고 얼마든지 병행할 수 있고 계약금까지 넉넉하게 챙겨 주겠다고 했다. "우리는 함께 샴페인을 주문했습니다. 어찌나 좋아하던지금방이라도 울음을 터트릴 것 같더군요." 롤러가 내게 말했다.

야스민과 헤어진 롤러는 사무실로 달려가서 상사에게 보고했다. 드디어 첫 번째 정보원을 포섭했습니다! "그랬더니 상사가 이러더군요. '축하하네. 본부에서도 몹시 기뻐할 거야. 이제 자네 정체를 밝히고 그 나라 정부에 관한 정보를 달라고 말하게.'" 그렇게 끔찍한 일이 또 있을까. 솔직하게 말했다가는 야스민이 그와 다시 말도 섞지 않을 텐데.

그러나 상사는 사실을 말하지 않고 CIA에 정보를 넘기게 하는 것은 옳지 못하다고 했다. 게다가 그쪽 정부에 발각이라도 되는 날에는 야스민은 감옥에 갇히거나 죽을 수도 있다. 그녀도 이 일의 위험성을 알고 시작해야 한다.

그때부터 롤러는 야스민과 만나면서 수시로 자신의 진짜 고용주를 밝힐 타이밍을 노렸다. 그녀는 나날이 더 솔직해졌다. 신문을 폐간하고 언론의 자유를 탄압하는 정부를 부끄럽게 여겼고, 대학에서 여성이 특정 과목을 수강하지 못하게 하고 공공장소에서 히잡 착용을 강요하는 관료들을 혐오했다. 정부 기관에서 처음 일을 시작할 때만 해도 상황이 이렇게까지 나빠질 줄은 상상도 못 했다고 말했다.

롤러는 이것을 신호로 읽었다. 그래서 마침내 얼마 뒤 야스민과 함께 저녁을 먹으며 사실 자기는 석유 투자자가 아니라 미국 정보국 요원이라고 고백했다. 미국 정부도 그녀와 원하는 바가 다르지 않다, 당신네 나라의 신권정치를 무너뜨리고 현 지도자의 권력을 무력화할 뿐 아니라 여성에 대한 억압을 멈추게 하겠노라 약속했다. 그러면서 거짓말을 한 것은 미안하지만 일자리 제안은 진짜이니 CIA를 위해 일해보면 어떻겠냐고 물었다.

"제가 말을 마치자 그녀의 눈이 점점 커지더니 테이블보를 움켜쥐고 머리를 흔들면서 '안 돼, 안 돼, 그럴 순 없어'라고 외쳤어요. 그리고 제가 만류하자 울기 시작하더군요. 그 모습을 보면서 저는 일이 글렀구나 했습니다." 롤러가 내게 말했다. "그런 일을 하던 다른 사람들이 죽어나가는 걸 보았기 때문에 도저히 못 하겠다는 거예요." 롤러가 야스민의 마음을 돌릴 방법은 없었다. "그저 한시라도 빨리 저한테서 벗어나고 싶어 했습니다."

롤러는 상사에게 가서 비보를 전했다. 상사는 말했다. "이게 무슨 말도 안 되는 소린가. 자네가 포섭에 성공했다고 벌써 다 말했는데! 부서장과 지부장한테도 보고했고, 심지어 그쪽에서는 워싱턴 D. C.에도 보고를 올렸어. 근데 이제 와서 없던 일이 되었다고 말하라는 건가?"

롤러는 앞이 캄캄했다. "아무리 많은 액수를 제시하고 무엇을 약속해도 소용없었습니다. 자살 행위나 다름없는 위험을 감수하라고 설득하지 못하겠더군요." 그가 내게 말했다. 야스민에게 그가 그녀를 이해하고 어떤 일이 있어도 보호할 거라는 믿음을 주는 게 유일한 방법이지만 어떻게 신뢰를 심어줄 수 있을까? "농장에서는 누군가를 포섭할 때 자기가 그 사람을 아끼고 소중하게 생각한다는 확신을 주라고 가르쳤어요. 그 말은 실제로 신경을 써야 한다는 뜻이고 이는 곧 어떤 식으로든 상대와 통하고 가까워져야 한다는 뜻이기도 합니다. 하지만 방법을 모르겠더란 말입니다."

어떻게 하면 다른 사람과 진정한 관계를 맺을 수 있을까? 어떻게 하면 대화를 통해 상대가 위험을 감수하고, 모험을 받아들이고, 일을 수락하고, 데이트를 허락하게 할까?

좀 더 가벼운 예로 당신이 직장 상사와 가까워지고 싶거나 새로운 친구를 알아가는 중이라면 어떻게 그들이 경계심을 풀고 마음을 열게 할 수 있을까? 당신이 경청한다는 걸 어떻게 보여주겠는가?

지난 몇십 년간 뇌와 행동을 연구하는 기술이 발달하면서 연구자들은 문제의 해답을 찾아 커뮤니케이션의 거의 모든 측면을 파헤치기 시작했다. 인간의 뇌가 정보를 어떻게 흡수하는지 상세히 조사하면서 과학자들은 말로써 타인과 연결되는 과정이 지금까지 알았던 것보다 훨씬 더 강력하고 복잡한 과정임을 알아냈다. 말하고 듣는 동안 무의식적으로 내리는 결정, 상대에게 던지는 질문, 상대에게 노출하는 자신의 치부나 약점, 심지어 목소리 톤까지. 사람들이 다른 사람과 소통하는 방식은 누구를 신뢰하고 누구에게 설득당하고 누구와 가까이 지낼지에 엄청난 영향을 미쳤다.

이런 새로운 이해와 더불어, 대화 중에도 상대편과의 신경학적 동기화가 일어날 수 있다는 연구가 수없이 발표되었다.[3] 신경학적 동기화란 호흡의 빠르기부터 피부에 돋는 소름까지 뇌와 몸의 활동이 상대방과 일치되는 상태를 말하며, 의식적으로 알아채지 못할 뿐 우리가 말하고 듣고 생각하는 방식을 좌우한다. 어떤 사람은 친한 친구와 말할 때조차 상대방과의 동기화에 계속해서 실패한다. 반면 슈퍼 커뮤니케이터로 불리는 사람들은 애써 노력하지 않아도 누구하고나 동기화가 가능한 것처럼 보인다. 그리고 대부분의 사람은 양극단 사이 어디쯤에 있다. 그러나 대화가 어떤 식으로 이루어지는지 이해하고 나면 타인과 더 의미 있게 가까워지는 법을 배울 수 있다.

그러나 짐 롤러에게는 당장 야스민과의 관계를 이어나갈 일이 막막했다. "기껏해야 한 번의 기회가 더 남아 있었죠." 그가 내게 말했다. "돌파구를 찾아야 했습니다."

왜 어떤 사람과의 대화는 즐겁고
어떤 사람과의 대화는 답답할까

2012년 보 시버스Beau Sievers가 다트머스 사회시스템연구소에 막 들어갔을 때, 그의 행색은 아직 뮤지션이었던 과거에서 벗어나지 못한 채였다. 어떤 날에는 잠에서 깨자마자 어느 재즈 축제에서 나눠 준 추레한 티셔츠를 대충 걸치고 집을 나섰다. 그러고는 부스스한 금발의 곱슬머리를 휘날리며 질주하는 저 남자가 박사과정 학생인지 대마초 딜러인지 아리송해하는 학교 경찰을 지나쳐 연구실에 출근했다.

시버스는 아이비리그에 안착하기까지 먼 길을 돌아왔다. 학부 때는 음악 학교에 다니며 오로지 드럼과 음악 제작에 몰두했다. 그러나 아무리 연습해도 드럼만 쳐서 먹고살 실력에는 이르지 못할 것 같았다. 그래서 다른 직업을 물색하던 중 자신은 사람들이 서로 소통하는 방식에 항상 관심이 있었다는 사실을 깨닫게 되었다. 특히 무대에서 음악으로만 이루어지는 음성 없는 대화를 몹시도 사랑했다. 다른 음악가와 즉흥 연주를 하다 보면 돌연 모두가 하나의 뇌를 공유한 것처럼 호흡이 일치하는 순간이 있었다. 연주자는 물론이고 청중, 사운드 엔지니어, 심지어 바텐더까지 모두 한 몸이 된 듯한 기분을 느꼈다. 열띤 심야 토론이나 성공적인 데이트 중에도 비슷한 경험을 했다. 여기에 흥미를 느낀 그는 심리학 강의를 듣기 시작했고 결국 박사과정에 진학해 탈리아 위틀리Thalia Wheatley의 제자가 되었다. 위틀리는 사람이 타인과 관계를 형성하는 방식을 연구하는 저명한 신경학자다.

"왜 누군가와는 '호흡이 척척 맞고' 누군가와는 그렇지 않은지는 아직 과학이 풀지 못한 커다란 미스터리이다."[4] 위틀리가 학술지 「사회 및 성격 심리학 컴퍼스Social and Personality Psychology Compass」에 쓴 말이다. 대화를 통해 상대와 일치감을 느낄 때 기분이 좋은 이유는 인간의 뇌가 그런 종류의 연결을 갈망하도록 진화했기 때문이다. 타인과 연결되려는 열망이 공동체를 형성하고 자손을 보호하고 새로운 동맹을 찾아 나서도록 인간을 부추겨왔다. 이는 지금껏 호모 사피엔스가 살아남은 까닭이기도 하다. 위틀리는 "인간에게는 어떤 역경에서도 타인과 연결하고 관계를 맺는 희귀한 능력이 있다"라고 썼다.[5]

다른 연구자들도 인간이 관계를 형성하는 방식에 깊이 파고들었다. 시버스는 과학 저널을 탐독하던 중 2012년 독일의 막스플랑크 인간개발연구소 학자들이 크리스티안 샤이들러의 소나타 D장조를 연주하는 기타리스트들의 뇌를 연구한 논문을 발견했다.[6] 연주자들이 각자 자기 악보에 집중해서 독주할 때는 신경 활동이 서로 상이했다. 그러나 합주 부분으로 넘어가는 순간 뇌 안의 전기 펄스가 동기화되기 시작했다. 마치 기타리스트들의 뇌가 하나로 합쳐지는 것 같았다. 게다가 이 연결은 신체로도 이어져 모두 비슷한 속도로 호흡하고 동공이 동시에 확장되었으며 심장도 비슷한 박자로 뛰기 시작했다. 피부를 따라 흐르는 전기 자극조차 빈번하게 일치했다.[7] 그런 다음 악보가 달라지거나 독주로 바뀌면서 합주를 멈추는 순간 "연주자들의 뇌 사이에서 동기화는 완벽하게 사라졌다".

시버스는 사람들이 함께 노래를 흥얼거리거나 손가락을 나란히 두드릴 때, 또 협동 퍼즐을 풀거나 서로에게 얘기를 들려줄 때도 이런 현상이 나타난다는 연구 결과를 찾았다.[8] 프린스턴대학교 연구자들은 한 젊은 여성이 자신의 고등학교 졸업 파티 날 밤에 일어났던 사건들을 이야기하는 동안 이를 듣고 있는 피험자 열두 명의 신경 활성을 측정했다.[9] 화자와 청자의 뇌를 함께 모니터링했더니 청자의 마음이 화자에 동기화되어 열두 명의 청자가 모두 화자의 스트레스와 불편함, 기쁨과 즐거움을 자기 것처럼 느꼈다. 그중에서도 일부는 유독 화자에게 더 강하게 동기화되어 뇌가 화자의 뇌와 거의 똑같이 반응했다. 나중에 물었을 때 그런 참가자들은 이야기 속 등장인물과 내용을 더 자세히 기억했다. 화자와 뇌의 동기화가 많이 일어난 사람일수록 화자의 말을 잘 이해했다. 이 연구팀은 2010년에 「미국 국립과학원 회보The Proceedings of the National Academy of Sciences」에 실린 논문에서 "화자-청자의 신경 결합neural coupling 수준이 소통의 성공을 예측한다"라고 썼다.[10]

슈퍼 커뮤니케이터

앞에서 소개한 모든 연구들은 다른 사람과 소통하려면 그 사람과 연결되어야 한다는 본질적인 진리를 명확하게 밝힌다.[11] 내가 상대의 말을 받아들이고 상대가 내 말을 이해하는 것은 양쪽의 뇌가 어느 정도 비슷하게 정렬되어 있기 때문이다. 그 순간에는 맥박과 표정, 감정, 그리고 목과 팔에서 느끼는 오싹함까지 신체의 동기화가 함께 진행된다.[12] 신경의 동시성에는 더 잘 듣고 똑바로 말하게 부추기는 힘이 있다.[13]

이런 연결이 때로는 한 사람하고만, 때로는 집단 안에서, 또는 다수의 청중 사이에서 일어난다. 그러나 어떤 경우든 뇌와 신체의 활동

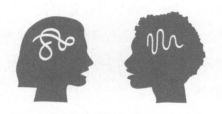

신경 활동이 일치하지 않을 때 소통에 문제가 생긴다.

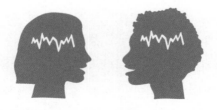

그러나 서로 비슷하게 생각하기 시작하면 서로를 더 잘 이해한다.

이 상대방과 비슷해지는데, 신경과학자들의 언어를 빌리자면 그때 우리는 "신경적으로 동조하는" 상태이기 때문이다.

동조가 어떻게 일어나는지 조사하다 보니 어떤 사람들은 유독 이런 식의 동기화에 뛰어났다. 타인과의 관계 형성에 능통한 사람들이었다.

시버스 같은 과학자들은 이런 사람을 두고 '슈퍼 커뮤니케이터'라는 말 대신, '구심점이 되는 참가자' 또는 '핵심 정보 제공자'라는 용어를 선호한다. 그러나 시버스는 이들이 어떤 부류인지 알았다. 그들은 조언이 필요할 때 찾고 싶은 친구이고, 리더 자리를 자주 요구받는 상사이며, 분위기 메이커로서 모두가 환영하는 직장 동료였다. 시버스 자신도 슈퍼 커뮤니케이터와 함께 무대에서 공연했고 파티에서 그들을 찾아다녔으며 그들에게 투표했다. 심지어 자기도 모르게 슈퍼 커뮤니케이터의 역할을 자처한 적도 있었다.[14]

그러나 시버스가 읽은 연구 논문 중에서 왜 어떤 이들은 남들보다 더 동기화가 잘되는지 설명하는 것은 없었다. 그래서 시버스는 직접 실험을 계획했다.[15]

시버스와 동료 연구자들은 수십 명의 자원자를 모집하고 그들에게 일부러 이해하기 어렵게 제작된 몇 편의 동영상을 보여주었다.[16] 일부는 외국어로 된 영상이었고, 어떤 것은 맥락을 알 수 없는 영화 속 짧은 장면이었다. 게다가 오디오와 자막도 모두 제거되었으므로 영상의 내용은 더욱 알쏭달쏭했다. 예를 들어 격분한 대머리 남성이 건장한 금발의 동료와 껄끄러운 대화를 나누고 있다. 둘은 친구일까, 적일까? 다른 장면에서는 한 카우보이가 목욕하고 있고 다른 남성이 문 앞에서 지켜보고 있다. 저들은 형제일까, 연인일까?

영상을 시청하는 피험자의 뇌를 모니터링했더니 사람마다 반응이 조금씩 달랐다. 어떤 이들은 혼란스러워했고 어떤 이들은 즐겼다. 그러나 뇌의 촬영 결과가 서로 동일한 사람은 하나도 없었다.

영상이 끝나고 실험 참가자들은 소집단으로 나뉘어 몇 가지 질문에 함께 응답했다. "대머리 남성이 금발 남성에게 화가 났습니까?" "문가에 서 있는 남성이 목욕 중인 남성에게 성적으로 끌리고 있습니까?"

같은 모둠끼리 한 시간 정도 질문에 대해 논의한 후 사람들은 다시 두뇌 스캐너를 장착하고 아까 봤던 영상을 다시 보았다.

이번에는 피험자들의 신경 활성 임펄스가 같은 모둠에 있던 사람들과 동기화되었다. 영상의 내용을 함께 이야기하고 줄거리의 핵심을 토론하면서 그들의 뇌가 비슷하게 정렬된 것이다.

그런데 여기에 더 흥미로운 결과가 있다. 어떤 모둠은 구성원들끼리 유난히 동기화가 강하게 일어난 것이다. 두 번째 뇌 영상에서 이 모둠 구성원들의 뇌는 다 같이 약속이라도 한 것처럼 매우 비슷했다.

시버스는 이 집단 안에 특별한 사람이 있을 거라고 추론했다. 모든 구성원이 비슷하게 생각하도록 유도한 사람. 하지만 그게 누구일까? 그는 먼저 강한 리더가 동기화를 더 수월하게 이끈다는 가설을 세웠다. 실제로 어떤 모둠에서는 처음부터 분위기를 주도하는 사람

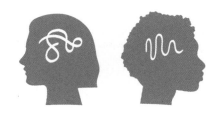

영화를 각자 보았을 때 사람들은 서로 다르게 생각한다.

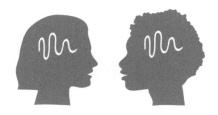

그러나 이야기를 나누고 나면 생각이 비슷하게 정렬된다.

이 있었다. "제 생각에는 해피 엔딩이 될 것 같아요." D 모둠의 4번
참가자가 부모를 찾는 어린아이의 영상에 대해 이렇게 말했다. 4번
참가자는 말이 많고 직선적이었다. 그는 구성원들에게 역할을 분배
하고 맡은 역할을 유지하게 했다. 그렇다면 4번 참가자는 리더이면
서 또 슈퍼 커뮤니케이터였을까?

그러나 시버스가 데이터를 살펴봤더니 강한 리더는 사람들의 생
각이 일치하는 데 별로 기여하지 않았다. 오히려 지배적인 리더가 있
는 모둠에서 사람들 간에 신경 동기화의 수준이 가장 낮았다. 4번 참
가자는 구성원들의 생각이 일치하기 어렵게 만들었다. 그가 대화를
이끌 때 사람들은 딴생각을 했다.[17]

반면에 최고의 화합을 자랑하는 모둠에는 4번 참가자와는 전혀 다르게 행동하는 한두 명이 있었다. 이들은 지배적인 리더들과 비교해 말을 적게 하는 편이었고, 입을 열더라도 대개 질문을 던졌다. 다른 사람의 생각을 반복해서 말하고 자기가 혼동했던 부분을 빠르게 인정하며 자신을 농담의 소재로 삼았다. 구성원을 격려했으며("정말 기발한 발상이네요! 좀 더 자세히 들어볼 수 있을까요?") 다른 이의 농담에 잘 웃었다. 특별히 말이 많거나 화술이 뛰어나지 않았지만 그들이 말을 하면 사람들이 주의 깊게 들었다. 그리고 다른 사람이 더 쉽게 말을 꺼내도록 거들었기 때문에 대화가 잘 흘러갔다. 시버스는 이런 사람을 모둠의 구심점이 되는 참가자로 언급하기 시작했다.

이들이 욕실 장면을 두고 이야기하는 상황을 예로 들어보자.[18] 이 장면에는 배우 브래드 피트와 케이시 애플렉이 등장한다.

> **구심적 참가자 1:** 이게 무슨 장면일까요?*
> **구심적 참가자 2:** 모르겠어요. 감도 못 잡겠네요. (웃음)
> **참가자 3:** 케이시는 브래드가 목욕하는 모습을 보고 있어요. 그윽한 시선을 보면 케이시가 브래드에게 끌리는 것 같죠. (좌중 웃음) 외사랑이죠.

---

* 실제 녹취록에는 첨언과 중복되는 말들이 많아서 책의 본문에는 간략하게 다듬은 형태로 대화를 실었다. 그러나 본래의 목적에서 벗어난 잡음이나 현재 다루는 문제와 상관없는 대화만 제거했을 뿐, 문장의 의미를 바꾸거나 단어를 추가하지는 않았다. 이 책전체에서 녹취록이 이런 식으로 편집되었을 때는 부록의 주에 따로 언급했다.

구심적 참가자 2: 아, 그런 것 같네요. '외사랑'이 무슨 말인지는 모르
겠지만, 옳으신 말씀 같습니다!

참가자 3: 그러니까 짝사랑이라는 뜻이에요.

구심적 참가자 2: 아, 알겠어요. 그렇군요.

구심적 참가자 1: 다음 장면은 어떻게 될까요?

참가자 3: 은행을 털러 갈 것 같은데요? (웃음)

구심적 참가자 1: 아주 그럴듯한데요? 좋은 생각이에요!

구심적 참가자 2: 좋군요. 또 다른 고견을 기대합니다. (웃음)

집단에서 구심점 역할을 하는 참가자는 다른 참가자보다 10배에
서 20배까지 더 많이 질문하는 경향이 있다. 대화가 방향을 잃을 때
면 새로운 화제를 꺼내거나 농담을 던져 어색한 침묵을 깨고 모두가
숨을 돌리게 했다.

그러나 구심점 역할을 하는 참가자와 다른 사람들의 가장 큰 차
이는 소통의 방식을 계속해서 조정하여 상대에게 맞춘다는 데 있었
다.[19] 그들은 다른 이들의 기분이나 태도의 변화에 드러나지 않게 반
응했다. 누군가 심각해지면 함께 진지해지고, 이야기가 가볍게 흘러
가면 제일 먼저 맞장구쳤다. 그들은 수시로 마음을 바꾸었고 다른 구
성원들에게 휘둘렸다.

버림받은 등장인물이 나오는 영상을 이야기하던 중 한 구성원이
뜻밖에 심각한 이야기를 꺼내자—그의 말투로 보아 과거에 버림받

은 경험이 있는 사람이었다—구심점 역할을 하는 참가자가 갑자기 대화의 톤을 상대에게 맞추었다.

참가자 2: 이 영화가 어떻게 끝날 것 같나요?[20]

참가자 6: 해피 엔딩일 것 같지는 않아요.

구심적 참가자: 결말이 좋지 않을 것 같다고요?

참가자 6: 네.

구심적 참가자: 왜 그렇게 생각하세요?

참가자 6: 모르겠어요. 이 영화는 왠지 더 어두운 느낌이….

(침묵)

구심적 참가자: 그럼 어떻게 끝날까요?

참가자 6: 조카일 수도 있고, 부모가 죽거나 그 비슷한, 그리고 그 사람들은….

참가자 3: 그는 그냥 버림받은 거예요.

구심적 참가자: 네, 밤새 내버려졌죠. 맞아요.

그렇게 대화의 분위기가 바뀌자 모둠 전체가 진지해지면서 다 같이 버림받는 기분에 대해 이야기하기 시작했다. 그들은 6번 참가자가 자기의 감정과 경험을 말할 수 있게 배려했다. 구심점 역할을 하는 참가자는 6번 참가자의 정서적 무게에 자신을 맞추었고 다른 사람도 그렇게 하도록 유도했다.

시버스와 공동 연구자는 구심점 역할을 하는 참가자들이 "뇌의 활성 수준을 집단에 맞출 가능성이" 훨씬 높았으며[21] "대화가 잘 흘러가게 유도해 집단의 화합을 이끄는 데 중추적인 역할"을 했다고 썼다. 그렇다고 그들이 남들을 그저 따라가기만 하는 것은 아니었다. 그보다는 사람들을 부드럽게 이끌어 서로의 말을 경청하고 자신을 더 명확하게 설명하도록 격려했다. 다른 구성원이 말하는 방식에 맞춰 심각한 얘기나 농담을 꺼내고 반대로 다른 사람들도 자기에게 맞추게 했다. 그런 방식으로 집단이 주어진 문제의 답을 내리는 데 지대한 영향을 미쳤다. 실제로 어떤 의견이든 구심점 역할을 하는 사람이 승인하는 것이 대개 그 집단의 합의된 결론이 되었다. 그러나 겉으로는 그 영향력이 거의 눈에 띄지 않았다. 나중에 설문 조사를 했을 때 그 참가자가 자기 생각을 흔들었다는 걸 인지하는 사람은 거의 없었다. 모든 모둠에 그런 사람이 있는 것은 아니었지만, 구심적 역할을 하는 참가자가 있는 집단은 나중에도 서로 더 가깝게 지내는 것 같았고 뇌 영상 결과도 좀 더 일치하는 것으로 나타났다.

시버스가 구심적 역할을 하는 참가자 개인의 삶을 살펴보았더니 다른 측면에서도 특별한 점이 보였다. 그들은 평균적인 사람들보다 훨씬 큰 사회적 네트워크를 형성했고 권위 있는 자리에 선출되거나 권력을 위임받는 일이 많았다. 사람들은 심각한 문제를 논의하거나 조언을 구해야 할 상황이 오면 그들에게 의지했다.[22] "그럴 수밖에 없지요. 이야기 나누기 편한 사람이 있다면 다들 그 사람과 얘기하고 싶어 할 테니까요." 시버스가 내게 말했다.

즉, 구심적 역할을 하는 참가자는 슈퍼 커뮤니케이터라는 말이다.

대화할 때 뇌에서 벌어지는 일

이렇듯 슈퍼 커뮤니케이터가 되려면 상대가 말한 것과 말하지 않은 것을 주의 깊게 듣고, 올바른 질문을 던지며, 상대의 기분을 인지해서 그에 맞춰주고, 자신의 기분을 상대가 쉽게 알아차리게 만들어야 한다.

간단하다고?

아니, 그렇지 않다. 저 중에 단 한 가지도 하기 어려울뿐더러 전부 다 한다는 건 거의 불가능해 보인다.

슈퍼 커뮤니케이터가 어떻게 저 일들을 해내는지 알아보려면 먼저 대화를 할 때 우리 뇌에서 어떤 일이 일어나는지 살펴봐야 한다. 그래서 연구자들은 유형이 다른 대화 중에 정신이 어떻게 기능하는지 연구했고, 그 결과 대화의 성격에 따라 각기 다른 신경망과 뇌의 부위가 활성화한다는 것을 발견했다. 사람이 하는 대부분의 대화는 크게 다음 세 가지 유형으로 나뉜다.

3가지 대화 유형		
무엇을 말하고 싶은가? (의사 결정을 위한 대화)	어떤 기분인가? (감정을 나누는 대화)	우린 누구인가? (사회적 정체성에 대한 대화)

실용적인 의사 결정을 위한 대화, 감정을 나누는 대화, 사회적 정체성에 대한 대화로 정리되는 이 세 가지 유형의 대화는 각각 다음

질문으로 가장 잘 요약할 수 있다. 무엇을 말하고 싶은가? 어떤 기분인가? 우린 누구인가? 앞으로 살펴보겠지만 각 대화는 서로 다른 유형의 마인드셋과 정신의 처리 과정에 따라 결정된다. 예를 들어 구체적인 선택의 문제를 논의하는 '무엇을 말하고 싶은가?'를 대화하고 있을 때와 감정에 관한 얘기, 즉 '어떤 기분인가?'의 대화일 때는 뇌의 서로 다른 부위가 활성화된다. 이때 정신이 대화 상대의 뇌와 일치하지 않으면 서로 전혀 이해하지 못한다고 느끼게 된다.[23]

첫 번째 마인드셋, 즉 의사 결정 마인드셋은 '무엇을 말하고 싶은가?'의 대화와 직결된다. 이 마인드셋은 선택하거나 결정을 내려야할 때, 또는 계획을 검토할 때처럼 현실적인 문제를 생각할 때 활발해진다. "이제부터 샘의 성적을 어떻게 올려야 할까?"라고 말할 때는 뇌의 전두엽 통제 네트워크, 즉 사고와 행동의 명령 중추가 활성화된다. 상대방이 한 말을 평가하려면 일련의 결정을, 그것도 무의식적으로 내리는 한편 그 이면의 동기나 욕구까지 파악해야 한다. "이 대화가 진지한 것인가, 아니면 장난스러운 것인가?" "상대에게 해결책을 제시해야 할까, 아니면 그냥 듣고만 있어야 할까?" 이렇듯 '무엇을

3가지 대화 유형

무엇을 말하고 싶은가? (의사 결정을 위한 대화)	어떤 기분인가? (감정을 나누는 대화)	우린 누구인가? (사회적 정체성에 대한 대화)

의사 결정 마인드셋

말하고 싶은가?'의 대화는 미래를 생각하고, 선택지를 협상하고, 지적인 생각을 토론하고, 이 대화에서 각자 진짜 이야기하고 싶은 것, 즉 대화의 목표와 그것을 논의하는 방식을 결정하는 데 필수적이다.

두 번째 마인드셋인 감정적 마인드셋은 '어떤 기분인가?'를 나누는 대화에서 나타나며, 뇌에서 측좌핵, 편도체, 해마 같은 신경 구조를 활용한다. 재밌는 얘기를 하거나 배우자와 말다툼할 때, 또는 대화 중에 자부심이 샘솟거나 슬픔이 북받칠 때가 바로 감정적 마인드셋이 작동 중인 때이다. 친구가 직장 상사에 대해 불평할 때 그가 원하는 것은 충고가 아니라 공감이라는 걸 아는 것도 마인드셋이 '어떤 기분인가?'에 맞춰져 있기 때문이다.[24]

3가지 대화 유형

무엇을 말하고 싶은가? (의사 결정을 위한 대화)	어떤 기분인가? (감정을 나누는 대화)	우린 누구인가? (사회적 정체성에 대한 대화)
의사 결정 마인드셋	감정적 마인드셋	

세 번째 대화 마인드셋인 사회적 마인드셋은 사람들 간의 관계를 논의할 때, 즉 자신이 남에게 어떻게 보이는지, 자기가 자신을 어떻게 판단하는지에 관해, 그리고 자신의 사회적 정체성에 관해 이야기할 때 나타난다. 이것이 '우린 누구인가?'의 대화이다. 예를 들어 직장 내 정치를 두고 뒷담화하거나 상대와 함께 아는 지인이 있는지 물

어볼 때, 또는 종교나 집안 배경, 그 밖의 정체성이 자기에게 어떤 영향을 주었는지 설명할 때 우리는 뇌의 '디폴트 모드 네트워크Default Mode Network'를 사용한다. 이 네트워크는 신경과학자 매슈 리버먼 Matthew Lieberman이 쓴 것처럼 "타인에 관해, 자신에 관해, 자신과 타인의 관계에 관해" 생각하는 방식에 영향을 미친다.[25] 학술지 「휴먼 네이처Human Nature」에 실린 1997년 논문에서는 대화의 70퍼센트가 사회적 성격을 띠고 있다고 밝혔다.[26] 그런 대화 중에는 사회적 마인드셋이 우리가 듣는 방식과 말하는 내용을 지속적으로 형성한다.

3가지 대화 유형

무엇을 말하고 싶은가? (의사 결정을 위한 대화)	어떤 기분인가? (감정을 나누는 대화)	우린 누구인가? (사회적 정체성에 대한 대화)
의사 결정 마인드셋	감정적 마인드셋	사회적 마인드셋

이 세 유형의 대화와 각각에 대응하는 마인드셋이 서로 깊이 얽혀 있는 것은 당연하다. 우리는 종종 한 대화에서 세 가지 유형을 모두 사용하곤 한다. 대화가 진행되면서 마인드셋이 바뀔 수 있다는 점을 이해하는 게 중요하다. 예를 들어 친구가 직장 문제로 조언을 구하면서 시작된 대화가(무엇을 말하고 싶은가?) 그가 스트레스를 받고 있다는 내용(어떤 기분인가?)으로 이어지고, 마지막엔 다른 사람들이 이 문제를 알게 되었을 때 어떻게 반응할지를 얘기하며(우린 누구인가?) 끝

이 난다.[27]

대화 중에 이 친구의 머릿속에서 일어나는 일을 아주 단순하게 정리하자면, 처음에는 의사 결정 마인드셋이 지배하다가 다음에는 감정적 마인드셋이 우위를 차지하고 다음에는 사회적 마인드셋이 영향력을 발휘한다고 볼 수 있다.

소통상의 오해는 사람들이 서로 다른 유형의 대화에 참여할 때 발생한다. 상대가 감정을 말하는데 나는 현실을 말하면 두 사람은 본질적으로 다른 인지 언어를 사용하는 셈이다. 예를 들어 퇴근하고 집에 가서 배우자에게 상사를 욕했는데("부장님 때문에 돌아버리겠어!") 상대가 실질적인 방책을 들이민다면("점심을 한번 대접하면 어때?") 상대와의 연결이 아닌 충돌이 일어나기 쉬운 게 그래서이다("지금 문제를 해결해달라는 게 아니잖아! 그냥 내 심정을 좀 알아달라고").

슈퍼 커뮤니케이터는 서로 소통하는 방식이 일치하게 격려함으로써 동기화를 유도할 줄 아는 사람들이다. 일례로 심리학자들이 기혼 부부를 조사했더니 가장 행복한 부부는 서로의 대화 방식을 맞춰가고 있었다.[28] 저명한 심리학 교수 존 가트먼John Gottman은 「저널 오브 커뮤니케이션Journal of Communication」에 "결혼 생활에서 배우자와 친밀감을 유지하는 기본 메커니즘은 대칭이다"라고 썼다.[29] 행복한 부부는 "화자의 관점이나 말의 내용이 아니라 화자의 정서 상태에 맞추어 소통한다". 그들은 서로 질문을 많이 하고[30] 상대가 말한 것을 반복하고 긴장을 푸는 농담을 하고 함께 진지해진다. 지금부터 배우자와의 대화가 다툼으로 번지는 순간이 오면 이렇게 슬쩍 물어보자. "지금 당신은 기분을 말하고 싶어? 아니면 우리가 함께 결정을 내려야 하는 거야? 아니면 혹시 내가 모르는 다른 문제가 있어?"

소통이 연결과 일치에서 온다는 가장 기본적인 이 사실은 '매칭 원리Matching principle'로 정리되었다. 효과적인 의사소통을 위해서는 상대와의 이야기가 어떤 종류의 대화인지 인지한 다음 서로 맞춰야 한다는 내용이다. 만약 상대가 아주 기본적인 수준에서 감정을 드러내고 있다면 함께 감정을 표현한다. 상대가 결정을 내리는 일에 집중하고 있다면 그 내용에 함께 초점을 맞춰라. 상대가 사회적 파장에 신경 쓰고 있다면 거기에 같이 몰두하라.

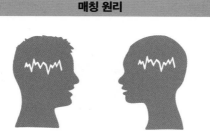

매칭 원리

소통에 성공하려면 어떤 유형의 대화가 진행 중인지 파악한 다음 서로 맞춰야 한다.

상대와 맞춘다는 것이 단순한 모방이 아님을 유의해야 한다. 앞으로 살펴보겠지만 우리는 상대가 무엇을 느끼고, 무엇을 원하며, 그들이 누구인지 온전히 이해할 필요가 있다. 그런 다음에는 어떤 식으로 자신을 공유해야 상대와 맞출 수 있을지를 알아야 한다. 서로 일치하고 연결되기 시작할 때 비로소 의미 있는 대화가 시작된다.

상대가 듣고 싶어 하는 것을 말하라

자신이 CIA 소속임을 밝히자마자 야스민이 달아나버린 그 참담했던 저녁 식사 이후 롤러에게 희망은 사라졌다. 1년 만에 찾아온 유일한 포섭의 기회였다. 그러나 그는 일을 완전히 망쳐버렸고 이 실패는 곧 해고로 이어질 게 분명했다. 이제 기댈 수 있는 유일한 선택지는 야스민에게 전화해 마지막으로 밥 한 번만 같이 먹자고 사정하는 것뿐이었다. "만나면 해야 할 말을 수첩에 잔뜩 적었지만 기대는 하지 않았어요." 롤러가 내게 말했다. "돌이킬 방법은 없었습니다."

다행히 야스민이 마지막 저녁 식사에 응했다. 그들은 고급 식당에서 만났고 그녀는 초조한 모습으로 내내 조용히 밥만 먹었다. 야스민이 불안한 건 단지 롤러의 제안 때문만은 아니었다. 그녀는 집에 돌아갈 시간이 다가오자 초조해하고 낙담했다. 이 여행이 자기에게 어떤 계시를 내리고 의미 있는 삶을 살아갈 방도를 보여주리라 기대했지만 돌아가기 직전인 지금까지 달라진 것은 없었다. 그녀는 자신에게 실망스러웠다.

"너무 슬퍼하더군요. 그래서 기운을 북돋아주려고 했습니다. 아시잖아요, 시시껄렁한 농담 같은 것들 말입니다." 롤러가 내게 말했다.

롤러는 그의 이름을 계속해서 잊어버린 땅 주인 얘기 같은 가벼운 에피소드를 말하거나 야스민과 함께했던 여행을 회상했다. 야스민은 여전히 울적해 보였다. 마침내 디저트가 나왔고 침묵이 흘렀다. 롤러는 마지막으로 한 번만 더 시도해볼까 잠시 고민했다. 협조의 대가로 미국 비자를 내주겠다고 하면 어떨까? 아니, 너무 위험해. 아마 바로 자리를 박차고 나가버릴 거야.

침묵이 계속되었다. 롤러는 어떤 말을 꺼내야 할지 몰랐다. 마지막으로 이런 막막함을 느낀 건 CIA에서 일하기 전 댈러스의 아버지 회사에서 철물을 팔던 때였다. "그 전에 한 번도 물건을 팔아본 적이 없었거든요. 영업에는 영 소질이 없었어요." 몇 달간 계속해서 저조한 실적을 유지하던 차에 하루는 홍보차 고객을 방문할 일이 있었다. 웨스트 텍사스에서 작은 건설 회사를 운영하는 대표였는데, 그가 도착했을 때 마침 그녀는 통화 중이었고 다섯 살짜리 아들이 엄마의 책상 옆에서 블록으로 놀고 있었다. 롤러는 기다리면서 아이와 놀아주었다.

전화를 끊은 사장이 철제 들보에 대한 롤러의 설명을 다 듣고는 일부러 와줘서 고맙다고 했다. 그러더니 갑자기 주제를 바꾸어 일과 육아를 병행하는 어려움을 토로하기 시작했다. 자신의 삶은 투쟁의 연속이며 항상 누군가를 실망시키는 것 같고 훌륭한 여성 사업가와 좋은 엄마 사이에서 늘 하나를 선택해야 한다고 했다.

당시 롤러는 20대 초반이었고 아이도 없었다. 이 여성과는 아무 접점이 없던 터라 뭐라고 답해야 할지 몰랐다. 하지만 무슨 말이든 해야 했다. 그래서 그는 자기 가족에 대해 얘기하기 시작했다. 아버지 밑에서 일하는 게 얼마나 힘든지 털어놨고, 형이 자기보다 영업을 훨씬 잘하기 때문에 둘 사이에 묘한 긴장이 생겼다고도 했다. "상대가 저한테 마음을 트고 말했기 때문에 저도 솔직한 심정을 말했어요. 하지만 진심을 말하니 기분이 좋더라고요." 결국 그는 본의 아니게, 아니 사실은 과하다 싶을 정도로 많은 이야기를 털어놓게 되었다. 그

러나 사장은 별로 싫어하는 것 같지 않았다.[31]

한참 뒤 롤러는 다시 제품 이야기로 돌아갔다. "사장이 저에게 당장 필요한 부품은 없지만 함께 이야기 나눠줘서 고맙다고 말했어요. 그곳을 나오면서 전 생각했죠. 이번에도 망했구나."

그런데 두 달 뒤 그 사장이 전화로 아주 큰 주문을 넣었다. 롤러가 내게 말했다. "제가 놀라서 솔직하게 말씀드렸죠. '사장님이 원하시는 가격으로 드리지 못할지도 몰라요.' 제가 그렇게 형편없는 세일즈맨이라니까요. 그런데 그녀는 이렇게 말했습니다. '괜찮아요. 우리 사이에.'"

이 일을 계기로 영업에 임하는 롤러의 자세가 180도 달라졌다. 그때부터 그는 고객과 상담할 때면 상대의 기분과 관심, 열정을 주의 깊게 듣고 그들과 공감하려고 노력했고, 그들의 기분을 최소한 조금은 이해한다는 것을 보여주려고 애썼다. 롤러는 점점 더 나은 판매원이 되었다. 최고는 아니더라도 분명히 더 나아졌다. "누군가의 속내를 들었을 때 제 속마음을 함께 보인다면 상대의 마음에 닿을 수 있다는 것을 배웠습니다." 그의 영업 상담 목표는 고객과 가까워지는 것이 되었다. 그는 고객에게 강요하거나 잘 보이려고 하는 대신 함께 공유할 수 있는 것을 찾으려고 했다. "늘 성공하는 건 아니었지만, 그만하면 충분했어요."

야스민과 디저트를 먹다가 롤러는 문득 자기가 그동안 이 교훈을 잊고 있었다는 생각이 들었다. 지금까지 그는 정보원을 포섭하는 일이 철물을 파는 일과는 다르다고 생각했다. 그러나 어느 수준에서 그 둘은 본질적으로 동일한 활동이었다. 양쪽 모두 타인과 정서적으로 연결되어야 하고, 그 말은 상대가 말하려는 것을 듣고 있음을 보여줘야 한다는 뜻이었다.

그러나 여태껏 야스민과는 그러지 못했다. 웨스트 텍사스의 사장에게 그랬던 것과 달리 솔직하지 못했다. 야스민의 불안과 희망을 귀여겨들었다고 확인시키지 못했고 자신의 진실한 모습을 보이지도 못했다. 그는 야스민과 달리 자신을 나누지 않았다.

그래서 디저트를 다 먹은 후 롤러는 자기 생각과 기분을 이야기하기 시작했다. 자기가 첩보원 생활에 적합하지 않은 것 같아 걱정스럽고, CIA에 들어가기 위해 최선을 다했지만 막상 일을 시작한 후로는 다른 동료에게서 보았던 자신감을 자기한테서 발견하지 못했다고 고백했다. 외국 관료에게 서투르게 접근한 에피소드를 얘기하고 그래서 그들이 자기를 신고해서 추방되면 어쩌나 무척이나 걱정했다고 토로했다. 자기가 포섭을 시도했던 사람이 사실은 자기를 포섭하려는 KGB 요원이었다는 사실을 동료에게서 들었을 때의 수치심을 나누었다. 이 모든 것을 그녀에게 사실대로 말하는 것조차 실패를 인정하는 것 같아 걱정되지만, 그래도 그런 자신이기에 귀국을 앞둔 그녀의 심정을 조금은 이해한다고 말했다. 과거 텍사스에서 의미 있는 삶을 절박하게 갈구했던 자신을 엿볼 수 있었다고.

야스민의 기분을 북돋으려고 애쓰는 대신 그는 그녀가 그에게 그랬듯이 자신의 좌절과 실망을 이야기했다. 그게 그가 할 수 있는 가장 솔직한 행동 같았다. "더 이상 야스민을 속이거나 조종할 이유가 없었죠. 그녀는 이미 거절했고, 그 마음을 돌릴 수는 없다고 생각했으니까요. 그래서 모든 것을 내려놓았어요. 내게 답이 있는 척하지 않아도 돼서 좋았습니다."

야스민은 그의 말에 귀를 기울였다. 그리고 그를 이해한다고 말했다. 가장 끔찍한 부분은 자신을 속이는 기분이라고 했다. 뭔가를 하고 싶은데 아무것도 할 수 없다고. 그녀는 흐느끼기 시작했다.

롤러가 그녀에게 말했다. "미안해요. 기분 나쁘게 하려던 건 아니었어요."

괜히 말했네. 내가 실수했어. 그가 속으로 생각했다. 그냥 혼자 두었어야 했는데. 이제 사무실에 돌아가면 이 대화를 상부에 상세히 보고해야 했다. 이 굴욕적인 한 해를 마무리하는 최후의 수치가 될 것이다.

그런데 갑자기 야스민이 정신을 추스르더니 나직하게 속삭였다.

"할 수 있을 것 같아요."

"무슨 말씀이시죠?" 롤러가 물었다.

"당신을 도울 수 있을 것 같다고요." 야스민이 대답했다.

"그럴 필요 없습니다!" 그가 너무 당황한 나머지 아무 말이나 내뱉었다. "저와 다시 만나지 않아도 됩니다! 절대 연락하지 않겠다고 약속할게요."

"저도 뭔가 중요한 일을 하고 싶어요. 저한테는 중요한 문제예요. 저도 할 수 있어요. 할 수 있을 것 같아요."

이틀 뒤, 야스민은 CIA 안가에서 거짓말 탐지기 테스트를 통과하고 비밀 통신 방식을 훈련받았다. "그렇게 긴장한 사람은 처음 봤습니다." 롤러가 내게 말했다. "하지만 끝까지 버텨내더라고요. 한 번도 그만두겠다는 말을 하지 않았습니다." 고향에 돌아간 야스민은 자신이 본 메모, 외무부 장관이 접대한 관리, 주위에서 엿들은 소문 등을 롤러에게 상세히 전달했다. "그녀는 그 지역 최고의 소식통이 되었습니다." 롤러가 말했다. "정보의 노다지가 따로 없었죠." 이후 20년간 계속 외무부에 근무하면서 야스민은 CIA와 정기적으로 소통해 사건의 내막을 귀띔하고 정부 발표의 전후 사정을 알렸다. 그녀의 협력이 정부에 발각된 적은 없다.

롤러는 여전히 그날 밤 야스민이 생각을 바꾼 이유를 알지 못한다. 그 후에도 여러 번 물어봤지만 야스민 자신도 무엇이 심경의 변화를 일으켰는지 말할 수 없었다. 그저 식사 중에 두 사람 모두 자신에 대해 불확실한 상태라는 걸 알게 되었을 때 불현듯 그와 함께라면 안전하겠다는 생각이 들었다고 했다. 그들은 서로를 이해했고 그순간 처음으로 그녀는 롤러가 자기에게 하려는 말을 들을 수 있었다. 이 일은 중요한 일이고, 당신은 자신을 바꿀 수 있다는 희망을 말이다. 야스민은 그가 진심으로 자기 말을 들었다고 느꼈다. 그렇게 두 사람은 서로 신뢰하기로 합의했다.

상대와 마인드셋이 일치하면 그 사람의 머릿속에 들어가 그의 눈으로 세상을 보고 그가 관심을 가지는 것과 그에게 필요한 것을 이해할 수 있는 권한이 생긴다. 그리고 반대로 상대가 자신을 이해하고 듣도록 허용한다. "대화는 이 세상에서 가장 강력한 도구입니다." 롤러가 내게 말했다.

그러나 일치가 쉬운 일은 아니다. 무조건 상대의 몸짓이나 기분, 말투를 따라 한다고 해서 가까워지거나 통하는 것은 아니다. 상대가 바라고 몰두하는 것을 마지못해 받아들이는 것도 소용없다. 그런 건

진짜 대화가 아니다. 그저 서로 독백으로 겨루는 것일뿐이다.

대신 의사 결정을 위한 대화, 감정적 대화, 사회적 대화를 구분하는 법을 배워야 한다. 어떤 종류의 질문이나 취약점에 힘이 있는지, 또 어떻게 하면 자신의 감정이 더 잘 보이고 읽기 쉽게 될지 이해해야 한다. 상대에게 자신이 주의 깊게 듣고 있음을 증명해야 한다. 롤러가 그날 저녁 야스민의 마음을 여는 데 성공한 것은 사실 운도 크게 작용했다. 이후 그는 수년간 성공과 실패를 반복하고 나서야 기술을 제대로 연마하고 상대방과 진정으로 가까워지는 방법을 알게 되었다.

마침내 롤러는 CIA에서 가장 성공적인 해외 정보원 포섭 전문가가 되었다. 2005년에 은퇴할 때까지 수십 명의 해외 관료를 설득해 민감한 대화에 끌어들였다. 그리고 그 노하우를 다른 공작관에게 가르쳤다. 현재 롤러의 방식은 정보 요원 훈련 자료에도 실려 있다. 정보원 포섭에 관한 한 문서에는 이렇게 적혀 있다. "공작관은 포섭 과정에서 상대와 긴밀한 관계를 형성한다. 평가 단계에서는 '동료'에서 '친구'가 되고, 정식 포섭 단계에 이르게 되면 '사운딩 보드(의논 상대—옮긴이)'에서 '비밀을 털어놓는 친구'의 역할로 옮겨 간다. 그렇게 되면 요원은 공작관과의 접선을 목숨을 걸고 신뢰할 수 있는 동료와의 소중한 만남의 기회로 기대하게 된다."[32]

다른 말로 하면 CIA 공작관은 동기화하는 법을 배워야 하는 것이다. "그 효과를 알고 나면 얼마든지 학습할 수 있습니다." 롤러에게 훈련받은 한 담당자가 내게 말했다. "저는 원래 내성적이었고 이 교육을 받기 전에는 커뮤니케이션에 관해 생각해본 적이 없었습니다.

하지만 롤러가 저에게 대화가 어떻게 일어나는지, 어떻게 현재 상황에 집중하는지를 보여주고 난 후로 예전에는 놓쳤던 것들이 보이기 시작했습니다." 그녀는 이 기술을 직장은 물론이고 자신의 부모나 남자 친구, 심지어 식료품점에서 만나는 사람들한테까지 적용한다고 말했다. 그녀의 동료들도 일상의 회의에서 이 방식을 사용하고 있었다. 그들은 회의에 참석한 사람들이 서로 더 많이 일치하고, 더 경청하고, 더 이해하기 쉽게 말하도록 유도했다. "밖에서 보면 제다이의 마인드 트릭쯤 되어 보이겠지만 당신도 배우고 연습하면 할 수 있습니다." 그녀의 말이다.

즉, 누구나 배울 수 있는 기술이라는 뜻이다. 지금부터 그 구체적인 방법을 설명하겠다.

알아가는 대화의 4가지 규칙

행복한 부부, 능력 있는 협상가, 설득력 있는 정치가, 영향력 있는 경영인, 그 밖의 슈퍼 커뮤니케이터들이 보이는 몇 가지 공통된 특징이 있다. 이들은 사람들이 말하고 싶어 하는 주제만큼이나 모두가 원하는 유형의 대화를 알아내는 데도 관심이 있다. 그들은 타인의 감정과 배경에 관해 더 많이 질문한다. 자신의 목표와 감정을 이야기하고, 자신의 약점과 경험, 정체성을 선뜻 밝히고, 상대의 감정과 경험을 묻는다. 또한 다른 사람이 세상을 어떻게 보는지 묻고 자신이 듣고 있다는 것을 증명하며 자신의 관점도 공유하는 것으로 응답한다.

다시 말해 최고의 커뮤니케이터들은 '알아가는 대화'를 만드는 네 가지 기본 규칙에 집중하여 의미 있는 대화를 끌어낸다.

알아가는 대화

규칙1
어떤 유형의 대화가 진행 중인지 집중하여 파악한다.

규칙2
자신의 목표를 공유하고 상대방의 목표를 묻는다.

규칙3
상대방의 감정을 묻고 자신의 감정을 공유한다.

규칙4
이 대화에서 사회적 정체성이 중요한지 살핀다.

각각의 규칙은 이 책 전반에 계속 등장하는 활용법에서 살펴볼 것이다. 지금은 방금 앞에서 배운 매칭 원리를 활용한 첫 번째 규칙에 집중하자.

규칙1
어떤 유형의 대화가 진행 중인지 집중하여 파악한다.

효율성이 뛰어난 커뮤니케이터들은 말을 시작하기 전에 잠시 스스로 묻는다. '지금 내가 왜 입을 열고 있는가?'

자신이 어떤 유형의 대화를 하려는지 알지 못하고, 더불어 상대가 어떤 유형의 대화를 기대하는지 알지 못하면 문제가 될 수 있다. 앞장에서 설명한 대로 상대가 감정을 공유하고 싶을 때 현실적인 대책을 들이밀고, 상대가 계획을 짜고 싶을 때 뒷담화를 꺼낼지도 모른다. 같은 유형의 대화를 하지 못하게 된다면 서로 통하지 못할 가능성도 크다.

그래서 알아가는 대화의 첫 번째 목표는 자신이 어떤 유형의 대화를 원하는지 확인하고 상대가 원하는 유형을 알려줄 단서를 찾는 것이다.

자신의 목적에 대해서는 잠깐 짬을 내어 자기가 말하고 싶은 게 무엇이고 어떻게 말하고 싶은지를 되짚어보는 정도의 간단한 작업으로도 충분할 때가 많다. '내 목적은 마리아에게 이번 휴가를 나와 함께 지내고 싶은지 묻는 것이다. 단, 마리아가 원하지 않을 경우 내게 솔직하게 생각을 말할 수 있게 배려한다.' 힘든 하루를 보냈다고 말하는 배우자에게는 이렇게 슬쩍 물어볼 수도 있다. "혹시나 해서 묻는데 당신은 내가 어떤 해결책을 내주길 원해? 아니면 내가 그냥 이야기를 들어주길 원해?"

압박감이 큰 금융 회사의 투자 전문가들이 서로 어떻게 소통하는지를 조사하면서 연구자들은 일상 대화를 더 수월하게 하는 간단한 방법 한 가지를 시험했다.[1] 이 회사에서는 고성이 오가는 다툼이 주기적으로 일어나고 직장 동료는 거래 실적과 보너스를 두고 서로 경쟁하는 관계이다. 의견 차이로 싸움이 길어질 때도 부지기수이고 회의는 대체로 긴장 속에서 진행된다. 그러나 연구자들은 이들이 회의실에 들어가기 전에 해당 회의에 대한 각자의 목적을 한 문장씩 써보게 하는 것만으로도 싸움이 격해지는 것을 막을 수 있다고 생각했다.

그래서 일주일 동안 회의마다 모든 참석자가 자신의 목적을 쪽지에 적은 다음 회의에 들어갔다.

"이번 회의는 모두가 합의할 수 있는 예산을 짜는 것이다."

"오늘 나는 사람들이 각자 불만을 털어놓고 상대의 불만을 듣게 할 것이다."

그렇게 하는 데는 몇 분밖에 걸리지 않았다. 회의를 시작할 때 자신이 쓴 내용을 공유하는 사람도 있었고 공개하지 않는 사람도 있었다.

그런 다음 실제 회의에서 연구자들은 사람들이 무엇을 썼는지 조사했고 회의 내용을 모두 적었다. 그러면서 두 가지를 알게 되었다. 첫째, 사람들이 쓴 문장은 그들이 어떤 유형의 대화를 추구하는지는 물론이고 그들이 조성하고 싶은 분위기를 알렸다. 보통은 목적("각자 불만을 털어놓고")과 마인드셋("서로 듣게 한다")을 구체적으로 적었다. 둘째, 모든 사람이 사전에 목표를 적은 경우 말싸움이 확연히 줄었다. 사람들은 여전히 의견이 달랐고 여전히 서로 경쟁했으며 화를 냈다. 그러나 자신의 이야기를 상대가 들었고 자신이 상대의 말을 이해했다는 측면에서 비교적 만족한 상태로 회의를 끝내는 경우가 많아졌다. 자신이 어떤 유형의 대화를 원하는지 확인했기 때문에 자신의 목적을 좀 더 명확하게 전달할 수 있었고, 다른 사람이 말하는 목적을 경청할 수 있었다.

친구와 통화하거나 배우자와 이야기를 나눌 때마다 매번 목적을 종이에 적을 필요는 없다. 그러나 중요한 대화라면 먼저 잠깐 짬을 내어 자기가 말하고자 하는 것이 무엇이고 어떻게 말하고 싶은지 생각해보는 것은 권할 만하다. 대화에 들어가서는 꾸준히 상대를 관찰한다. 상대가 감정적인 상태인가? 아니면 현실적인 태도를 지니고 있는가? 다른 사람에 대한 얘기나 사회적인 주제를 계속 언급하는가?

사람은 누구나 말하고 들을 때 자신이 원하는 유형의 대화에 대한 단서를 보낸다. 슈퍼 커뮤니케이터라면 그걸 포착하고 상대가 어떤 대화의 방향을 바라는지 좀 더 열심히 생각한다.

관찰하라

- 상대가 감정적으로 보이는가? 현실적으로 보이는가?
- 사회적 이슈에 집중하는 것처럼 보이는가?
- 사람들이 이 대화의 목표를 말했는가? 나는 말했는가?
- 상대에게 무엇에 대해 말하고 싶냐고 물어보라.

어떤 학교에서는 교사가 학생들의 목표를 끌어내도록 설계된 질문을 던지는 법을 훈련한다. 그것이 모두가 원하고 필요로 하는 것을 소통하도록 돕기 때문이다. 일례로 한 학생이 속상한 상태로 찾아왔을 때 교사는 이렇게 묻는다. "도움이 필요하니? 아니면 위로해줄까? 아니면 얘기를 들어줄까?" 학생의 필요에 따라 요구되는 소통의 종류와 상호작용—도움, 위로, 들어주기—이 다르고 이는 각각 다른 유형의 대화에 대응한다.

교사나 그 밖의 사람이 "도움이 필요합니까? 위로받고 싶습니까? 아니면 이야기를 들어줄까요?"라고 물을 때 그들이 실제로 묻는 것은 "어떤 유형의 대화를 원하는가"이다. 상대에게 무엇이 필요한지 솔직히 묻는 것만으로도 알아가는 대화를 장려하게 된다. 알아가는 대

도움이 필요합니까?
의사 결정을 위한 대화

위로받고 싶나요?
감정을 나누는 대화

이야기를 들어줄까요?
사회적 정체성에 대한 대화

화란 대화에 참여하는 모두가 원하는 것을 찾을 수 있게 돕는 대화를 말한다.

우리는 대부분 가까운 친구나 가족과 이야기할 때 굳이 의식하지 않고도 이런 식의 알아가는 대화에 참여한다. 상대가 어떤 대화를 염두에 두는지 직관적으로 알고 있으므로 굳이 뭘 원하는지 물어볼 필요가 없다. 사람들에게 기분이 어떤지 묻고 포옹하거나 그저 얘기를 들어주는 걸 자연스럽게 여긴다.

그러나 모든 대화가 그렇게 쉽게 흘러가는 것은 아니다. 사실 중요한 대화일수록 그렇게 진행되기가 힘들다.

알아가는 대화의 목표는 상대의 머릿속에서 무슨 생각들이 오가는지를 이해하고 내 머릿속에서 일어나는 생각을 공유하는 것이다. 알아가는 대화는 좀 더 주의를 기울이고 더 세심히 듣고 더 솔직히 말하며, 그러지 않으면 조용히 묻힐 생각을 표현하는 것이다. 그런 대화는 서로에게 상대를 순수하게 이해하고 싶다는 확신을 주고 서로 연결되는 방법을 드러냄으로써 일치를 이끌어낸다.

Part
2

협상의 기술

원하는 것을 얻어내는 법

2

모든 대화는
협상이다

●

논란의 판결을 뒤집은 배심원의 질문

"자, 여러분." 법원 집행관이 탁자에 둘러앉은 열두 명에게 서류 더미를 가리키며 말했다. "이쪽은 판사님께서 내린 지시 사항입니다." 그는 또 다른 서류들을 가리켰다. "이쪽은 평결 양식입니다."

이 회의실에는 미국 위스콘신주에 살고 1985년 11월의 어느 쌀쌀한 아침에 법원의 명령을 받고 출두했다는 점 외에는 공통점이 거의 없는 일곱 명의 남성과 다섯 명의 여성이 모여 있다.[1] 그들은 지금부터 리로이 리드Leroy Reed라는 한 남성의 운명을 결정할 배심원단이다.

이들은 지난 이틀에 걸쳐 리드라는 사람에 대해서 배웠다. 그는 42세의 전과자로, 9년 전에 주 교도소에서 출소한 이후 밀워키의 낙후 지역에서 조용히 살고 있었다. 체포된 적도, 가석방자 정기 면담에 불참한 적도 없었으며, 싸움에 연루된 적도, 이웃에게서 민원을 받은 적도 없었다. 얼마 전 총기 소유로 체포될 때까지 그는 모든 면에서 모범적인 시민이었다. 하지만 리드는 과거에 중범죄자로 분류된 자였으므로 총을 소유하는 것 자체가 불법이었다.

재판에서 리드의 변호사는 의뢰인에게 불리한 증거가 설득력이 있음을 인정했다. "먼저 여러분에게 이런 말씀을 드리겠습니다." 그가 배심원들에게 말했다. "리로이 리드는 유죄 판결을 받은 적이 있는 중범죄자였습니다. 그리고 11개월 전인 작년 12월 7일에 총을 구입한 이력이 있습니다. 솔직하게 말씀드리죠. 그 점은 반박하지 않겠습니다."

위스콘신주 법령 941.29에 따르면 리드는 최대 10년형까지 선고될 수 있다. 그럼에도 "그는 무죄를 받아야 합니다"라고 변호사가 말을 이어갔다. 리드는 중증 정신 장애가 있고, 체포 당시의 특이한 상황까지 고려하면 그에게는 범죄를 저지를 의도가 없다고 봐야 하기 때문이었다. 리드와 상담한 심리학자는 그의 읽기 능력이 초등학교 2학년 수준이며 지능은 "평균보다 훨씬 아래"라고 증언했다. 리드는 10년 전, 편의점에서 강도질하고 도주하는 친구가 탄 차를 운전했다는 이유로 자기도 모르게 범인도피죄를 저질러 유죄를 받았다. 하지만 일찍 가석방되었는데 유죄 판결을 받은 후에도 범죄 발생 사실조차 인지하지 못한 것이 한 가지 사유였다.

이 재판에서 배심원들은 리드가 체포되기까지의 기이한 상황을 알게 되었다. 리드는 안정적인 직장을 얻으려고 몇 년째 애쓰던 중이었다. 그러던 어느 날 잡지에서 사설탐정 자격증을 딸 수 있다는 원격 강좌 광고를 보았다. 그는 광고에 나온 주소로 20달러와 필요한 문서를 보냈고, 얼마 뒤 주석 배지와 함께 평소 규칙적으로 운동하고 총을 한 자루 사두라는 지시가 적힌 두툼한 봉투를 받았다. 리드는 그 지시를 충실히 따랐다. 거의 매일 아침 조깅했고, 봉투를 받고서 약 일주일 후에 버스를 타고 스포츠용품 매장에 가서 적절하게 서류를 작성한 다음 22구경 총을 들고 상점을 나섰다.

리드는 곧장 집에 가서 총을 상자째 옷장에 집어넣었다. 그리고 다시 손을 대지 않았다.

그가 총을 구입했다는 사실은 어느 운수 나쁜 날, 사건 의뢰를 기대하며 법원 근처에서 어슬렁대고 있는 그에게 경찰관이 신분증을 요구하는 일이 없었다면 아무도 몰랐을 것이다. 마침 신분증을 갖고 있지 않던 리드는 주머니를 뒤져 자기 이름이 적힌 유일한 물건을 건넸다. 스포츠용품 가게에서 총을 구입한 명세서였다.

"귀하는 현재 이 무기를 소지하고 있습니까?" 경찰이 물었다.

"아니요, 집에 있습니다." 리드가 대답했다.

경찰은 리드에게 총을 상자째 경찰서로 가져오라고 했다. 리드가 도착했을 때 경찰은 중범죄자 데이터베이스에서 그의 이름을 발견하고 그 자리에서 체포했다.

이런 사정으로 그는 또 한 번 감옥신세를 져야 하는지를 판결하는 법정에 서게 된 것이다. 검사는 단호하게 유죄를 주장했다. 피고의 정신 건강과 상관없이 "법을 몰랐다는 것이 변호의 사유가 될 수는 없습니다"라고 그가 말했다. 배심원들은 법이 다르길 바랄지도 모르지만, 리드는 사실상 자신의 유죄를 인정한 셈이다. 그는 감옥에 가야 한다.

판사도 이를 인정하는 것 같았다. 그는 심의를 앞둔 배심원들에게 법령 941.29이 명시한 세 가지 질문을 강조했다.

"리드가 중범죄자였는가?"

"그가 총을 획득했는가?"

"그는 자신이 총을 획득했다는 사실을 알고 있는가?"

세 질문에 대한 답이 모두 "네"라면 리드는 유죄이다.

판사는 배심원의 임무를 설명하며 "배심원은 동정이나 편견, 열정에 흔들리지 말아야 합니다. 위법 행위에 대해 피고가 유죄인지 아닌지만 결정하면 됩니다"[2]라고 말했다. 선처가 필요한 상황이라면 나중에 판사가 선고할 때 감안할 것이다.

그러나 심의실에 모여 앉은 배심원들은 시작부터 막막해 보였다.

"배심원 대표를 정합시다." 한 사람이 말했다.

"좋은 생각입니다." 다른 사람이 맞장구쳤다.

배심원들이 만장일치의 평결을 낼 때까지는 잠시 화장실에 다녀오는 것 말고는 누구도 배심원실을 떠나면 안 된다. 심의가 너무 오래 걸리면 다음 날 아침 일찍 다시 시작한다. 누구도 대화에서 빠지거나 침묵하거나 단지 지쳤다는 이유로 토의를 미뤄서는 안 된다. 이들은 사실과 원칙을 토론하고 모두가 동의할 때까지 서로 설득하고 회유해야 한다.

그러나 먼저 이 대화를 시작할 방법부터 알아내야 한다. 말하고 듣는 방식에 대해 암묵적인 규칙을 협상한 다음 모두가 원하고 필요로 하는 것을 결정해야 한다. 이는 우리가 알든 모르든 대화를 시작할 때마다 모두가 참여하는 협상이다. 이 협상은 생각보다 훨씬 복잡하다.

조용한 협상

마지막으로 타인과 의미 있는 대화를 나눈 순간을 떠올려보자. 사랑하는 사람과 집안일을 분담하는 문제를 의논하고 있었는가? 직장에서 내년도 예산에 관해 논의하는 회의였을 수도 있다. 친구와 차기 대통령감에 대해 한바탕 설전을 벌였을지도 모르고, 이웃인 파블로와 잭이 끝내 결별할지를 두고 수다를 떨었을 수도 있다.

이 대화를 시작할 때 당신은 상대방이 무슨 이야기를 하고 싶은지 어떻게 알았는가? 누군가 대놓고 주제를 말했는가?("내일 누가 에이미를 학교에 데려다줄지 정하자.") 아니면 서서히 한 주제로 초점이 맞춰졌는가?("아니 그냥 궁금해서 그러는데 파블로가 어제 저녁 먹을 때 정신이 딴 데 팔린 거 같지 않았어?")

어떤 이야기를 할지 정한 다음에 대화의 톤은 어떻게 파악했는가? 아무렇지도 않게 얘기를 꺼내도 된다는 걸 어떻게 알았는가? 농담을 해도 괜찮은지, 말을 끊어도 되는지 어떻게 알았는가?

미처 생각해본 적이 없겠지만 분명 이런 질문들에는 어떤 식으로든 답이 있을 것이다. 사람들의 대화를 조사한 연구자들은 이야기가 시작되는 시점에 대화 참여자들 사이에서 거의 무의식중에 일어나는 섬세한 안무를 발견했다. 이런 주고받기는 목소리 톤이나 몸의 자세로, 또 추임새나 한숨, 그리고 웃음을 통해 나타난다. 그러나 어떤 경우든 대화의 진행 방식을 합의하기 전에는 진짜 대화가 시작될 수 없다.

대화의 목적이 처음부터 명확히 언급될 때도 있다("우리는 이번 분기 전망을 논의하러 모였습니다"). 그러나 대화가 절반쯤 진행되면 사람들의 머릿속을 차지한 생각은 겉으로 드러난 목적과 다른 것임을 깨닫는다("사실은 정리해고 여부가 걱정입니다"). 다양한 시도로 출발하는 대화도 있다. 누군가는 농담하고 누군가는 지나치게 격식을 차리고 어색한 정적이 흐르다가 마침내 한 사람이 분위기를 주도하면서 대화의 주제가 암묵적인 합의에 이른다.

이런 과정을 '조용한 협상'이라고 부르는 연구자도 있다. 어떤 주제를 더 파고들고 어떤 주제는 피해 갈 것인지를 두고 미묘한 밀고 당기기가 있다. 이것이 그 대화에서 말하고 듣는 방법의 규칙이다.

이런 협상의 일차적인 목표는 그 대화에서 모두가 무엇을 원하는지 결정하는 것이다. 각자의 바람은 대개 제안과 역제안, 초대와 거절이 반복되며 드러나는데, 이러한 과정은 거의 무의식적으로 이루어지지만 모두가 기꺼이 협조하면 잘 드러날 수도 있다. 이런 밀고 당기기는 몇 분 안에 끝날 수도 있고 대화 내내 지속될 수도 있다. 이 협상은 아주 중요한 목적을 수행한다. 모두가 기꺼이 받아들일 이야기 주제를 찾는 것이다.

협상의 두 번째 목표는 말하고 듣고 함께 결정하는 방법의 규칙을 알아내는 것이다. 이런 규칙이 늘 뚜렷하게 명시되는 것은 아니므로 어떤 규범을 택할지 실험을 통해 확인한다. 새로운 주제를 던지고 말투와 표정으로 신호를 보내고 상대의 말에 반응하고 다양한 기분을 표현하고 상대의 반응에 주의를 기울이는 것이 모두 일종의 실험이다.

그러나 조용한 협상의 방식과 상관없이 목표는 동일하다. 첫째, 이 대화에서 모두가 필요로 하는 게 무엇인지 결정하기. 둘째, 어떻게 말하고 선택할지 결정하기. 이 두 가지를 다르게 말하면 다음과 같다. "각자가 원하는 것은 무엇인가?" "어떤 식으로 함께 선택할 것인가?"

3가지 대화 유형

의사 결정을 위한 대화	감정을 나누는 대화	사회적 정체성에 대한 대화

각자가 원하는 것이 무엇인가?
어떤 식으로 함께 선택할 것인가?

의사 결정을 위한 대화는 대개 결정을 내려야 하는 시점에 일어난다. 이 결정이 대화 자체에 관한 것일 때도 있다. 공개적으로 반대 의견을 내도 될까? 그쪽과는 생각이 다르다는 걸 좋게 포장해야 할까? 친근한 수다인가 아니면 진지한 대화인가? 반면에 현실적인 손익을 따져야 하는 결정("저 집을 매수하겠다고 할까?"), 또는 판단을 요청하는 결정("조이의 이번 실적에 대해 어떻게 생각합니까?"), 아니면 선택을 검토해야 하는 결정("내가 장을 보는 게 좋겠어? 아니면 애들을 데려올까?")도 있다.

이렇게 단순하고 명확해 보이는 결정 아래에는 사실상 더 긴요한 선택이 있다. 내가 대놓고 반대해도 우리가 계속 친분을 유지할 수 있을까? 우리가 저 집을 살 정도의 여유가 있는가? 다른 할 일도 많은데 내가 애들까지 데려오는 게 과연 공평한가? 진짜로 무엇을 논의할지, 어떻게 논의할지에 대한 기본적인 합의가 없이는 대화가 진척되기 어렵다.

반대로 모든 사람이 이 대화에서 무엇을 원하는지, 그리고 어떻게 함께 결정을 내릴지를 알게 되면 좀 더 의미 있는 대화가 시작될 수 있다.

왜 환자는 의사의 말을 의심하는가

2014년, 뉴욕시 메모리얼 슬론 케터링 암센터에서 따뜻하고 친절하고 실력도 좋기로 소문난 한 유명 외과의사가 마침내 자신이 수년간 환자들과 완전히 잘못 소통하고 있었다는 사실을 깨달았다.

베파 에데Behfar Ehdaie 박사는 전립선암 전문의였다.[3] 해마다 사타구니 깊숙한 곳에서 종양이 발견되었다는 청천벽력 같은 진단을 받은 수백 명의 남성이 그를 찾아와 상담한다. 그리고 그중 많은 환자가 에데 박사가 아무리 설득해도 이 병에 대해 그가 필사적으로 전하려는 바를 듣지 못한다.

전립선암 치료에는 환자가 잃고 얻는 것 사이의 복잡한 절충이 요구된다. 가장 확실한 치료는 암이 퍼지지 못하게 수술로 제거하거나 방사선 치료를 하는 것이다. 그러나 전립선은 배뇨 및 성기능과 관련된 신경 바로 옆에 있기 때문에 환자에 따라 치료 후 요실금이나 발기부전이 발생하고 때로는 증상이 평생 가기도 한다.

그래서 전립선 종양이 있는 대부분의 환자들에게 의사는 수술이나 다른 형태의 치료를 잘 권하지 않는다.[4] 특히 저위험군 환자에게는 '적극적 감시'를 추천하고 6개월마다 혈액 검사, 2년마다 조직 검사를 통해 종양이 자라는지 추적할 뿐 수술이나 방사선 치료, 그 밖의 다른 치료는 하지 않는다. 적극적 감시에도 위험은 따른다.[5] 종양이 전이될 수 있기 때문이다. 그러나 전립선암은 대개 아주 천천히 자란다. 오죽하면 의사들 사이에 나이 든 전립선암 환자는 노환으로 먼저 죽는다는 말이 있을 정도이다.

거의 매일 암 진단으로 충격에 빠진 환자들이 에데 박사의 진료실로 들어가 어려운 결정에 직면한다. 평생을 가져가야 할지도 모르는 요실금과 성기능 장애의 위험을 무릅쓰고 수술을 받을 것인가? 아니면 그대로 지켜보다가 종양이 더 커지면 제때 검사로 잡아내길 바라야 하는가?

에데는 자신을 찾아온 환자들이 실질적인 의학 조언을 바란다고 생각했으므로 그런 측면에서 가장 논리적인 방식으로 환자를 대했다. 그는 자신을 찾아온 대부분의 환자에 대해 적극적 감시가 옳은 결정이라고 판단했고 그래서 그 판단을 뒷받침하는 증거를 보여주었다.[6] 적극적 감시를 선택한 환자 중 97퍼센트의 암 확산 위험이 수술이나 방사선 치료 같은 침습적 치료를 받은 환자와 거의 비슷하다는 데이터를 설명했고 좀 더 지켜보자는 결론으로 끝을 맺었다. 추적 관찰의 위험성은 미미하지만 수술은 잠재적으로 삶에 큰 변화를 불러올 수 있다는 연구 논문에 형광펜으로 강조까지 해서 넘겨주었다. 에데는 마치 살아 있는 의학 교과서처럼 상세히 설명하면서도 최대한 대화를 짧고 즐겁게 유지했다. 그에게는 적극적 감시가 당연하고 올바른 선택이었다. "제 삶에서 이보다 쉬운 대화는 없을 거라고 생각했죠." 에데가 내게 말했다. "수술을 하지 않아도 된다고 하면 다들 좋아할 줄 알았어요."

그러나 환자들은 그의 말을 듣지 못했다. 에데는 치료 방식을 얘기하고 있었지만 환자들의 마음속에서는 전혀 다른 생각들이 샘솟고 있었다. 우리 가족이 알면 뭐라고 할까? 쾌락이 뭐라고 죽음까지 무릅써야 할까? 과연 내가 죽음을 맞이할 준비가 되었을까?

그 결과 환자들은 차트와 연구 결과를 보고 안심하는 대신 한결같이 이렇게 질문했다. 적극적 감시의 효과를 보지 못한 나머지 3퍼센트의 환자는 어떻게 되었습니까? 죽었나요? 고통스럽게 죽었나요? "진료 시간 내내 그 3퍼센트에 관한 이야기만 했습니다. 그리고 다음 진료 때 그들의 머릿속에 남은 것은 3퍼센트라는 수였고, 결국 수술하겠다고 결정했죠."

영문을 알 수 없었다. 에데는 평생 전립선 종양을 정복하는 데 힘써왔다. 그리고 어쨌든 환자들도 그가 전립선 전문가니까 찾아온 것 아닌가. 그런데 그가 아무리 수술이 필요 없다고 말해도 사람들은 수술대에 눕겠다고 고집하는 것이다. 어떤 환자는 형광펜이 칠해진 연구 자료를 집에 가져가서는 온라인을 뒤져 기어코 반례를 찾아왔고, 이름 없는 학술지나 의학 초록까지 조사해 에데가 보여준 데이터는 모두 반박의 여지가 있고 이 의사가 잘 모르고 있다는 확신이 들 때까지 파고들었다.

"그러고 나서는 의심에 잔뜩 차서 돌아옵니다." 에데가 말했다. "그리고 이렇게 말하죠. '선생님은 적극적 감시를 미는 쪽입니까? 그래서 이 방법을 권하시는 건가요?'" 에데의 조언을 대놓고 무시하는 환자도 있었다. "그런 환자들은 이렇게 말합니다. '친구 중에 전립선암에 걸렸던 사람이 있는데 수술받아도 괜찮답니다.' 또는 '뇌종양에 걸린 이웃이 있었는데 두 달 만에 세상을 떠났어요. 무작정 기다리는 건 너무 위험한 것 같습니다.'"

이는 에데만의 문제가 아니다. 조사에 따르면 현재도 전립선암 환자의 40퍼센트가 불필요한 수술을 선택한다고 추정된다.[7] 매년 5만 명이 넘는 사람이 의사의 조언을 듣지 못하거나 무시하기로 결정한 것이다.[8]

"이런 일이 계속되다 보니 어느 순간 깨닫게 되었습니다. 이건 환자들의 문제가 아니다. 이건 내 문제다. 내가 뭔가 잘못하고 있는 것이다. 나는 대화에 실패하고 있다고 말입니다." 에데가 내게 말했다.

에데는 지인들에게 묻기 시작했고, 마침내 한 동료가 하버드 경영대학원의 디팩 맬호트라Deepak Malhotra 교수를 추천했다. 에데는 그에게 조언을 구하고 싶다는 장문의 이메일을 보냈다.

맬호트라가 소속된 팀은 현실에서 발생하는 협상[9]을 연구한다.

2016년에 그의 동료 중 한 사람은 콜롬비아 대통령의 평화 협정 협상을 도와 52년간 20만 명 이상의 목숨을 앗아간 내전의 종식에 기여했다. 2004년 내셔널 하키 리그 폐쇄로 시즌의 경기 절반이 취소되었을 때 맬호트라는 선수와 구단주 사이의 협상이 결렬된 이유와 선수들을 복귀시킬 대책을 분석했다.[10]

에데의 이메일을 읽은 맬호트라는 솔깃했다. 그가 하는 연구는 노조 간부와 사측이 탁자 양쪽에서 싸우는 공식적인 협상을 주로 설명했지만 에데의 상황은 달랐다.[11] 의사와 그의 환자는 아주 위험성이 큰 협상을 하고 있었다. 자신들이 협상 테이블 앞에 앉았다는 것을 모를 뿐이었다.

맬호트라는 상황을 파악하기 위해 직접 슬론 케터링에 찾아갔다. 그리고 에데의 행동을 관찰하면서 환자와의 대화가 개선될 지점을 찾았다. "어떤 협상이든 가장 중요한 단계는 각 참가자가 원하는 바를 명확하게 밝히는 것입니다." 맬호트라가 내게 말했다. 사람들이 협상에서 원하는 것이 보통 처음에는 확실하지 않다. 노조 지도자가 처음에는 임금 인상이 목표라고 말하지만 시간이 지나면서 추가적인 목적이 드러난다. 이 사람은 조합원에게 잘 보이고 싶을 수도 있고, 자신이 속한 노조 분파가 다른 분파한테서 주도권을 빼앗아 오길 바랄 수도 있으며, 높은 급여 못지않게 노동자들의 자율성을 원할 수도 있다. 그러나 협상 테이블에서 그것을 어떻게 표현할지 모른다. 사람들의 기대를 정의하는 데는 시간이 걸리고 올바른 질문이 필요하다. 그래서 어떤 협상이든 가장 중요한 과제는 많이 질문하는 것이다.[12]

그러나 에데가 환자와 소통할 때 그는 가장 중요한 점을 묻지 않왔다. 환자에게 가장 중요한 것이 무엇인지 질문하지 않은 것이다. 그는 아무것도 묻지 않았다. 이 치료가 환자의 삶에서 여행이나 성생활을 앗아간다고 해도 수명을 연장하고 싶은지, 치료의 대가로 지속적인 통증을 얻게 되더라도 삶에서 5년을 추가하고 싶은지, 환자의 결정이 환자 자신이 원하는 것과 환자의 가족이 원하는 것 중에서 어느 쪽에 얼마나 좌우되는지, 실은 환자도 의사가 알아서 정해주길 내심 바라고 있는지 등을 말이다.

에데의 가장 큰 실수는 환자를 만나기에 앞서 자신이 환자가 원하는 바를 다 알고 있다고 확신한 것이었다. 그래서 자신은 환자에게 객관적으로 조언하고 환자가 정보에 입각한 결정을 내릴 수 있게 선택 사항을 설명해주면 된다고 확신한 것이다.

"그러나 상대방이 원하는 게 뭔지 알고 있다고 가정한 상태에서 협상을 시작하는 건 좋지 않습니다." 맬호트라가 말했다. 이것이 의사 결정을 위한 대화의 시작이다. 각자 무엇을 얘기하고 싶은지 알아내는 것. 물론 상대가 원하는 것을 알아내려면 간단하게 "원하는 게 뭡니까?"라고 물으면 그만일 수 있다. 그러나 상대편이 본인도 확실하지 않거나, 말하기 부끄러워하거나, 자신의 희망 사항을 어떻게 표현해야 할지 모르거나, 너무 많은 생각을 드러냈을 때 자신이 불리해질 거라고 생각한다면 실패할 수밖에 없다.

그래서 맬호트라는 에데에게 다른 방식을 권했다. 환자에게 선택 목록을 들이밀며 대화를 시작하는 대신, 환자가 본인의 가치관을 말하고 인생에서 바라는 것을 얘기할 수 있는 질문을 던지라고 했다.

"암 진단을 받고서 어떤 생각이 드셨나요?" 몇 주 뒤, 에데는 62세

환자에게 이렇게 물었다.[13]

"글쎄요, 제 아버지가 생각났습니다. 우리 아버지는 제가 어렸을 때 돌아가셨는데 그래서 어머니가 고생을 많이 하셨거든요. 저는 우리 가족이 그런 일을 겪는 것이 싫습니다." 이 환자는 자식들 이야기를 하면서 그들에게 충격을 주고 싶지 않다고 했다. 그리고 앞으로 손주들이 겪어야 하는 기후 변화 등 미래의 세상을 걱정했다.

에데는 그가 의학적 염려나 자신의 죽음, 또는 통증에 관해 얘기할 거라고 생각했지만 그의 머릿속을 채운 건 가족이었다. 그가 정말 알고 싶은 것은 아내와 자식들에게 가장 걱정을 덜 끼칠 수 있는 치료였다. 데이터 따위는 안중에 없었다. 그저 사랑하는 사람들의 마음을 다치게 하지 않을 방법을 의논하고 싶어 했다.

다른 대화에서도 비슷한 패턴이 나타났다. 에데는 일반적인 질문으로 시작했다. "진단 사실을 알렸을 때 부인이 뭐라고 하시던가요?" 그러면 환자들은 병에 관한 얘기 대신 결혼 생활, 부모님이 편찮으셨을 때의 기억, 이혼이나 파산처럼 병과 상관없는 트라우마를 얘기했다. 은퇴 후 계획이나 유산으로 남기고 싶은 것 등 미래에 대해 말하는 사람도 있었다. 그들은 암의 의미를 곱씹으면서 어떻게 암과 함께 살아갈지 계획하기 시작했다. 그것이 조용한 협상이 움직이는 방식이다. 상대와 함께 어떤 주제를 어떻게 논의할지 결정하는 과정. 그것은 처음에는 확실하지 않더라도 대화를 통해 각자가 원하는 것을 알아가는 시도이다.

에데는 질문을 통해 어떤 환자는 병을 두려워하고 있으며 정서적 안심을 원한다는 걸 알게 되었다. 반면에 자신에게 통제권이 있다는 기분을 원하는 사람도 있었다. 자신이 특별히 위험을 무릅쓰는 게 아니라는 사회적 증거를 찾는 이들은 다른 환자가 어떤 결정을 내렸는지 듣고 싶어 했다. 또 최신 치료법을 원하는 사람도 있었다.

에데는 기본적으로는 같은 질문을 다른 방식으로 계속해서 바꿔 물어 환자의 마음속에 있는 생각을 끝내 알아냈다. "결국에는 환자도 자신에게 중요한 게 무엇인지 드러냈지요." 에데가 내게 말했다. 이 것이야말로 지금까지 그가 그렇게 많은 환자와의 소통에 실패한 원인이었다. 그는 올바른 질문을 하지 않았다. 상대에게 필요한 것과 원하는 것, 즉 그들이 그 대화에서 원했던 것을 묻지 않은 것이다. 자기가 이미 모든 것을 알고 있다고 가정한 채 환자에게 중요한 게 무엇인지 알아내려는 번거로운 노력 따위는 하지 않았기 때문에 환자들이 관심도 없는 정보만 쏟아붓게 되었다. 그래서 그는 소통하는 법을 바꾸기로 했다. 환자 앞에서 어려운 강의는 그만두고 올바른 대화를 위해 더 나은 질문을 하기 시작했다.

에데가 이 포괄적인 접근을 시도하고 6개월 만에 수술을 선택하는 환자의 수가 30퍼센트 줄었다. 현재 그는 아편성 진통제 사용이나 유방암 치료, 임종 결정과 같은 문제의 협상 방식을 외과의사들에게 가르치고 있다.[14] 이 방식은 친구와 연애 상담을 할 때나 동료에게 예정된 프로젝트에 관해 설명할 때 또는 배우자와 자녀 교육에 관해 의논할 때처럼 누구와도, 또는 덜 무거운 주제에서도 사용할 수 있다. 많은 대화에는 겉으로 보이는 주제 말고도 조명을 잘 비추어야만 드러나는 깊이 있고 의미 있는 주제가 있다. "상대가 원하는 것이 무엇인지 묻는 게 중요합니다." 에데가 내게 말했다. "자신이 어떤 사람인지 말하게 하는 초대랄까요."[15]

뭔가 다른 배심원의 특별한 능력

"지금 바로 투표에 들어가고 싶어 하는 분들이 있으신 것 같습니다만…." 방금 정해진 배심원 대표가 동료 배심원들에게 말했다. 그러나 그는 당장 마음을 정하는 대신 서로 돌아가면서 이 재판에 대한 전반적인 느낌을 얘기해보면 어떻겠냐고 제안했다.

그의 목적은 배심원들이 신중하지 않은 결정을 내리는 일이 없게 하려는 것이었지만 일부는 이미 입장이 확고했다. 특히 칼이라는 소방관은 한 치의 의심도 없이 리로이 리드를 유죄로 보았다. "저한테는 합리적 의심 이상으로 입증되었습니다." 그가 말했다. "범죄 의도, 법에 대한 인지도, 읽고 이해하는 능력처럼 정상 참작이 가능한 상황은 우리가 이곳에서 유무죄를 결정할 때 판단할 부분이 아닙니다. 그건 판사가 형을 정할 때 고려할 부분이지요." 그러면서 그는 사람들에게 판사가 제시한 세 가지 질문을 상기시켰다. 리드가 중범죄자였는가? 그가 총을 획득했는가? 자신이 총을 획득했다는 사실을 알고 있었는가?

"제가 보기에는 세 가지 쟁점이 모두 충족되었어요. 입증 책임." 칼이 말했다.

두 명의 다른 배심원도 재빨리 칼에게 동의했다. 리로이 리드는 유죄라고.

그러나 다른 사람들은 그렇게까지 확신하지 못했다. "엄밀히 말하면 저 세 가지 혐의로 미루어 피고가 유죄인 게 맞지만 그에게 읽기 장애가 있다는 사실을 고려해야 할 것 같은데요." 공립학교 교사인 로레인이 말했다. 또 다른 배심원 헨리도 주저했다. "법적으로만 보자면 유죄가 맞지요. 더 따질 것도 없어요. 하지만 전 리드에게 무죄를 주고 싶어요. 그가 규정을 완전히 이해했다고 볼 수 없거든요."

모두 돌아가면서 말한 결과, 리드가 확실히 유죄라고 생각하는 사람이 세 명, 무죄로 강하게 기운 사람이 두 명, 나머지 일곱 명은 애매한 태도를 취했다. 아직 결정을 내리지 못한 심리학자 바버라가 이렇게 말했다. "사실 우리는 지금 굉장히 철학적인 논쟁을 하고 있습니다. 배심원인 우리에게는 법을 있는 그대로 적용하여 그가 유죄라고 볼 의무가 있을까요, 아니면 특별한 양심을 적용하여 판단할 의무가 있을까요?"

만약 지금까지 상황을 지켜본 양식 있는 제삼자에게 판결이 어떻게 될 것 같냐고 묻는다면 대답은 쉽다. 리로이 리드는 감옥에 갈 것이다. 배심원은 초반의 생각과 상관없이 대체로 결국엔 유죄에 투표한다는 많은 연구 결과가 있다.[16] 특히 피고에게 전과가 있을 때는 말이다.

그러나 이 배심원단에는 뭔가 다른 게 있었다. 처음에는 눈에 띄지 않았지만 30대 중반의 존 볼리John Boly라는 남성이 입을 열면서 서서히 명확해졌다. 볼리는 배심원들이 지금 협상 중이라는 걸 잘 아는 것 같았다. 또한 이 협상의 첫 번째 단계는 사람들이 이 대화에서 원하는 것이 무엇인지 알아내는 거라는 점도 인지하고 있었다.

자기 차례가 되자 볼리가 이렇게 말했다. "저는 이 사건에 대해 제가 어떻게 생각하고 어떤 느낌인지 잘 모르겠습니다. 이 남성이 중범죄자라는 사실에는 의심의 여지가 없고, 그가 총을 샀다는 점도 명백한 사실이지요." 그의 말투는 약간 형식적이었다. "이 사람은 잡지를 읽고, 환상의 세계에 살고 있어요. 전 아직 잘 모르겠습니다만… 다른 분들의 의견을 듣고 제 생각도 이야기하면서 함께 풀어나갔으면 좋겠습니다."[17]

다른 배심원들은 볼리를 보면서 좀 의아해했다. 이 재판에 청바지를 입고 온 사람도 있었지만 그는 제대로 된 정장 차림이었다. 배심원 중에는 은퇴한 사람, 공장에서 일하는 사람, 집에서 살림하는 사람이 있었다. 한편 볼리는 마켓대학교 현대 문학 교수였고 특히 자크 데리다 전공이었다. 나중에 한 배심원이 나에게 이렇게 말했다. "그가 갑자기 카프카와 『소송』을 입에 올리는 걸 보면서 '저자가 지금 무슨 말을 하는 거지? 어느 별에서 오셨어요?'라고 생각했답니다."

그러나 볼리는 남들 눈에 띄지 않는 다른 면에서도 남달랐다. 그는 슈퍼 커뮤니케이터였다. 그는 각 배심원이 이 토론에서 무엇을 원하고 무엇을 필요로 하는지 알아내야 한다는 걸 인지했고, 그러려면 먼저 질문을 많이 해야 한다는 걸 알았다. 그래서 그는 대화가 진행되는 동안 계속해서 질문했다. 권총에 대해서 어떻게 생각하십니까? 리드가 체포된 황당한 상황에 대해 어떤 생각이 들었나요? 총을 소유하고 계십니까? '소유'의 의미에 대해 이야기해보면 어떨까요? 정의가 무엇일까요?

다른 배심원들에게 이런 문제는 재판과 상관없는 내용처럼 들렸다. 그러나 볼리는 질문을 던진 다음 사람들의 대답을 주의 깊게 들었고, 머릿속에서 배심원들을 분류하면서 각자 뭘 말하고 싶어 하는지 알아내려고 했다. 어떤 이들은 도덕성과 공정성을("전 법이 뭐라고 하든 상관하지 않습니다. 정의가 실현되었나요?"), 어떤 이들은 자율성을("전 컴퓨터가 아니에요. 이 자리에서 재판에 대해 말하고 또 생각하고 싶습니다. 판사가 말한 세 가지 항목에 해당된다는 이유로 성급하게 유죄를 결정하고 싶지 않아요") 이야기하고 싶어 했고, 반면에 그냥 따분해하는 사람("의미론을 따지기 시작하면 아마 죽을 때까지 이 방에서 못 나갈 거예요")도 있었다.

볼리는 사람들의 말을 들으면서 머릿속에 각자가 추구하는 것을 정리했다. 헨리는 다른 사람이 이끌어주길 원한다. 바버라는 동정심을 발휘하려고 한다. 칼은 규칙대로 하고 싶어 한다. 볼리는 의사 결정을 위한 대화의 시작 단계에 참여하고 있다. 모두가 원하는 것을 알아내야 한다.

그러나 의사 결정을 위한 대화에는 두 번째 단계도 있다. 이야기를 나누고 협력하여 결정을 내릴 방식을 정하는 것. 모든 대화에서는 사사로운 것(우리가 서로 방해가 될까?)에서부터 중대한 것("이 사람을 감옥에 보내는 게 맞을까?")까지 많은 결정이 내려진다. 그래서 협상 중에는 '함께 결정하는 방식'을 알아내야 한다.

위대한 협상가는 예술가다

의사 결정을 위한 대화의 두 번째 단계인 '어떻게 함께 결정할 것인가?'에 대한 지식은 지난 40년 동안 크게 변화해왔다.

1979년, 현재는 아주 유명해진 세 교수, 로저 피셔Roger Fisher, 윌리엄 유리William Ury, 브루스 패튼Bruce Patton은 '협상과 갈등 관리의 이론과 실천을 개선'한다[18]는 목표 아래 함께 하버드 협상 연구소Harvard Negotiation Project를 세웠다. 당시만 해도 협상은 학계에서 상대적으로 주목받지 못한 주제였다. 그러나 2년 뒤 이들은 자신들의 연구를 바탕으로 『YES를 이끌어내는 협상법』(장락, 2014)을 발간하여 협상에 대한 대중의 이해를 180도 뒤집어놓았다.

그때까지 사람들은 협상이 제로섬 게임이라고 생각했다. 협상 테이블에서 내가 하나를 얻으면 상대는 하나를 잃는다는 논리다. 『YES를 이끌어내는 협상법』에서는 이렇게 말한다. "한 세대 전에는 사람들이 협상을 할 때 공통으로 떠올리는 질문이 '누가 이기고 누가 질 것인가'였다." 그러나 하버드대학교 법학 교수인 로저 피셔[19]는 그런 접근법이 완전히 잘못되었다고 생각했다. 젊었을 때 피셔는 유럽에서 마셜 플랜의 시행에 일조했고, 나중에는 베트남 전쟁을 종식할 방법을 찾아 나섰다. 1978년에는 캠프 데이비드 협정과 관련해서 일했고 1981년 이란에서는 52명의 미국인 인질 석방에 힘썼다.

자신이 직접 참여한 것을 비롯한 많은 협상에서 피셔는 다른 움직임을 보았다. 최고의 협상가는 누가 가장 큰 파이 조각을 가져가는지를 두고 다투지 않았다. 그보다는 파이 자체를 키우는 데 공을 들였고, 결국 양쪽 모두 기분 좋게 헤어지는 윈윈 해결책을 찾았다. 피셔와 그의 동료들이 책에서 쓴 것처럼, 양쪽 모두 협상에서 이기는 것은 불가능할지 몰라도 "서로의 차이를 좁히는 협력적 방법은 존재하고, 설사 완벽한 '윈윈' 방책을 찾을 수 없다고 해도 양쪽 모두에게 좀 더 나은 결과에 도달하는 현명한 합의는 충분히 가능하다는 인식이 늘어나고 있다".[20]

『YES를 이끌어내는 협상법』이 처음 출판된 이후로 수백 건의 연구가 이 개념을 뒷받침하는 증거를 찾아냈다. 엘리트 외교관들은 협상 테이블에서의 진정한 목적은 승리를 거머쥐는 것이 아니라 상대편을 설득하여 서로 협력하고 그때까지 누구도 생각하지 못한 새로운 해결책을 찾아내는 것이라고 설명했다. 최고의 실무자들 사이에서 협상은 전투가 아닌 창의적 행위이다.

이런 접근법은 '이해에 기초한 교섭Interest-based bargaining'이라고 알려졌고, 그 첫 단계는 볼리가 배심원실에서 한 행동, 또는 에데 박사가 슬론 케터링에서 환자에게 접근한 방법과 아주 비슷하다. 열린 질문을 던지고 답변을 귀여겨듣기. 상대방으로 하여금 세상을 어떻게 바라보는지, 무엇을 가장 소중하게 여기는지를 말하게 하는 것. 그러면 당장은 상대가 뭘 찾고 있는지 알지 못해도—아마 그들 자신도 모를 것이다—적어도 그들로 하여금 귀를 기울이도록 영감을 줄 수 있다. 피셔는 이렇게 썼다. "상대가 당신의 관심사를 이해해주길 원한다면, 당신이 먼저 그들을 인정한다는 것을 보여주어라."

그러나 듣기는 시작 단계일 뿐이다. 의사 결정을 위한 대화에 내재한 두 번째 질문, 즉 어떻게 함께 결정할 것인가를 해결해야 한다.

이 대화의 규칙은 무엇인가?

많은 경우, 그 규칙을 알아낼 가장 좋은 방법은 다양한 방식의 대화법을 시도하면서 다른 이들의 반응을 보는 것이다. 예를 들어 협상에는 종종 실험이 시도된다. 처음에 나는 당신의 말에 끼어들 거야. 그러다가는 정중하게 행동하고, 그런 다음 새로운 주제를 불러오거나 예상치 못하게 양보하면서 당신이 어떻게 반응하는지 지켜볼 거야. 이 실험은 모든 사람이 규범을 받아들이고 대화의 전개 방식을 함께 결정할 때까지 계속된다. 또한 실험은 제안이나 방책의 형태를 띠거나 뜻밖의 제안, 또는 갑작스럽게 도입된 새로운 주제의 형태일 수도 있다. 어쨌든 목적은 하나다. 앞으로 나아갈 길이 드러나는지 볼 것. 스탠퍼드 경영대학원 미셸 J. 겔팬드Michele J. Gelfand는 이렇게 말했다. "위대한 협상가는 예술가이다. 그들은 누구도 예상치 못한 방향으로 대화를 이끈다."

이런 종류의 실험을 시작하는 가장 확실한 방법은 토론에 새로운 주제와 질문을 던지고 협상 테이블에 새로운 항목을 추가하여 대화가 새로운 가능성을 드러낼 수 있게 변화를 주는 것이다. 겔팬드는 이렇게 말했다. "임금 협상이 지지부진하다면 새로운 것을 끌어들여라. '지금까지 우리는 임금에만 초점을 맞추었지요. 하지만 임금을 인상하는 대신 모두에게 병가를 늘려주면 어떻겠습니까? 아니면 재택근무를 허용하는 것은 어떻습니까?'"

피셔가 『YES를 이끌어내는 협상법』에서 말했듯이 "어려운 건 갈등을 없애는 게 아니라, 갈등의 형태를 바꾸는 것이다". 많은 사람들이 일상의 대화에서 이런 실험을 시도하지만 대개는 깨닫지 못한다.

상대가 농담하거나 추가 질문을 할 때, 또는 갑자기 심각해지거나 반대로 실없는 소리를 할 때 그건 그 사람이 우리가 자신의 초대에 응하는지, 받아줄 생각이 있는지를 보기 위해 테스트하는 것일 수 있다.

이해에 기초한 교섭처럼, 의사 결정을 위한 대화는 이야기의 방향을 두고 벌이는 설전에서 시작해 각자가 추구하는 것과 모두가 공유하는 목적 및 가치관이 무엇인지 알아내려는 협업과 집단 실험으로 변화할 때 성공한다. 다른 사람 눈에는 단지 누가 유치원에서 아이를 데려오고 누가 장을 볼 것인지 정하는 중인 걸로 보일지 모르지만, 이 조용한 협상에 참여한 사람들은 숨은 메시지와 저류를 인식하며 실험 중이다. 이들은 양쪽이 실제로 원하는 것이 명확해지고 모두가 합의하는 규칙이 확실해질 때까지 대화가 계속 변화하도록 개방형 질문을 던지거나("내가 뭘 더하면 될까?") 협상 테이블에 거래 품목을 추가한다("내가 장보기랑 설거지를 하고 당신이 아이 픽업과 빨래 개기를 하면 어때?"). "나는 당신의 시간을 존중해. 그렇지만 내가 하는 일도 중요하단 말이야. 그러니 저녁은 포장해다 먹고 아이는 아빈드 삼촌한테 데려와달라고 부탁한 다음 우리 둘 다 여유 있게 퇴근하면 어떨까?"

의사 결정을 위한 대화는 곧 협상이다. 단, 이기는 것이 목표가 아니라, 서로 논의할 주제에 합의하고 어떻게 함께 결정할지 돕는 것이 목표인 협상이다.

배심원실로 돌아오자. 볼리는 '무엇을 말하고 싶은가?'의 첫 단계를 마쳤다. 그는 질문을 던졌고 각 배심원이 원하는 것을 알아냈다.

볼리가 들은 내용으로만 보면 유죄 평결의 가능성이 점점 높아졌다. 배심원 대표도 자신이 유죄를 선택하는 경향이 있다고 대놓고 말했다. 전에는 마음을 정하지 못했던 다른 배심원도 배심원 대표에게 동의했다. 게다가 소방관 칼이 적극적으로 지지하고 나섰다. 리로이 리드가 이번에는 아무도 해치지 않았지만 다음번에는 어떻게 될지 누가 알겠느냐고 다그쳤다. "그래서 법이 있는 겁니다. 그래야 중범죄자가 총을 소지할 수 없지요." 다른 사람들도 이에 동의했다. "리드 씨가 총을 구입하고 오는 길에 무고한 시민을 해쳤다면 어떻겠습니까?"

법정 내 역학 관계에 대한 연구에 따르면 이때가 바로 배심원단의 평결이 굳어지는 결정적 순간이다. 한두 사람이 강한 입장을 내세우고 여기에 우유부단하거나 순응적인 다른 이들이 편승하거나 동조하는 순간 유죄 평결은 피할 수 없게 된다.

그러나 심리학자인 바버라는 아직 준비되어 있지 않았다. "다른 가능성의 여지는 없는 걸까요. 어쩌면 리드는 자신이 중범죄자라는 말의 온전한 뜻을 몰랐을 수도 있고, 마찬가지로 자신이 총기를 소지했다는 것도 몰랐을 수 있잖아요."

이에 배심원 대표가 이렇게 말했다. "전 그저 판사가 배심원들에게 무지는 핑계가 될 수 없다는 취지의 말을 했다는 사실을 염두에 둘 뿐입니다." 토론은 점점 과열되었다. 사람들의 목소리가 높아졌다.

이때 볼리가 다시 말을 꺼냈다. 그러나 전과는 다른 방식이었다. 그는 질문을 모두 마쳤고 이제는 의사 결정을 위한 대화의 두 번째 단계 차례이다. 어떻게 모두 함께 선택할 것인가?

볼리는 대화에 새로운 주제를 던졌다. 그는 리로이 리드가 되어보는 상상으로 시작했다.

"갑자기 든 생각인데요, 총 말입니다." 볼리가 팽팽한 긴장을 끊으며 툭 말을 던졌다. "총을 자세히 보면 좀 장난감처럼 보이지 않습니까?" 이 뜬금없는 발언에 사람들이 황당하다는 표정으로 볼리를 쳐다보았다. "장담하는데 만약 제가 총을 사고 권총집까지 구했다면 아마 제일 먼저 허리춤에 차거나 찔러 넣고 싶었을 겁니다." 그가 벨트를 가리키며 말했다. "그리고 밀워키 한복판을 배회했겠죠. 다리를 걷거나 지하도 밑을 다녀도 예전처럼 가로등 뒤에서 갑자기 누가 튀어나올지 걱정할 일이 없으니까요. 기고만장했겠죠. 나한테는 총이 있다고!"

동료 배심원들이 당황했다. 무슨 소리지? 뭘 찔러 넣는다는 말이야? 이때 사람들이 확실히 알게 된 것은 볼리 같은 사람에게 무기를 주면 안 된다는 것이었다.

그러나 사실 볼리는 총에 관해 말한 것이 아니었다. 그는 더 큰 미끼를 던졌다. 그는 실험하고 있었다.

볼리가 말을 이었다. "그런데 아시다시피 리드는 총을 아주 성스러운 것처럼 다루었단 말이죠. 케이스에 넣어서 잠그고 옷장에 넣은 다음 문을 닫았단 말입니다." 그는 이 작은 사실이 굉장히 중요한 점이라고 말했다. "권총집이나 호주머니, 엉덩이, 그 어디에도 찔러 넣지 않았단 말입니다."

지금까지 유죄 쪽으로 기운 것처럼 보였던 한 배심원이 덥석 미끼를 물었다. "맞아요. 상자에서 꺼내지도 않았잖아요."

또 다른 배심원이 끼어들었다. "그가 총 쏘는 법을 알긴 하나요?"

모두 어디까지나 추측일 뿐이었다. 재판 중에 리로이 리드가 총기 사용법을 알지 못한다는 증거는 제시되지 않았다. 그러나 배심원들은 이제 각자 머릿속에서 소설을 쓰기 시작했다. 아마 그는 총을 장전하는 방법도 모를 거야. 총에 총알이 들어간다는 건 알까? 몇 분 만에 새로운 버전의 리로이 리드가 탄생했다. 어쩌다 총을 소유하기는 했으나 소유했다는 사실조차 제대로 알지 못하는 사람으로. 그렇다면 판사의 세 번째 질문인 "그가 자신이 총을 획득했다는 사실을 알았는가?"의 답변은 새로운 양상을 띠게 된다.

볼리는 대화의 방향을 바꾸었다. 그는 발상을 실험하고 배심원들이 새로운 가능성을 상상하게 하고 눈앞의 문제를 다른 방식으로 분석하게 함으로써 대화의 틀을 다시 짰다. 그들은 어떻게 함께 결정할지를 협상하고 있었다.

유죄 평결로 내닫던 속도가 느려졌다. 그러나 만장일치까지 가기엔 아직 갈 길이 멀었다.

황당한 음모론에 넘어가는 이유

의사 결정을 위한 대화는 다음의 둘 중 하나로 흘러가는 경향이 있다. 먼저, 사람들이 지금 자신은 실용적인 마인드셋을 장착했다고 암시하는 대화가 있다. 그들은 문제를 해결하고 아이디어를 꼼꼼히 따져보고 싶어 한다. 그 집에 얼마를 입찰해야 하는지, 인생을 함께한다는 게 무슨 의미인지 확인하고 싶어 한다. 또는 일자리 광고를 보고 찾아온 사람 중에 누구를 고용할지, 아니, 정말 직원이 더 필요하긴 한지 결정하고 싶어 한다. 이런 논의에는 분석과 명확한 추론이 필요하다. 심리학자는 이런 종류의 사고를 '비용과 편익의 논리'라고 말한다.[21] 사람들이 논리적 추론과 현실적인 계산을 추구할 때, 즉 합리적 의사 결정이 가장 설득력 있는 선택 방식이라는 점에 동의할 때, 이는 곧 잠재적 비용과 그로 인한 편익을 비교하겠다고 동의하는 것과 같다.

두 번째 경향에서는 추구하는 목적이 앞에서와 전혀 다르다. 때로 사람들은 논리나 이성에 어긋나는 선택을 함께하길 원한다. 그들은 야박한 합리성을 넘어서는 주제를 탐색하고 싶어 한다. 동정심을 발휘하고 가치관을 논하고 공동의 결정에서 옳고 그름의 문제를 거론하고 싶어 한다. 또 당면한 상황에 완전히 중첩되지 않더라도 자기의 경험을 활용하고 싶어 한다.

이런 종류의 대화에서 객관적 사실은 설득력이 떨어진다. 누군가 자신의 감정을 말하기 시작한다는 것은, 그 사람은 상대와 논쟁을 벌이는 대신 공감하고 기쁨과 분노와 자부심을 공유할 생각인 것이다. 일반적으로 이런 종류의 대화에서는 비용과 편익을 분석하는 대신 지난 경험에 비추어 '나라면 이런 상황에서 어떻게 했을까'를 물어서 결정한다. 심리학자들이 말하는 '유사성의 논리'를 적용하는 것이다. 이런 유형의 논리는 중요하다. 만약 이것이 없다면 사람들이 슬픔이나 실망을 이야기하는 상대에게 연민을 느끼지 못하고, 긴장된 상황을 진정시킬 방법을 알지 못하고, 상대가 심각한지 농담하는지조차 파악할 수 없게 되기 때문이다. 이 논리는 공감의 시점을 알려준다.

어떤 유형의 논리를 사용하고 있는가?

비용과 편익의 논리	유사성의 논리

이 두 유형의 논리는 우리 뇌에 나란히 존재한다.[◆] 그러나 보통 서로 모순되거나 상호배타적이다. 그래서 우리가 대화를 어떻게 풀어나갈지, 또는 어떻게 함께 선택할지를 협상할 때 이렇게 묻게 된다. 어떤 유형의 논리가 모두에게 설득력이 있는가?

에데 박사의 경우는 실용적인 '비용과 편익의 논리'와 공감이 바탕이 된 '유사성의 논리'를 구분하는 것이 결정적이었다. 어떤 환자는 분석적인 질문을 던지고 데이터를 요구했다. 그런 사람은 확실히 실용적이고 분석적인 마인드셋을 지녔다. 그래서 에데는 그들에게 증거, 즉 연구와 데이터를 보여주면 설득되리라는 걸 알았다.

그러나 다른 환자는 에데에게 자신의 과거와 두려움에 관해 말했다. 그리고 자신의 가치관이나 믿음을 이야기했다. 이 환자들은 공감적 마인드셋을 지녔다. 그래서 에데는 그들을 설득하려면 연민과 스

◆ 심리학자 대니얼 카너먼Daniel Kahneman이 저서 『생각에 관한 생각』(김영사, 2018)에서 기술한 인지 유형과 유사하다. 카너먼은 뇌에 장착된 두 가지 시스템을 설명했다. 시스템 1은 본능을 따르며 유사성의 논리 같은 성급하고 빠른 판단을 내린다. 시스템 2는 비용과 편익의 논리처럼 더 느리고 신중하며 합리적이다.

토리를 동원해야 한다는 걸 알았다. 자기는 수술을 즐기는 외과의사이지만 당신이 내 아버지라면 이런 수술을 피하시게 했을 거라고 말했다. 그러면서 비슷한 조건의 다른 환자가 어떤 결정을 내렸는지 들려주었는데, 공감적 마인드셋을 장착한 사람들은 서사에 영향을 받기 때문에 효과적이다. "스토리는 의심할 이유를 찾는 뇌의 본능을 멀찍이 피해서 간다"라고 펜실베이니아대학교의 에밀리 포크Emily Falk가 말했다. 우리는 그것이 옳다고 느끼기에 스토리에 말려든다.

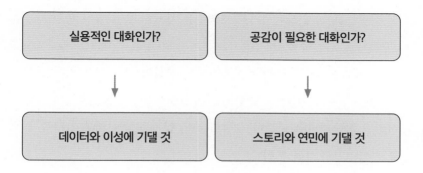

여기에 한 가지 교훈이 있다. 조용한 협상의 첫 번째 단계는 사람들이 대화에서 원하는 것을 알아내는 것이고 두 번째 단계는 어떻게 함께 선택할 것인지를 결정하는 것이다. 이것은 곧 그 대화가 합리적인 대화인지 공감적인 대화인지를 정해야 한다는 뜻이다. 분석과 이성에 따라 결정할 것인가, 아니면 공감과 서사에 따라 결정할 것인가?

이 협상은 까딱하면 잘못되기 십상이다. 사실 나도 여러 번 실수한 경험이 있다. 사촌 하나가 나에게 "매트리스 상점은 돈세탁 창구"라는 황당한 음모론을 말했을 때 나는 데이터와 사실을 들이밀며("실제로 대부분의 매트리스는 공개적으로 거래되니까 온라인에서 가게의 재정 상태를 찾아볼 수 있어") 그가 잘못 알고 있다고 확인시켜주었다. 그러자 그가 나더러 세뇌당했다고 하는 게 아닌가. 그는 사람들을 이용해먹는 엘리트 집단 이야기에서 끌어낸 논리, 즉 기업은 과거에 거짓말을 한 적이 있으므로 늘 의심해야 한다는 유사성의 논리를 펼치고 있었다. 그러니 내가 말한 합리적 논증, 즉 비용과 편익의 논리 따위가 그에게 설득력이 있을 리가 없었다.

한 가지 예를 더 들어보자. 고객 상담실에 전화해 민원을 넣으면서 사람들은 대개 상담사가 자초지종을 자세히 듣고 싶어 할 거라고 생각한다("글쎄, 제 아들이 전화기를 갖고 놀다가 실수로 1,000달러짜리 레고를 주문했지 뭐예요"). 하지만 저쪽에서는 당신의 사연 같은 것에 관심이 없다("고객님, 거래하신 날짜만 알려주시면 됩니다"). 그들은 실용적인 마인드셋을 지니고 있으며 그저 고객의 문제를 해결해주고 다음 전화로 넘어가고 싶을 뿐이다.

존 볼리는 몇몇 배심원들이 자신의 삶, 정의와 윤리의 개념을 말할 때 이들은 단순한 분석과 추론 이상의 대화를 추구한다는 걸 직감했다. 그들은 공감적 사고의 틀 안에 있었다. 볼리는 리로이 리드의 입장을 상상하면서 총을 갖고 있는 것이 어떤 느낌일지 이야기함으로써 여기에 호응했다. 스토리를 강조하기 시작한 것이다. "그는 마치 총이 성스러운 것이라도 되는 양 다루었습니다." 이는 큰 의미가 있거나 공들여 지어낸 스토리라고는 볼 수 없는 아주 작은 이야기에 불과했지만 다른 배심원들로 하여금 리드의 입장을 상상하고 각자 스토리를 지어내도록 자극하기에 충분했다. "우린 그 사람이 총을 쏠

줄 아는지 모르는지조차 모르잖아요"라고 한 배심원이 거들었다.

볼리는 말하는 방식과 논리를 아주 조금 바꾸었을 뿐이지만 그걸로도 아직 이 대화가 끝나지 않았다는 확신을 주기에 충분했다.

결정적 순간을 포착하는 힘

한 시간 남짓 지난 후 누군가 정식 투표를 제안했다. 각자 종이 위에 자기가 생각하는 평결을 썼다. 배심원 대표가 집계한 결과 대세가 바뀌었다. 이제 9표는 무죄를, 3표는 유죄를 택했다.[22]

하지만 평결은 만장일치여야 한다. 그렇지 않으면 미결정 심리가 되어 무효가 된다. 배심원단의 평의 과정을 연구한 결과에 따르면 소수의 사람이 목소리를 높여 특정 평결을 고집하는 순간이 위험하다. 배심원 대표나 소방관 칼처럼 유죄를 강하게 주장하는 사람의 생각을 바꾸기는 어렵다. 심리가 무효가 되는 한이 있어도 피고는 감옥에 가야 한다고 단호하게 주장하는 배심원이 한 명만 있어도 그러하다.

이 방에는 여전히 리로이 리드가 유죄라고 확신하는 사람이 세 명이나 남아 있었다.

그러나 그들의 머릿속도 스토리로 복잡했다.

이때 배심원 대표가 헛기침하며 말했다. "제가 한 말씀 드리겠습니다."

그는 자신이 유죄에 투표했다고 했다. 그러나 다른 배심원들의 이야기를 들으면서 리드 입장에서 상상하게 되었다. 특히 그는 과속으로 경찰에게 걸렸던 일이 생각났다고 후에 내게 말했다. "경찰에게 이런 식으로 딱지를 떼는 건 옳지 않다고 말했어요. 제한속도를 고작 몇 킬로미터 넘었을 뿐이고, 다른 사람을 위험에 빠뜨린 것도 아닌데… 이건 공정하지 않다고 항의했습니다."[23]

당시에 그는 자신의 논리가 타당하다고 생각했다. 그리고 배심원실에 있는 지금 그는 리로이 리드가 과거의 자기처럼 누구도 위험에 빠뜨리지 않은 범죄로 기소되었다는 사실에 생각이 미쳤다. 총을 사서 옷장에 숨겨두었다면, 리드가 법을 어긴 건 맞지만 그렇다고 감옥까지 가야 할까? 과연 이것이 그가 자기 자신에게 적용했던 정의나 공정성과 똑같을까?

"사소하다고는 해도 저는 의심할 이유를 본 것 같습니다." 배심원 대표가 다른 이들에게 말했다. 그의 마음이 돌아서고 있었다.

다른 배심원 한 사람도 마음을 바꾸었다. 그 역시 리드의 관점에서 상황을 다시 생각하게 되었다고 했다. 어떨 때는 스토리가 상황을 다른 이의 눈으로 보면서 공감하고 곱씹게 한다. 또 어떨 때는 감정에 동요하지 않는 이성이 이긴다. 다만 어떤 종류의 논리가 가장 설득력 있는지 모두가 합의할 때만 함께 결정을 내릴 수 있다. 일단 논리가 일치하면 다른 사람의 말에 좀 더 마음이 열린다.

이제 한 명의 유죄 표가 남았다. 마지막 남은 한 번의 협상. 이것만 넘기면 배심원의 임무는 끝난다.

그러나 그 표는 소방관 칼의 것이었다. 지금껏 많은 대화가 오갔지만 그는 처음부터 한결같았다. "지금 피고의 심리적 사고에 지나치게 개입하는 것 같지 않습니까?" 그가 다른 배심원에게 말했다. "리드가 무슨 생각을 하는지 짐작하고, 그가 무엇을 알고, 무엇을 모르는지까지 추측하고 있지 않습니까." 리로이 리드는 권총을 구매한 중범죄자이다. 그게 칼에게 필요한 스토리의 전부이다.

평의 과정이 진행되는 동안 칼은 자신의 이야기를 한 번도 꺼낸 적이 없었다. 다른 배심원들은 자기 의견을 말하면서 사족으로 자신의 인생이나 과거를 조금씩 드러냈지만 칼은 예외였다. 2000년에 사망한 아버지를 대신해 칼의 아들과 인터뷰했을 때 그는 자기 아버지가 이상적인 소방관이었다고 말했다. "규칙을 정확히 따르고 조직을 존중하는 분이셨습니다." 칼은 실용적이고 분석적인 비용과 편익 논리에 의지하는 법을 스스로 익혔다. 응급 상황에서는 그런 사고방식이 생명을 구하기 때문이다. 그래서 볼리는 다른 협상을 시도했다.

이 협상은 한 배심원이 던진 질문으로 시작했다. "저는 이 남성이 유죄라는 선생님의 판단이 선생님께 아주 중요하고 또 절대 바뀌지 않을 최종 결정인 것처럼 보이는데요, 괜찮으시다면 그 생각을 좀 더 공유해주시겠어요?"

칼이 의자에서 자세를 고쳐 앉으며 말했다. "글쎄요, 어렵겠는데요. 저는 사람의 마음이 어떻게 움직이고 사람들의 생각을 어떻게 이해해야 하는지 이 자리에서 강의할 만큼 교육을 많이 받지 못했습니다." 그가 말했다. "판사님이 말씀하신 세 항목을 따져보고 어느 어느 것이 충족하니까 유죄라고 말하는 게 냉정하고 지나친 단순화로 보일지는 모르지만," 칼에게는 그게 전부였다.

"한 가지만 여쭤보겠습니다." 다른 배심원이 말했다. "선생님의 기준에서 보았을 때 예외가 될 만한 상황이 있을까요?"

"물론입니다." 칼이 말했다. "제가 리드 씨의 사건에 배정되고 실제로 그를 보았을 때 제 눈에도 그가 누구를 해칠 사람으로 보이지는 않았어요. 그에게 어떤 나쁜 의도가 있었다고 생각하지 않습니다. 사회에 위협이 되는 사람은 아닌 것 같아요."

그러나 그는 이 자리에서 고려해야 할 더 큰 문제가 있다고 설명했다. 비용과 편익 사이의 절충이다. 만약 배심원단이 법의 올바른 집행을 멈춘다면 국가는 무정부상태가 될 것이다. 리로이 리드에게 내려지는 무죄 선고가 다른 사람들에게 법을 지키지 않아도 되는 빌미를 줄 수 있다는 말이다.

하지만 칼도 공공의 안전에 도움이 되는 상황이라면 예외적으로 피고를 풀어줄 수 있다고 했다. 다만 리로이 리드의 사건에서는 그런 이점을 보지 못했을 뿐이다.

눈치챘는가? 방금 중요한 사건이 일어났다. 칼이 자신의 가장 깊은 속내를 드러낸 것이다. 그는 무엇보다 공공의 안전을 최우선으로 두는 사람이었다. 그래서 유죄를 밀어붙인 것이다. 그의 실용적인 마인드셋에서 유죄 평결은 곧 사회의 법과 질서를 보존하고 사회 구성원들을 보호하는 것과 동일했다.

볼리는 이 순간을 절호의 기회로 보았다. 협상 테이블에 새로운 것을 올리고 다른 방식을 실험할 기회 말이다. 예를 들면, 리드에 대한 무죄 평결이 사람들을 더 안전하게 지키는 쪽이라면 그의 생각이 달라질까?

볼리가 방 안의 모두에게 (사실 그가 진짜 의도한 청자는 칼이었지만) 이렇게 말했다. "잘 아시겠지만 저도 이 법이 아주 훌륭하다고 생각합니다. 제가 법을 하찮게 여긴다는 인상을 남기고 싶지는 않습니다." 하지만 그는 답답함을 느낀다고 말했다. "개인적으로 제가 피고가 무죄라고 생각하게 된 계기가 있다면… 사실 요새 저는 아주 바쁩니다. 지금이 기말고사 주간이거든요. 게다가 최근에 제 학생들이 폭력 사건의 피해자가 되었어요. 제 수업을 듣는 한 여학생이 일주일 전 수업에 오는 길에 폭행을 당했습니다…. 제 수업에 들어오는 또 다른 여학생도 흉악한 범죄에 희생되었습니다. 구타와 성폭행을 당했어요."

볼리가 계속 이어서 말했다. "그러니까 제 말은 저도 정말 시민의 의무를 다하고 싶다는 얘기입니다. 그래서 할 일이 산더미같이 쌓인 와중에도 법원의 명령을 받아 기꺼이 온 것이죠. 그런데 검사가 제게 배정한 것이 뭘까요? 바로 리로이 리드 사건입니다. 이 근사한 회의실에서 훌륭하신 여러분과 함께 있으면서도, 이 떠들썩한 재판과 거창한 절차에도 불구하고, 전 혼자 계속 이런 생각이 드는 겁니다. 이렇게 시시할 수가 있나! 제 말은 제가 제 귀중한 시간을 합당하게 쓰고 있다는 생각이 들지 않는다는 말입니다." 이번 배심원단이 강도나 강간범, 살인범 같은 진짜 범죄자들을 감옥에 보내는 일을 맡았을 수도 있다. 그런데 실제로는 공공 안전에 아무 해도 끼치지 않은 누군가를 감옥에 보내느니 마느니 하며 열을 올리고 있지 않은가. "저는 검사 사무실에 민원을 넣을 생각까지 했어요. 진짜로요. 이렇게 써서 보내고 싶어요. 빌어먹을 양반들아, 난 요새 주차장에 있는 내 차까지 걸어가는 것도 무섭다. 내 학생들은 강도와 구타와 강간을 당했다. 남학생들도 예외는 아니다. 무고한 시민들이 저렇게 당하고 있는데 당신은 나한테 고작 리드를 준다고?"

볼리는 만약 배심원단이 리드를 무죄로 풀어준다면 그건 경찰과 검찰에 보내는 메시지가 될 거라고 했다. 진짜 범죄자에게 집중하여 시민의 진정한 안전을 보장하라는 일갈이라고 말이다. 그렇다면 리드에게 무죄를 준 그들은 사실상 공공의 안전에 일조하는 것이다. 물론 이건 굉장히 창의적인 해석이지만 어쨌든 볼리는 실용적이고 분석적인 논리를 펼쳐 대화에 새로운 선택지를 추가했다. 칼이라는 사람과 뜻을 같이하면서 만약 범죄를 멈추고 싶다면 리드의 석방이야말로 합리적인 선택이라고 주장한 것이다.

"당연히 그는 여기에 있어서는 안 되는 사람입니다." 칼이 말했다. 하지만 아직도 완전히 넘어오지는 않았다.

그래서 볼리는 최후의 거래를 제안했다. "저는 법의 중요성에 대한 선생님의 의견에 큰 경의를 표합니다." 그가 칼에게 말했다. "법의 올바른 실행을 가벼이 여기지 않는 마음과 사법 절차의 무결성에 헌신하는 자세까지도 말입니다."

칼이 마음을 바꾸려면 대가가 필요하다는 것을 볼리는 알았다. 그는 자아를 비용으로 치러야 한다. 그러나 그만큼 돌아오는 것도 있었다. 옳은 일을 했다는 데서 오는 존경과 자부심.

칼이 볼리의 말을 어떤 식으로 처리하고 있는지는 명확하지 않았지만 깊이 생각하고 있는 것만은 분명했다.

"그럼 투표를 해볼까요?" 평의를 시작한 지 2시간 30분이 지나자 배심원 대표가 물었다.

각자 종이에 평결을 썼다.

무죄. 무죄. 무죄. 무죄. 무죄. 무죄. 무죄. 무죄. 무죄. 무죄. 무죄. 무죄.

리로이 리드는 석방될 것이다.

💬

의사 결정을 위한 대화 중에 우리는 서로 어떻게 연결될 것인가?

앞에서 그 첫 번째 단계는 각자가 대화에서 원하는 것이 무엇이고 무엇을 추구하는지 알아내는 노력이라고 했다. 그것이 겉으로 보이는 모습 뒤에 있는 심오한 질문에 이르는 방식이다.

볼리는 각자 원하는 것이 다르다는 것을 인정함으로써 동료 배심원들을 연결했다. 누군가는 정의에 관해서 얘기하고 싶어 했고, 또 누군가는 법과 질서에 초점을 맞췄다. 누군가는 사실을 원했고, 또 누군가는 공감을 갈망했다. 에데 박사는 환자 자신에게 가장 중요한 것이 무엇인지를 물어 그들의 마음을 열었다. '무엇을 말하고 싶은가?'를 물었을 때 각자 희망하는 바를 캐낼 수 있었다.

누군가 당신에게 "조만간 있을 회의에 관해 얘기 좀 할까요?" 또는 "저 메모 완전히 미친 것 같지 않아?"라고 말할 때 또는 크게 걱정하며 "걔가 그 일을 잘 해낼지 모르겠네"라고 말할 때, 그들은 의사 결정을 위한 대화로 당신을 초대하며 사실은 진짜 나누고 싶은 얘기가 따로 있다는 신호를 보내고 있다. 볼리는 그 신호를 들을 줄 알았고, 에데 박사는 그것을 찾으려고 했다.

상대가 대화에서 원하는 것이 뭔지 알고 나면, 다음에는 어떻게 그것을 줄지, 즉 조용한 협상에 참여하여 그들의 필요와 나의 필요를 충족할 방법을 찾아야 한다. 그러려면 함께 결정할 방법을 실험으로 밝혀야 한다. 이는 곧 어떤 유형의 대화가 일어나고 있는지 인지한 다음 상대의 대화에 나를 맞추고 상대도 나에게 맞추도록 초대하는 매칭 원리를 적용하는 것이다. 볼리와 에데는 상대와 맞춘다는 게 단순히 모방하는 것이 아님을 알았다. 걱정스러운 표정을 지으며 상대가 말한 것을 똑같이 되풀이하는 게 아니라는 말이다.

그보다 타인에게 맞춘다는 것은 상대의 마인드셋, 즉 그가 어떤 종류의 논리를 설득력 있게 여기고 어떤 말투와 방식을 타당하게 받아들일지 파악한 다음 같은 언어로 말하는 것이다. 또한 거꾸로 우리 자신이 어떻게 생각하고 결정하는지를 명확히 설명해주어 상대도 나와 맞추게 할 필요가 있다. 누군가 스토리를 통해 자신의 문제를 설명한다면 그는 해결책이 아닌 나의 동정심을 원한다는 신호를 보내는 것이다. 상대가 모든 사실을 분석적으로 제시하고 있다면 그건 그가 감정적인 대화보다 이성적인 대화에 관심이 있다는 신호이다. 우리는 이런 단서를 알아채거나, 또는 속내를 드러내게 하는 실험에 더 능숙해질 수 있다.

의사 결정을 위한 대화가 주는 가장 뜻깊은 선물은 상대가 무엇을 얘기하고 싶은지, 나와의 대화에서 무엇을 얻고 싶은지 알아내어 모두 함께 결정하게 만드는 기회이다. 그제야 비로소 우리는 서로를 이해하고 혼자서 생각할 때보다 더 나은 해결책에 도달할 수 있을 테니까.

의사 결정을 위한 대화

2018년에 하버드대학교 연구원들은 수백 명을 대상으로 그들이 친구, 낯선 사람, 동료와 나누는 대화를 녹음하면서 한 가지 문제에 접근했다.[1] 사람들은 자기가 말하고 싶은 것이 무엇인지 어떻게 신호를 줄까? 다른 말로 하면, '무엇을 말하고 싶은가?'를 어떻게 결정하는 걸까?

이 실험에 참여한 사람들은 상대방과 직접 만나서, 또는 화상 통화로 이야기했다. 대화를 시작할 주제로 "무슨 일을 하십니까?", "종교가 있으신가요?" 등 몇 가지가 사전에 제시되긴 했지만 그 외에도 얼마든지 다양한 주제를 넘나들 수 있었다. 그리고 그 후에 이 대화를 즐겼는지 설문 조사를 했다.

많은 사람들이 본질적으로는 "아니요"라고 대답했다. 사람들은 대화 주제를 바꾸려고 해봤고 다른 얘기를 하고 싶다는 힌트를 주었으며 지루하다고 표현했고 새로운 소재를 시도했다. 그들은 여러 방법으로 실험했다. 그러나 상대방은 그들의 뜻을 알아채지 못했다.

일단 무엇을 보아야 하는지 알고 나면 대화 중인 상대가 다른 것을 원한다는 단서는 아주 명확했다. 그러나 자기 말에 몰입하거나 얘기를 쏟아내는 중에는 그런 단서를 놓치기가 쉽다. 상대방이 어떤 말을 던지고 별로 웃기지도 않은데 웃었다면 그건 대화를 즐기고 있다는 신호다. 내 이야기를 들으면서 소리를 낸다면("아아", "오!", "흠", "정말로?") 그건 그들이 대화에 몰입한다는 신호로서 소위 맞장구라고 부르는 것이다. 상대가 얘기를 더 이어나가게 북돋아주는 질문을 한다면("좀 더 자세히 말해봐", "다음에 어떻게 됐나요?", "그 사람은 왜 그렇게 말했을까?") 그건 흥미를 느낀다는 단서다. 반면 주제를 바꾸는 말을 한다면("이건 좀 다른 얘긴데", "외람되지만 다른 걸 여쭤봐도 될까요?") 그건 상대가 다른 얘기를 하고 싶다는 힌트다.

연구자들은 다음과 같이 썼다. "사람들은 자기가 선호하는 주제에 관한 정보를 가득 실어서 말하지만, 상대방은 이런 신호의 상당 부분을 포착하지 못하거나 무시하거나 또는 느리게 반응했다. 하지만 연구 결과를 종합하면 개선의 여지는 충분하다."

이런 발견이 크게 놀랍지는 않다. 우리 모두 전에 경험한 적이 있으니까. 때로 사람들은 우리가 보내는 신호를 알아채지 못하는데, 그건 주의를 집중하는 훈련을 받아본 적이 없기 때문이다. 우리는 다양한 주제와 대화법으로 실험하는 법을 배운 적이 없다.

그러나 단서들을 포착하고 이런 유형의 실험법을 배우는 것은 그것이 알아가는 대화의 두 번째 규칙으로 이어지기 때문에 중요하다.

> **규칙2**
> 자신의 목표를 공유하고 상대방의 목표를 묻는다.

이것은 대화 전에 미리 준비하고, 상대에게 질문하고, 대화 중에 단서를 알아채고, 실험하거나 항목을 추가하는 네 가지 방식으로 진행된다.

준비하라

의사 결정을 위한 대화는 보통 대화가 시작될 때 일어나므로 사전에 약간의 준비를 하는 게 좋다.

하버드대학교를 비롯한 유수 대학교 연구자들은 정확히 어떤 사전 준비가 도움이 될지 살펴보았다.[2] 한 연구에서 참가자들은 대화를 시작하기 전에 얘기하고 싶은 주제를 몇 가지 종이에 적었다. 이 일에 고작 30초가 걸렸으며 실제 대화가 시작되었을 때 준비된 주제가 한 번도 입에 오르지 않은 경우도 많았다.

그러나 그 목록을 준비하는 것만으로도 대화는 더 원활하게 진행되었다. 어색한 침묵과 불안이 줄었으며 나중에 사람들은 대화에 더 몰두하는 기분이 들었다고 답했다. 그러므로 대화가 시작되기 전에 스스로 다음과 같은 질문에 답해본다면 유용할 것이다.

- 대화에서 나누게 될 두 가지 주제가 있다면?
  (일상적인 주제도 괜찮다. 어젯밤 경기 그리고 요새 재밌게 보고 있는 드라마)

- 이 대화에서 말하고 싶은 주제가 한 가지 있다면?

- 상대에게 묻고 싶은 질문이 한 가지 있다면?

> 어젯밤 경기에 대해서 말할 것.
>
> 새로운 직장에 대해서.
>
> 휴가는 어디서 보낼 생각인지?

이 연습의 이점 중 하나는 실제로 대화 중에 그 주제가 거론되지 않더라도 뒷주머니에 지니고 있다가 언제든 꺼내어 쓸 수 있다는 것이다. 그리고 무엇을 얘기할지 미리 짚어보는 것만으로도 자신감이 생긴다.

이 연습이 익숙해지면—금세 그렇게 될 것이다—그때는 좀 더 탄탄하게 준비할 수 있다.

- 대화에서 가장 나누고 싶은 두 가지 주제가 무엇인가?

- 내가 얘기하고 싶다고 상대에게 알려주고 싶은 주제가 한 가지 있다
  면 무엇인가?

• 상대가 원하는 것을 확인하기 위해 던질 질문 한 가지는 무엇인가?

질문하라

결정을 내리거나 계획을 세우면서 시작되는 '의사 결정을 위한 대화'의 핵심에는 조용한 협상이 있다. 협상은 때로 빠르게 시작되고 금세 끝난다. 예를 들어 친구가 "토요일에 일정에 관해 얘기 좀 하자"라고 말하고 당신이 "좋아!"라고 답할 때처럼.

그러나 좀 더 의미 있고 복잡한 대화에서 협상은 더 길어지거나 은근히 진행될 수 있다. 사교적인 인사말로 시작해서 날씨나 공통의 친구 같은 가벼운 이야기를 나눈 다음 그제야 정말 논의하고 싶은 주제로 넘어간다. "이번에 제가 새로 시작한 회사에 투자할 생각이 있으신지요?"

진행 방식과 상관없이 이 협상에는 공통된 형식이 있다. 누군가가 먼저 초대를 하고 상대가 수락하거나 아니면 역으로 초대하는 것이다.

상대가 먼저 시작하길 원할 때가 있는데 이럴 때 제일 쉬운 방법은 에데 박사가 환자들에게 한 것처럼 열린 질문을 던지는 것이다. 그런 질문을 찾기는 쉽다.

- 신념이나 가치관을 묻는 질문("어떻게 교사가 되셨나요?")
- 상대의 판단을 묻는 질문("로스쿨에 들어가니 어떤 점이 좋습니까?")
- 상대의 경험을 묻는 질문("유럽 여행은 어땠나요?")

이런 질문은 거슬리는 느낌을 주지 않으면서도—"어떻게 교사가 되셨나요?"라는 질문이 지나치게 사적인 질문은 아니니까—상대가 교육에 대한 신념이나 직장에서 중요하다고 생각하는 가치를 공유하도록 유도한다. "로스쿨에 들어가니 어떤 점이 좋습니까?"라는 질문은 단순히 자기 일을 기술하는 데 그치지 않고 자신의 선택에 대해 생각해보게 한다. 이런 식의 열린 질문은 겉에서 맴돌 수도, 깊이 파고들어갈 수도 있다. 그러나 다음 장에서 설명하겠지만 가치관, 신념, 판단, 경험에 관한 질문의 힘은 극도로 강하다. 그리고 생각보다 묻기 쉽다.

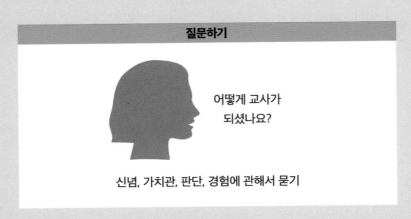

신호를 포착하라

상대방이 자기의 필요와 목적을 표현할 때까지 기다리는 대신 이쪽에서 먼저 자기의 의사를 표현해볼 수도 있다. 그렇게 초대를 확장하는 순간에—"토요일 일정에 관해 얘기 좀 하자" 또는 "우리 회사에 투자할 생각이 있으신지요?"— 상대가 반응하는 방식은 중요하다. 그러므로 상대가 말하지 않은 것을 알아차릴 수 있도록 훈련해야 한다.

다음은 신경 써서 관찰해야 하는 몇 가지 중요한 신호이다.

- 상대방이 당신을 향해 몸을 기울이거나, 눈을 맞추거나, 웃거나, 맞장구를 치거나, 끼어드는가?

그건 초대를 받아들이겠다는 신호이다(통념과 달리 끼어드는 것은 상대가 적극적으로 참여하고 싶어 한다는 뜻이다).

- 상대가 조용해지고, 표현이 수동적이며, 눈이 당신의 얼굴이 아닌 다른 곳에 고정되어 있는가? 지나치게 생각에 빠져 있는 것처럼 보이는가? 자기 의견을 추가하지 않고 당신의 의견을 그대로 받아들이는가?

흔히 이런 반응을 보고 상대가 내 말을 잘 듣고 있다고 오해하기 쉽다. 그러나 사실은 그렇지 않다.(다음 몇 장에서 설명하겠지만 사실 듣기는 훨씬 더 능동적인 행위이다.) 이는 반대로 당신의 초대를 거부하고 다른 말을 하고 싶다는 신호이다. 그럴 때는 상대가 원하는 것을 알아내기 위해 계속해서 탐색하고 실험해야 한다.

이런 반응을 놓치기 쉬운 이유 중의 하나는 말하고 있을 때는 그 행위 자체가 뇌의 주파수를 독차지하기 때문이다. 그러나 훈련을 통

상대가 몸을 기울이거나 관심을 보이는가?
아니면 딴 데를 보거나 수동적인가?

해 이런 신호를 알아챘다면 '무엇을 말하고 싶은가?'의 답을 찾는 데 큰 도움이 될 것이다.

주의를 기울여라

내가 보낸 초대를 상대가 거절하면 막막한 게 당연하다. 그런 순간에는 이해에 기초한 교섭의 교훈을 기억하자. 앞으로 나아갈 길이 드러날 때까지 창의력을 발휘해 새로운 주제와 접근법으로 실험한다. 존 볼리가 소방관 칼을 끌어들이기 위해 공공 안전에 대한 새로운 해석을 도입했던 것과 같은 방식이다.

다음에 주의를 기울이면 어떤 주제와 접근법이 유익한지 알아낼 수 있다.

- 상대방이 스토리를 말하거나 농담하는가? 그렇다면 그들은 공감적인 '유사성의 논리' 마인드셋을 장착했다. 이런 상태에서 사람들은 논쟁이나 선택지를 분석하는 대신 공유하고 관계하고 공감하고 싶어 한다.

- 상대방이 계획이나 결정에 대해 말하거나 선택지를 평가하는가? 상대가 정치나 경제 이야기를 꺼내거나 내년 휴가지를 고르고 있는가?("6월에는 메인이랑 플로리다 중에서 어느 곳이 나을까?") 그렇다면 그들은 현실적인 '비용과 편익의 논리' 마인드셋을 장착했다. 이들 앞에서는 분석적으로 대응하는 것이 좋다.

- 주제를 바꾸려는 시도에 귀를 기울여라. 사람들은 자기가 상대에게 얘기하고 싶은 것을 뜬금없는 마무리, 여담, 갑작스러운 주제 전환 등을 통해서 말한다. 즉 저쪽도 실험 중이라는 말이다. 만약 상대가 같은 질문을 다른 방식으로 계속해서 묻거나 갑자기 새로운 주제를 도입한다면 그건 테이블에 뭔가를 추가하고 싶다는 신호이므로 상대가 계속하게 놔두는 것이 현명하다.

- 그리고 실험. 예상치 못한 질문을 던져라. 새로운 아이디어를 소개하라. 말을 끊어보고, 또 다음번에는 끊지 말아라. 상대방이 여기에 장단을 맞추는지 보아라. 그렇다면 그들은 함께 결정을 내리고 싶은 방식, 그들이 용인하는 규칙과 규범에 대해 힌트를 주는 것이다. 그들은 이 대화가 어떤 식으로 진행되길 원하는지 신호를 주고 있다.

아마 당신은 이미 이런 본능을 갖고 있을 테지만 잊고 있기가 쉽다. 그리고 이 전략을 모두 한 번에 받아들일 필요는 없고 서서히 대

화의 일부로 만들 수 있다. 의사 결정을 위한 협상이 자연스러워질 때까지.

Part

3

연결의 기술

우리는 타인과의
연결을 갈망한다

3

나의 이야기를 털어놓을 때
생기는 변화

●

"다른 사람 앞에서 울었던 때가 언제인가요?"

미국 코네티컷주 헤지펀드사 교육관을 가득 메운 저 사람들은 모두 굉장한 부자 행성 출신들처럼 보인다. 대부분 맞춤 정장을 입었고 웬만한 자동차 한 대 값인 시계를 자랑하는 이들도 널렸다. 초대받은 사람만 참석하는 이 특별 행사가 시작되길 기다리면서 그들은 최근에 구매한 예술품과 부동산 프로젝트 얘기를 떠벌리거나 세이셸과 마서스비니어드섬이 예전 같지 않게 북적댄다며 불평했다. 몇몇은 남다른 개성을 자랑하며 카발라 팔찌를 차거나 한정판 운동화를 신었고, 소울패치(아랫입술 바로 밑에 좁게 기른 수염—옮긴이)를 기른 사람도 있었다.

그러나 자신을 차별화하려는 노력에도 불구하고, 수십억 달러를 좌지우지하는 월가의 전문 투자자들이 보내는 하루는 거기서 거기다. 회사 대표에게 보고하기, 투자 은행가들과 잡담하기, 경제 보고서 읽기, 회의실 복도에서 업무 처리하기(주가를 예측할 만한 정보가 손에 들어오길 바라면서).

그러나 오늘은 좀 다르다. 오늘 이들은 시카고대학교 심리학과 교수 니컬러스 에플리Nicholas Epley가 강연하는 '경청하는 법'을 듣기 위해 이곳까지 왔다. 이 자리에 참석한 사람들은 듣는 기술이 없으면 엄청난 손해를 볼 수 있다는 걸 뼈저린 경험으로 누구보다 잘 알았다. 저들 중 누군가는 평소 명랑하고 침착한 브로커가 점심 식사 중에 갑자기 웨이터에게 소리를 지르고 대화 중에 전화를 받으러 수시로 자리를 뜨는데도 눈치채지 못하다가 결국 한나절 만에 2000만 달러를 잃었다. 그 브로커는 전화를 받고 돌아올 때마다 그럴듯한 변명을 했지만 알고 보니 그 회사는 망하기 일보 직전이었다. 회의 중에 상대방의 목소리에 묻어나는 주저함을 듣지 못하고 간단한 질문에도 대답을 회피하던 태도를 간과한 실수가 큰 화를 불러온 것이다.

그래서 이 행사의 주최자는 어떻게 하면 우리가 놓치기 쉬운 것까지 잘 들을 수 있는지 가르쳐주려고 에플리를 데려왔다. 평생 '왜 우리는 서로의 말을 듣지 못하는가'를 연구한 에플리는 이 과제에 최적인 인물이었다.[1] 왜 어떤 사람들은 상대의 목소리에 드러나는 감정을 포착하지 못하는가? 왜 같은 회의에 참석한 두 사람이 회의 중에 오고 간 말을 완전히 다르게 이해하는가?

청중은 아마도 에플리가 듣기 전략이 주욱 열거된 파워포인트를 넘겨가며 강연할 거라고 예상했다. 상대와 계속해서 눈을 마주칠 것,

상대의 말에 집중한다는 걸 보여주기 위해 성의 있게 고개를 끄덕일 것, 많이 웃을 것. 야밤의 홈쇼핑 광고나 소셜 미디어에서 회자되는 그런 종류의 팁 말이다.

그러나 에플리가 연구한 바에 따르면 그런 방식은, 특히 일부러 애쓰는 경우 오히려 커뮤니케이션을 방해하는 경향이 있다. 고개를 끄덕인다고 해서 반드시 듣고 있다는 뜻은 아니다. 미소를 거두지 않는 얼굴과 강렬한 아이 콘택트는 좀 부담스럽지 않던가. 게다가 에플리가 믿기로, 사람들은 이미 듣는 법을 잘 알고 있다. "재밌는 팟캐스트나 훌륭한 농담 듣는 법을 따로 배워야 하던가요?" 그가 내게 말했다. "양질의 이야기가 오가는 자리에서는 대화를 따라가지 못하는 사람이 없습니다. 진짜 흥미롭다면 굳이 애쓰지 않아도 자연히 잘 듣게 마련이니까요."

에플리는 사람들이 저마다 타고난 듣기 능력을 활용하도록 도울 생각이다. 그 말은 대화 자체를 흥미롭고 의미 있게 만드는 법을 배워야 한다는 뜻이기도 하다. 그중 하나가 서로 개인적인 얘기를 꺼내게 하는 거라고 그는 확신한다. 특히 에플리는 사람들이 감정을 말해야 한다고 믿었다. 감정을 나눌 때 마법이 일어난다. 상대가 내 말을 홀린 듯이 듣고 이어서 자기의 감정을 누설하기 시작하면 나 역시 그의 말을 더 귀 기울여 듣게 된다. 위에서 2000만 달러를 잃은 헤지펀드 매니저도 점심 중에 상대방에게 기분을 묻고 감정을 요구하는 질문으로 압박했다면, 아마 그가 스트레스를 받고 있다는 얘기를 들었을 것이다. 뭔가 잘못되고 있다는 단서를 일찌감치 알아챘을 거라는 말이다.

에플리는 이 헤지펀드 매니저들을 '감정을 나누는 대화'로 끌어들일 생각이다. "당신이 자신을 열어 보이면 상대는 자연히 끌려 들어오게 마련입니다." 에플리가 내게 한 말이다.

그러나 에플리는 많은 이들이 사적인 이야기나 감정적인 주제를 꺼린다는 걸 알고 있다. 이유는 다양하다. 어색할까 봐, 아마추어처럼 보일까 봐, 실수할까 봐, 상대방이 제대로 반응하지 않을까 봐, 또는 상대가 자기를 어떻게 생각할지 생각하느라 정신이 없어서.

에플리는 이런 함정을 피할 방법을 찾았다고 생각한다. 감정을 나누는 대화를 시작하는 핵심은 특수한 유형의 질문을 던지는 데 있다.[2] 이 질문은 겉으로는 감정을 다루는 것처럼 보이지 않지만 이에 대한 답변은 감정을 더 쉽게 알아차리게 한다. 에플리는 지난 10년 동안 사람들에게 이런 종류의 질문을 가르쳤고, 이제 자신의 방식이 헤지펀드 전문가 집단에서도 효과가 있는지 확인할 차례였다. 이런 오글거리는 대화에 체질적으로 알레르기 반응을 일으키는 사람들한테 말이다. 그래서 강단에 선 그는 먼저 이들과 한 가지 실험을 하기로 했다. 강당에 모인 이들에게 각자 처음 보는 사람이 파트너로 배정될 것이고, 그 사람과 10분 동안 이야기해야 한다.

에플리는 대화 중에 서로 물어야 하는 세 가지 질문을 공개했다. 그중 세 번째는 "다른 사람 앞에서 울었던 때가 언제인가요?"였다.

"젠장, 저런 걸 말하라고?" 앞줄에 앉아 있던 누군가가 질색하며 말했다.

대화를 하다 보면 수시로 결정의 순간이 찾아온다. 상대의 이야기가 감정적으로 흐르게 둘까? 아니면 지금처럼 계속 거리를 두면서 건조하게 얘기할까?

함께 주말 계획을 세우는 중에 친구가 갑자기 이런 얘기를 꺼낸다. "사실 요새 좀 골치가 아팠어." 혹은 동료와 근황을 얘기하는 중에 그가 의미심장한 한숨을 쉬거나 또는 어딘가 들떠 보인다. 집안에 안 좋은 일이 있거나, 아니면 자식 자랑을 하고 싶어서 그럴 수도 있다. 이럴 때 당신은 선택에 직면한다. 굳이 캐묻지 않고 그냥 모른 척할지, 아니면 상대가 표현한 감정을 읽고 비슷하게 호응할지. 이때부터 감정을 나누는 대화가 시작된다. 단, 당신이 허락한다면.

당신의 결정에 상관없이 감정은 이미 그 대화에 영향을 주고 있다. 내가 말할 때든, 상대의 이야기를 듣고 있을 때든 감정은 거의 언제나 작동 중이라고 수많은 연구 결과가 말한다. 감정은 당신이 말하고 듣는 모든 것에 영향을 미친다. 한숨이든 우쭐한 몸짓이든, 당신이 눈치채지 못하는 수천 가지 방식으로 감정은 이미 대화에 들어와 있다. 감정은 당신이 자리에 앉은 순간부터 힘을 발휘해 당신이 응대하는 방식, 생각하는 방식, 그리고 애초에 그 자리에 오게 된 이유까지 결정한다. 그러나 당신은 상대의 한숨을 무시하고 스멀스멀 새어 나오는 자랑을 못 본 척 넘길 수 있다. 스몰 토크의 얕은 물에 머물면서 감정을 나누는 대화를 최소화하고 더 안전한 영역을 고수하기 위해서.

그러나 그것은 대체로 올바르지 못한 선택이다. 왜냐고? 그건 지난 수백만 년간 인간이 서로 유대하기 위해 진화한 강력하고 자연스러운 과정을 거부하는 행위이기 때문이며, 대화 참여자 모두를 찜찜하게 만들고 대화가 끝나지 않은 것 같은 기분을 주기 때문이다. 또한 인간은 상대의 치부나 약점을 인지하고 반대로 자신의 취약함을 드러낼 때 비로소 서로 신뢰하고 이해하며 가까워질 수 있기 때문이며, 마지막으로, 감정을 나누는 대화를 받아들인다면 인간관계에 중요한 힘을 실어주는 신경화학적 과정을 마음껏 활용할 수 있기 때문이다.

감정을 나누는 대화는 우리 머릿속에서 일어나는 일을 드러내 보이고 서로를 연결하는 통로를 열어주므로 중요하다.

인생을 바꾼 하나의 질문

닉 에플리 본인도 과거에는 잘 듣지 못하는 사람이었다. 인생을 망칠 뻔할 정도로. 미국 아이오와주 작은 마을에서 자란 그는 고등학교 풋볼 스타로서 늘 자신감이 넘치고 거들먹거렸다. 그러던 어느 날 고등학교 2학년이던 그는 술을 진탕 마시고 곡예 운전을 하다가 경찰에게 붙잡혔다. 에플리의 레터맨 재킷을 본 경찰은 자신의 철없던 시절을 떠올리며 그에게 수갑을 채우는 대신 진심 어린 훈계를 했다. 지금부터 똑바로 살지 않으면 나중에 어딘가에서 추한 모습으로 살게될 거라고. 에플리의 부모가 경찰의 연락을 받고 혼비백산 달려와 그를 데려갔다.

그 후 몇 주 동안 에플리의 부모는 지금 위험한 길을 가고 있다며 아들을 타일렀다. 10대의 삶이 얼마나 어려운지 이해한다고, 친구들 앞에서 멋있어 보이고 싶은 마음도 잘 알고, 그가 자신의 한계를 시험하는 중이라는 것도 안다고 했다. 그리고 그런 열망까지 모두 공감했다. 한때는 그들도 10대로 살았으니까. 다만 그들은 아들이 잘못된 선택을 할까 봐 걱정하는 것뿐이라고. 하지만 에플리는 부모님의 말씀을 귓등으로 들었다. "한 귀로 들어와 다른 쪽 귀로 흘러 나가더라고요." 그가 내게 말했다. 에플리에게 어머니, 아버지는 그저 잔소리나 늘어놓는 어른이었다.

몇 달 뒤 그는 또다시 음주 운전으로 적발되었다. 이번에는 다른 경찰이 그를 붙잡았으나 비슷하게 훈방 조치했다. 이쯤 되자 에플리의 부모도 전문적인 도움이 절실해졌다.

에플리는 뻔한 설교와 비난을 예상하고 상담을 시작했다. 그러나 이 상담사는 그의 부모는 물론이고 그가 만났던 어떤 어른과도 달랐다. 훈계를 늘어놓지도, 에플리더러 달라져야 한다고 말하지도 않았다. 그를 이해한다는 말도, 어떤 조언도 하지 않았다. 대신 그에게 물었다. "왜 술을 마셨니?" "네 차가 다른 사람을 치었다면 넌 어떻게 했을까?" "네가 체포되거나 자신을 해치거나 다른 사람을 죽였다면 네 인생에는 어떤 일이 일어날까?"

"그 질문에 대답해야 했어요." 에플리가 내게 말했다. "답을 모르는 척할 수는 없었습니다."[3]

질문 자체는 에플리의 감정을 묻지 않았다. 그러나 에플리는 상담사의 물음에 대답하면서 어쩔 수 없이 감정에 몰입하게 되었다. 그 질문들은 에플리가 자신의 신념과 가치관, 기분, 그가 불안해하고 두려워하는 것들을 털어놓도록 몰아붙였다. 매번 상담을 마치고 오면 그는 지치고 부끄럽고 무섭고 화가 나고, 무엇보다 혼란스러웠다. 며칠이 걸려야 벗어날 수 있는 복잡한 감정이었다. 상담사는 결코 그에게 감정을 설명하라고 요구한 적이 없지만 그녀와 대화하면서 에플리는 인생에서 가장 강렬한 감정을 느꼈다.

이 면담은 또한 그의 내면을 잠금 해제했다. 에플리는 부모님에게 자신의 기분을 말하기 시작했다. 그리고 처음으로 부모님의 감정이 귀에 들렸다. 에플리의 아버지는 몇 년 전 에플리가 아무 말 없이 새벽에 집을 나간 날을 떠올리며 얘기했다. 아들을 찾아 지하실에 간 아버지는 라이플총이 사라진 것을 보고 기겁했다. 혹시 그가 극단적인 선택을 하려는 것은 아닐까? 아버지는 에플리가 무사히 집에 돌아와 친구와 사냥하러 갔었다고 짜증을 내며 말할 때까지 견뎌야 했던 참담함과 공포를 전했다. 아버지의 얘기를 들으며 에플리는 그날이 기억났다. 아버지가 화를 냈던 것도, 부모님의 걱정을 무시했던 것도 모두 기억했다. 그때 에플리는 부모님이 말하려는 것을 듣지 못했다. 그들은 그가 사랑받고 있다는 걸 느끼길 바랐다. 그리고 사랑에는 안전하게 행동하고, 집을 나갈 때는 부모에게 목적지를 알리고, 부모의 염려를 함부로 무시하면 안 되는 의무가 따른다는 것을 깨닫길 바랐다. "그 대화가 부모님과의 관계를 바꿔놓았습니다. 마침내 아버지를 복잡한 내면을 갖춘 한 인간으로 보게 되었죠. 정말 다행이라는 생각이 들었습니다." 에플리가 내게 말했다.

상담사와의 두 번째 면담 후 그는 술을 마시지 않기로 했다. 그리고 학업을 진지하게 생각하게 되었다. 마침내 그는 세인트올라프대학에 입학했고 학교에 다니며 심리학의 세계를 발견했다. 학부를 졸업한 에플리는 코넬대학교 박사과정에 진학했다.

박사과정 중에 에플리는 체포 직전까지 간 그때 왜 자신이 다른 이들의 말을 들으려고 하지 않았는지 깊이 생각해보았다. "가끔 옛일을 돌아보면 왜 내가 그때 귀를 닫고 있었을까 새삼 궁금해집니다. 왜 경찰관의 훈계가 두렵지 않았고 부모의 애원과 회유와 진심 어린 도움의 손길을 그렇게 아무렇지도 않게 무시했는지 말입니다."

2005년에 에플리는 시카고대학교 교수가 되었다. 그리고 결혼해서 아이를 낳아 기르면서 언젠가 저 아이들이 자기 말을 무시하는 10대가 될 거라는 생각에 덜컥 겁이 났다. 그는 어떻게 하면 그들이 자기의 말을 듣게 할 수 있을지 알고 싶었다.

당시 심리학계에서는 타인을 이해하고 또 그들을 설득해서 경청하게 하려면 '조망 수용Perspective taking'을 취해야 한다는 것이 지배적인 이론이었다. 즉, 상대의 관점에서 바라보고 자신이 공감한다는 것을 보여줘야 한다는 뜻이다. 심리학 저널[4]에는 '효과적으로 소통하려면 말하고 들을 때 타인의 관점을 빌려야 한다'는 취지의 논문이 실렸고,[5] 교과서에서도 "조망 수용은 개인 간의 이해를 북돋을 뿐 아니라 탁월한 협상가가 되기 위한 필수적인 기술이기도 하다"라고 설명했다.[6]

에플리는 고등학교 시절을 돌아보면서 그가 음주 운전으로 체포될 뻔했을 때 그의 부모님이 나름의 조망 수용을 시도했다는 것을 깨달았다. 두 분은 그의 입장이 되려고 노력했다. 그가 처한 압박을 상상함으로써 가까워지려고 했다. 공감을 보여준다면 그가 조언을 들어줄 거라고 기대했다.

그러나 부모가 시도한 조망 수용은 당시의 에플리에게는 자신이 이해받지 못한다는 반대 증거로만 여겨졌다. 본인들의 사춘기 시절 실수를 공유하며 위로하려고 했을 때 에플리의 귀에 들린 것은 요새 10대에 대해서는 아무것도 모르는 꼰대의 이야기였다.

당시 그의 부모가 아들과 가까워지지 못한 이유는 그가 어떻게 느끼는지를 이해하지 못했기 때문이다. 그리고 그들이 이해하지 못한 이유는 물어보지 않았기 때문이다. 에플리가 느끼는 분노와 불안함을 묻지 않았고 왜 그렇게 술을 들이부으며 자신을 증명하려고 하는지 묻지 않았다. 물론 물었다고 하더라도 에플리는 뭐라고 답할지 몰랐을 것이다. 상담사가 그의 입장이 되어 생각하는 대신 감정을 끌어내는 질문으로 그의 생각을 자극하기 전까지는 에플리 자신도 자기 머릿속에서 무슨 일이 일어나는지 알지 못했다. "왜 네가 이런 선택을 했는지 물어봐도 될까?" "이것이 네가 되고 싶은 모습이니?" 그런 다음 그녀는 답을 들었고, 다음번 영리한 질문으로 넘어갔다. 그것이 오히려 그녀의 말을 경청할 계기가 되었고, 결국 에플리가 자신의 목소리를 들으면서 스스로 변화의 필요성을 깨닫게 된 것이다.

어른이 된 에플리는 심리학 교과서가 틀린 건 아닌지 궁금했다.[7] 어쩌면 '상대의 신발'을 신으려는 노력이 올바른 접근법이 아닐지도 모른다. 어차피 그건 불가능한 일이니까. 그 대신 우리가 할 수 있는 최선은 질문을 하는 것이다. 그 사람의 삶에 관해, 느낌과 기분에 관해, 희망과 두려움에 관해 묻고 처절함과 실망, 기쁨과 포부를 듣는 것 말이다.

삶의 정서적 요소에 대한 이야기를 듣는 게 중요한 이유는 자신의 느낌과 기분을 말할 때 사람은 자신에게 일어난 일만이 아니라 왜 그런 선택을 했고 자신이 세상을 어떻게 이해하는지까지 함께 설명하기 때문이다. 에플리는 "사람은 자신의 감정을 설명하면서 동시에 상대에게 자기가 무엇을 신경 쓰는지 알려준다"고 말했다. "그렇게 해서 저는 부모님과 가까워졌습니다. 그들에게 중요한 게 무엇인지 마침내 이해했기 때문이죠. 전 그들이 아들인 제가 혹여 잘못될까 봐 두려워하고 걱정하며 오직 제가 안전하기를 바란다는 걸 깨달았습니다."

감정을 나누는 대화가 그토록 중요한 이유가 그것이다. 모든 대화는 참가자의 감정에 의해 형성된다. 그리고 자신의 감정을 수면 위로 끌어올려 상대와 공유하고 상대의 감정도 공유할 때 비로소 서로 일치할 방법을 찾을 수 있다.

3가지 대화 유형

의사 결정을 위한 대화	감정을 나누는 대화	사회적 정체성에 대한 대화

대화는 감정에 의해 형성된다.
그리고 사람들이 서로 가까워지게 한다.

에플리는 조망 수용의 대안을 생각하기 시작했다. 사람들이 감정을 공개하도록 부추기는 다른 기술이 있지 않을까? 어쩌면 조망 수용 대신에 조망 묻기에 집중해야 할지도 모른다.[8] 즉 상대방에게 자기의 내적인 삶, 가치관과 신념, 감정, 그들이 가장 중요하게 생각하는 것을 설명하도록 요청하는 것이다. 에플리는 질문, 특히 올바른 질문을 던지는 행위에서 진정한 이해의 씨앗이 싹트게 된다고 느꼈다.

하지만 어떤 게 올바른 질문일까?

60분의 대화는 무엇을 바꾸는가

1995년, 뉴욕 주립대학교의 부부 연구심리학자 일레인 애런Elaine Aron 과 아서 애런Arthur Aron은 창문이 없는 방 안의 밝은 주황색 카펫 위에 의자 두 개를 준비했다. 그리고 두 사람씩 불러와 의자에 앉아 서로 번갈아가면서 몇 가지 질문을 하게 했다. 최종적으로 300명이 넘는 참가자 중에 그 방에 들어오기 전에 서로 알았던 사람들은 없었고, 대화는 고작 60분 동안 진행되었다. 질문은 연구자들이 미리 선별해서 주었으며 사소한 것에서부터("마지막으로 혼자 노래를 부른 게 언제였나요?") 심오한 것까지("당신은 오늘 밤에 죽을 예정입니다. 그리고 그때까지 누구와도 얘기할 수 없습니다. 그렇다면 세상을 떠나기 전에 말하지 못해서 가장 후회스러운 것이 무엇일까요?") 내용이 다양했다.

60분의 대화가 끝난 후 참가자들은 헤어져서 각자 집으로 돌아갔고 서로 따로 연락하라는 지침은 없었다. 그러나 연구자들이 7주 후에 다시 조사했을 때, 짝을 지어 대화를 나누었던 사람들 가운데 57퍼센트는 며칠 또는 몇 주 안에 개인적으로 연락을 취했다. 그중 한 쌍은 만나서 저녁을 함께 먹고 영화를 보았고, 주말에도 만나기 시작하더니 이윽고 명절에 서로의 집을 방문했다. 그리고 1년 뒤 두 사람이 부부로 맺어졌을 때 심리학 실험실 전체가 결혼식에 초대받았다. "대화의 영향력은 모두의 기대치를 훌쩍 넘어섰습니다." 아서 애런이 내게 말했다. "생각하면 지금도 놀랍다니까요. 저희도 영문을 모르겠습니다."

애런 부부는 '친밀감을 창조하는 현실적인 방법론'[9]을 확인하기 위해 이 연구를 시작했다. 사람을 서로 가까워지게 하는 기술이 과연 존재할까? 특히 이들은 서로 모르는 사람이 단시간에 친구가 될 수 있는지를 보고 싶었다. 그때까지 수행된 다른 실험들로는 관계에 하등 영향을 미치지 못하는 요인들만 줄줄이 밝혀졌다. 단지 두 사람이 경험과 신념을 공유한다는 이유로—둘 다 같은 교회를 다니고 흡연자이거나, 둘 다 담배를 싫어하고 무신론자이거나—동지애가 생기지는 않았다. 또한 잡담을 나누거나 퍼즐을 함께 푸는 것, 농담을 주고받는 것 역시 친밀감을 창조하는 효과가 없었다. 피험자들에게 "우리는 파트너 선정에 크게 신경을 썼다"[10] 또는 "당신과 파트너가 서로 좋아할 거라고 기대한다"라는 정보를 주었다고 해서 사람들이 서로 좋아하게 되는 것도 아니었다.

실제로 애런 부부가 시험한 것 중에서 낯선 사람들이 서로 가까워지는 데 도움이 된 방법은 한 가지밖에 없었다. 일레인과 아서 애런이 "지속적이고 확장적이고 상호적이고 사적인 자기 폭로"를 끌어낸다고 표현한 36개의 질문*이었다.[11] 이 질문은 마침내 '빨리 친구가 되는 법Fast Friends Procedure'으로 알려지게 되었고 사회학자, 심리학자, 그리고 '사랑에 빠지는 질문 36가지'와 같은 머리기사를 읽은 사람들 사이에서 유명해졌다.

빨리 친구가 되는 법에서 특별히 흥미로운 것은 36가지 질문이 적어도 초기에는 마구잡이로 선정되었다는 점이었다. 몇 가지는 '언게임The Ungame'이라는 보드게임에서 빌렸는데, 대마초 흡연자나 대학생들(애런 부부의 연구 보조원 몇 명이 포함된 통계) 사이에서 유명한 게임이다. 다른 질문은 휴식 시간에 급조했거나 술집에 갔을 때 주변에서 들려온 것들을 받아 적은 것이다. "처음에 질문을 정할 때는 '철저히 과학적'이라고 할 만한 게 없었어요"라고 애런 부부의 대학원생 에드 멜리너트Ed Melinat가 말했다. "질문을 한 200개쯤 지어내야 했고, 그중에서 효과가 좋은 것들이 나올 때까지 계속 실험했지요."

연구자들은 먼저 가볍고 안전한 질문("저녁 손님으로 누구를 초대하고 싶나요?")에서 시작해 점차 깊게 들어가는 게 최선이라고 가정했다. "처음부터 속마음을 드러내라고 다그칠 수는 없으니까요." 멜리너트가 말했다. "그래서 단순한 것에서부터 시작하기로 했습니다."

7번 질문("자신이 어떻게 죽게 될 것 같다는 비밀스러운 예감이 있습니까?") 무렵부터 참가자들은 깊은 내면의 불안을 드러내게 되어 있다. 24번 질문("어머니와의 관계가 어땠습니까?")에서 가장 가까운 관계를, 29번 질문("살면서 가장 수치스러웠던 순간을 공유하세요")에서 가장 고통스러운 기억을 설명한다. 35번 질문("가족 중에서 누구의 죽음이 가장 괴

♦ 　빨리 친구가 되는 법의 전체 질문 리스트는 부록의 주에 실었다.

로울 것 같나요?")은 너무 민감한 내용이라 참가자들은 거의 속삭이듯 말을 주고받았다. 마지막 질문은 열린 질문이었는데("파트너에게 개인적인 문제를 공유하고 조언을 구하세요") 이쯤 되면 두 참가자 중 한 사람은 대체로 눈물을 흘렸다.

취약함을 드러낸다는 것

최고의 질문을 찾아가는 과정에서 뉴욕 주립대학교 연구팀은 의외의 난관에 봉착했다. 감정적인 질문과 감정적이지 않은 질문을 어떻게 구별할까?

"유명해지고 싶습니까?"와 같은 질문은 양쪽에 모두 해당한다. 어떤 사람에게 이 질문은 단순히 예, 아니오로 대답할 수 있는 질문이다. 그러나 누군가에게는 지난날의 꿈과 부질없는 야심을 떠올리며 자신의 영혼을 공개하는 고백의 문이 열린다. 그렇다면 이 질문은 자기 폭로를 끌어내는 믿을 만한 초대장일까, 아니면 시간 보내기용 잡담의 시작일까?

마침내 연구자들은 감정적인 답변을 촉발하는 질문을 가려낼 기준을 찾아냈다.[12] "지난 핼러윈 때 무엇을 했습니까?" 또는 "지금까지 받은 선물 중에서 어떤 게 가장 좋았나요?"처럼 일상의 경험이나 문제의 소지가 없는 의견을 묻는 말은 늘 비감정적 답변을 유도했다.

반면에 상대의 신념과 가치관, 의미 있는 경험을 서술하게 하는 질문은, 질문 자체는 감정과 상관없더라도 얘기를 하다 보면 감정적인 대답으로 이어지는 경향이 있었다. 이런 유형의 질문은 보통 자신의 약한 부분을 드러내도록 부추기기 때문에 힘이 있다.[13] "우정에서 가장 중요하게 생각하는 가치는 무엇입니까?"(16번 질문)라는 질문은 그다지 감정을 깊이 파고드는 것처럼 보이지 않지만 실제 이 질문을 던졌을 때 과거의 상처나 배신, 친구에 대한 깊은 우정의 표현, 그 밖의 불안이나 즐거움에 관한 예상치 못한 발설로 이어졌다. 그런 질문은 다음에 올 진짜 심각한 질문("애인이 헤어지자고 했을 때 뭐라고 했습니까?")으로 쉽게 연결된다.

달리 말하면 가볍고 얕은 질문과 감정적 연결의 기회를 촉발하는 심층적 질문의 가장 큰 차이는 취약성vulnerability이다. 한 사람의 약점이나 치부 같은 취약성이야말로 감정을 나누는 대화를 그토록 강력하게 만드는 요소이다.

감정의 전염

애런 부부가 취약성의 중요성을 타당하다고 여긴 한 가지 이유는 그것이 '감정 전염'[14]으로 잘 알려진 심리 현상과 일치하기 때문이다. 1990년대 초반에 수행된 일련의 실험에 따르면 인간은 전형적으로 "자신의 감정을 주변 사람이 표현한 감정과 일치시키려고 한다". 이런 동기화는 다른 사람과의 공감을 선택할 때처럼 의도적으로 이루어지기도 하지만, 보통은 의식의 세계 바깥에서 원하든 원하지 않든 저절로 생겨나 다른 사람을 위해 눈물을 흘리거나 분노하거나 자랑스러워하게 만든다.

이런 전염이야말로 감정을 나누는 대화의 뿌리에 있으며 왜 감정이 대화에 은밀한 영향을 미치는지 설명한다. 2010년에 발표된 한 연구는 "감정의 전염은 상당히 원시적인 과정"이라고 주장했다. "사람은 기쁨, 사랑, 분노, 두려움, 슬픔의 표정을 '포착'하는 경향이 있다." 학자들은 감정 전염이 다른 사람과의 유대에 기여하기 때문에 진화했다고 믿는다. 이 증상은 거의 태어날 때부터 시작된다. 한 연구에서는 "생후 10주 된 신생아가 엄마의 얼굴에 드러난 행복과 슬픔, 분노의 표정을 모방할 수 있고, 실제로 모방한다"는 것을 발견했다.[15] 뇌에서 진화한 이 본능은 다른 사람과 가까워졌을 때 기분이 좋아지게 하고 따라서 연결과 우정, 가족과 사회를 형성할 가능성을 키운다.

그러나 감정 전염을 일으키는 촉발제가 있어야 한다. 가장 믿을 만한 방아쇠가 바로 취약성이다. 우리는 상대가 깊이 간직한 신념이나 가치관을 표현할 때, 반대로 우리가 자신의 가치관을 드러낼 때, 과거의 뜻깊은 경험을 이야기할 때, 또는 자신을 노출하여 타인의 판단에 내맡길 때 쉽게 감정에 전염된다. 이는 애런 부부가 가벼운 질문과 묵직한 질문을 구별할 때 사용한 기준과 같다.

다시 말하면 우리는 다듬어지지 않은 날것, 타인의 판단의 대상이 될 만한 것을 공유할 때 감정에 전염되기 쉽고 또 전염성도 커진다. 타인의 판단 따위는 개의치 않거나 들어도 금세 잊어버리는 사람도 있지만 자신을 타인의 비판적 시선에 노출한다는 행위 자체가 친밀감을 생성한다. 관계가 깊어지려면 자신의 약한 부분을 공개해야 한다. 하버드대학교 심리학 연구자인 애밋 골든버그Amit Goldenberg는 "감정의 소리가 커질수록 전염의 가능성도 커집니다. 취약성은 인간이 지닌 가장 시끄러운 감정의 하나이지요. 그리고 우리는 그걸 알아채도록 설계되었습니다"라고 내게 말했다.

이것이 '빨리 친구가 되는 법'이 그토록 효과적이었던 이유다. 이는 어떤 종류의 질문이 사람들의 정서적 교감을 이끌어내는 데 가장 효과적인지 예시한다. 교감이 일어나는 과정의 주기는 다음과 같다. 먼저 기분과 가치관, 신념과 경험을 묻는 심층적인 질문이 취약성을 노출시키면 그것이 감정의 전염을 촉발한다. 그리고 이윽고 서로 교감하며 가까워진다.

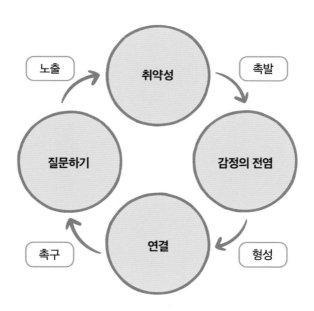

이런 현상을 계속 탐구하면서 애런 부부는 세부적으로 또 다른 흥미로운 내용을 발견했다. '빨리 친구가 되는 법'은 참가자들이 서로 번갈아가면서 질문을 던질 때에만 효과가 있었다. 별도의 실험에서 두 사람 중 한 사람만 처음부터 끝까지 36개 질문에 연달아 대답하고 상대방은 듣기만 했을 때, 참가자들은 그 대화가 어색하고 지루했다고 느꼈으며 누구도 그 이후 상대와 가까워졌다고 느끼지 않았다.[16] 한편 상대방과 번갈아가면서 '대답한 내용을 파트너와 공유하고 같은 질문에 대한 파트너의 답을 공유'했을 때는 두 사람 사이에 유대감이 형성되기 시작했다. 아서 애런은 이렇게 말한다. "상호성reciprocity은 대단히 중요합니다. 세상에서 가장 강력한 힘의 하나죠. 서로 주고받지 않는다면 감정의 부침이 서로 일치할 수 없습니다."

그렇다면 여기에서도 매칭 원리—의사소통을 할 때는 어떤 유형의 대화가 진행 중인지 인지하고 거기에 맞춰가야 한다는 원리—가 작동한다. 이 36개 질문이 효과적인 이유는 사람들이 감정의 결을 맞춰가도록 이끌고, 번갈아가면서 대답함으로써 서로 취약성을 제공하고 또 취약성으로 화답하게 부추기기 때문이다.[17] 이는 단순히 상대를 모방하는 것만으로 충분하지 않은 이유까지 설명한다. "상호성은 아주 미묘하게 작용합니다"라고 예일대학교 심리학과 교수 마거릿 클라크Margaret Clark가 말했다.[18] 상대가 불치병 진단이나 부모의 죽음처럼 충격적인 사실을 밝혔을 때 그것을 내 건강이나 오래전에 잃은 내 가족에 대해 얘기할 빌미로 삼는다면 상대와 가까워질 수 없다. "상대가 받아야 할 주목을 자신에게 돌리면 안 됩니다." 클라크의 말이다. 그보다 상호성은 공감을 보여주는 방법에 대한 생각을 의미한다. 때로는 자신이 상대의 감정을 알았고 그것을 중요하게 생각한다는 것을 보여줘야 한다. "상대방에게 필요한 반응이 그것이니까요"라고 클라크가 말했다.

게다가 상황에 따라 취약성의 의미도 달라진다. 예를 들어 과학자들은 직장 환경 안에 존재하는 골치 아픈 이중 잣대를 발견했다. 남성이 분노나 조바심의 감정을 표현하는 것은 대개 자신감, 심지어 훌륭한 리더십의 발로로 받아들여진다. 남성이 직장에서 눈물을 보인다? 그건 그가 자기 일을 대단히 중요하게 여긴다는 증거다. 그러나 여성이 분노나 슬픔을 표출하면 "사회적, 직업적으로 부정적 결과를 초래할 가능성이 더 크다"라고 2016년의 한 연구에서 밝혔다.[19] "여성이 남성적 유형의 감정을 표현하면 사회적, 경제적 불이익을 받는다. 반대로 여성이 여성적 유형의 감정을 표현하면 지나치게 감정적이고 자기 통제력이 떨어진다고 판단되며 이는 궁극적으로 그 사람의 역량과 직업 적합성을 깎아내린다." 이처럼 불공정하게 적용되는 기준 때문에 취약성을 섣불리 드러내는 것이 안전하지 못하다고 느끼게 된다.

그러나 이런 복잡한 사정에도 불구하고 '빨리 친구가 되는 법'이 드러내는 통찰은 에플리의 연구와 더불어 타인과 감정적으로 연결되기 위한 틀을 제공하기 때문에 유용하다. 만약 누군가와 가까워지고 싶다면 그들이 어떤 감정인지를 묻고 자신의 감정을 드러내라. 만약 상대방이 아픈 기억과 기쁨의 순간을 묘사하고 자신도 실망의 순간이나 자랑스러운 기억을 드러낸다면 이때는 인간이 서로 가깝게 느끼도록 진화한 신경화학물질을 활용할 적기이다. 그리고 감정 전염의 기회를 창조한다.

감정을 나누는 대화는 상대방으로 하여금 취약성을 드러내도록 유도하고 반대로 자신의 취약성을 드러냄으로써 기능하는 도구이다.

이것은 아주 유용한 지혜이지만 그렇다고 실용적인 조언이 되지는 못한다. 실험 환경에서는 과학자가 건넨 지침에 따라 심도 있는 질문을 하고 대답하기가 쉽다. 그러나 과연 현실에서는 얼마나 깊게 들어갈 수 있을까?

빠르게 깊어지는 법

방금 당신은 누군가를 만났다. 친구의 친구이거나 최근 입사한 직장 동료, 아니면 소개팅에 나갔다고 해도 좋다. 서로 인사하고 간단히 자신의 배경을 소개하면서 일단 당신은 '무엇을 말하고 싶은가?'의 상태에서 벗어난다. 그러고 나면 예상처럼 정적이 흐른다.

이제 무슨 말을 해야 할까?

빨리 친구가 되는 법은 이제부터 질문을 하라고 권한다. 그러나 이 자리에서 36가지 질문을 모두 소화할 수는 없다. 그럼 일단 3번 질문부터 시작해보자. "전화를 걸기 전에 미리 연습하세요?" 시간이 얼마 없다면 좀 더 심층적인 18번으로 시작한다. "살면서 가장 끔찍했던 기억이 뭔가요?"

이런 게 좋은 전략이 아니라는 건 심리학 박사가 아니어도 알 수 있다. 실험실 밖에서 처음 보는 사람에게 이런 식으로 질문한다면 앞으로 홀로 지새울 숱한 밤들은 예약 완료다. 현실에서 저 36개 질문은 별로 도움이 되지 않는다.

그럼 도대체 어떤 걸 물으라는 말인가?

2016년에 하버드대학교 과학자들도 똑같은 게 궁금했던 모양이다. 그들은 단체 소개팅 이벤트에서 녹음된 수백 건의 대화를 철저히 분석하면서, 상대와 실제로 데이트하고 싶다고 대답한 성공적인 대화와 그 사람을 다시는 만나고 싶지 않다고 대답한 실패한 대화를 분류했다. 그런 다음 분석해보니 성공적인 대화 중에 사람들은 '필요와 목적, 신념, 그리고 감정'을 드러내게 하는 질문을 던지는 경향이 있었다.[20] 성공적이지 못한 대화에서는 대부분 일방적으로 자기 얘기를 하거나 얕은 질문, 또는 상대방의 감정을 캐낼 수 없는 질문을 했다.

다른 말로 하면 누군가와 성공적인 대화를 하고 싶다고 해서 꼭 인생의 가장 끔찍한 기억이나 전화 통화를 어떻게 준비하는지 물을 필요는 없다는 말이다. 그저 상대가 자기 인생을 어떻게 생각하고 느끼는지—객관적인 사실 말고—묻고 후속 질문을 이어나가면 된다.

사실 관계를 따지는 질문("어디 사세요?", "고등학교는 어디 다니셨어요?")은 종종 대화의 막다른 길로 이어진다. 이런 질문은 가치관이나 경험을 끌어내거나 취약성을 노출하도록 유도하지 않는다.

그러나 같은 질문이라도 살짝 수정하면("지금 사는 곳은 어떤 점이 좋은가요?", "고등학생 시절 제일 즐거웠던 기억이 있으세요?") 상대가 자신의 기호, 신념, 가치관을 공유하고 자기를 성장시키고 달라지게 했던 경험을 털어놓게 할 수 있다. 저 수정된 질문은 감정적인 대답을 쉽게 이끌고 질문을 던진 사람도 화답하여 같은 질문에 대한 자기 이야기를 풀어놓아 서로 얘기가 오가게 한다.

"모든 질문을 취약성을 드러내는 쪽으로 바꾸기는 힘들겠죠. 하지만 실제로 찾아보면 그렇게 어렵기만 한 것도 아닙니다. 예를 들어 출퇴근하는 열차에서 모르는 사람과 말하게 되었을 때 이렇게 묻습니다. '무슨 일 하세요?' 그런 다음 이어서 이렇게 묻는 거죠. '그 일이 마음에 드세요?' 아니면 '계획 중인 다른 일이 있으신가요?' 이 두 개의 질문으로 당신은 누군가의 꿈과 희망에 들어가게 됩니다." 에플리의 말이다.

가벼운 질문으로 깊게 들어가기

어디 사세요?
살고 있는 동네의 어떤 점이 좋은가요?

어디서 일하세요?
가장 즐겁게 다녔던 직장이 어디였나요?

어느 대학에 다니셨어요?
대학 시절 제일 좋았던 때가 언제인가요?

결혼하셨어요?
가족은 어떤 분들인가요?

여기에서 얼마나 사셨어요?
살았던 곳 중에서 어디가 제일 좋았나요?

취미가 있으세요?
뭐든지 배울 수 있다면 뭘 배우고 싶으세요?

고등학교는 어디에서 다니셨어요?
고등학생들에게 주고 싶은 조언이 있을까요?

고향이 어디세요?
당신이 자란 동네에서 제일 좋은 점이 뭐였나요?

게다가 이런 식의 깊이 있는 질문은 남성과 여성, 그 밖의 집단 간에 감정 표현이 허용되는 방식에 대한 불공정한 차별과 맞서는 데도 도움이 된다. 이런 유형의 질문이 성공적인 이유는 대놓고 요구하지 않으면서 취약성을 드러내게 하기 때문이다. 이런 질문은 상대방을 밀어붙이거나 사무실 같은 장소에서 벗어나지 않고도 던질 수 있다. 그러면서도 사람들로 하여금 응답의 방식을 더 깊이 생각하도록 유도하여 이중 잣대를 약화시킨다. 젠더와 편견을 연구하는 뉴욕대학교 심리학과 교수 매들린 헤일먼Madeline Heilman은 "감정을 내보이는 여성이 불이익을 받는 이유는 고정관념 때문이다"라고 말했다. 인간은 인지적으로 게으른 경향이 있다. 고정관념과 가정에 의지해 깊이 생각하지 않고 판단한다. "그래서 여성이 감정을 말하면 듣는 사람은 여성이 지나치게 감상적이라는 자신의 고정관념을 재차 확인하는 셈이 되므로 타격을 입는다." 그러나 여성, 그리고 그 밖의 소수집단이 심도 있는 질문을 할 때는 "사람들이 그들을 보는 방식을 재고

하게 할 수 있다"고 헤일먼은 말한다. "이곳에서 일하면서 제일 좋은 점이 무엇입니까?"처럼 의미 있는 질문을 받은 사람은 대답하기 전에 생각하게 되고 "그것만으로도 자신의 고정관념에 의문을 품고 좀더 경청하게 됩니다".[21]

단체 소개팅 대화를 연구한 하버드 연구팀이 찾아낸 또 다른 핵심적인 발견이 있었으니, 바로 추가 질문의 강력한 힘이다. "상대의 말에 이어서 질문한다는 것은 그 사람의 말을 듣고 있고, 더 알고 싶다는 신호입니다"라고 연구팀 소속 마이클 여맨스Michael Yeomans가 내게 말했다.[22] 추가 질문은 상호성을 촉진한다("대학 시절 얼티밋 프리스비를 즐기셨다고요? 저도요! 요새도 게임 하시나요?"). "추가 질문은 자기중심적으로 보이지 않으면서 자기를 드러나게 합니다. 대화가 흘러가게 해주죠."

이것이 실생활에서 감정적인 질문을 하는 방법이다. 상대에게 어떤 사실에 대해 어떻게 느끼고 생각하는지 묻고 계속해서 자신의 느낌을 얘기하는 방식으로 질문을 이어나가는 것이다. 이는 앞에서 설명한 감정적 연결과도 일맥상통하지만 조금 다른 형태다. 상대가 자기의 가치관, 신념, 경험을 말하게 밀어붙이는 질문을 던지고 이어서 본인의 감정으로 화답하면 서로 듣지 않을 수 없다. "진정한 청자는 그냥 듣고만 있지 않습니다. 질문하고 자신의 감정을 표현하고 상대가 진짜를 말하게 자극해 감정을 촉발하지요." 예일대학교 심리학자 마거릿 클라크의 말이다.

때로는 민감한 질문을 던져야 한다

"말씀드렸다시피 여러분은 처음 만나는 사람과 짝을 지어 10분간 이야기를 나눌 겁니다." 닉 에플리가 헤지펀드 매니저들에게 말했다. 많은 참석자가 비행기를 타고 이곳까지 왔고 서로 전에 만난 적이 없었다. 에플리는 지금 실험 중이라고 설명하면서 각자 파트너와 세 가지 구체적인 질문을 주고받으라고 요청했다.[23] "당신 앞에 미래를 알려주는 수정 구슬이 있다면 보시겠습니까?" "평소 어떤 점에 가장 감사합니까?" "다른 사람 앞에서 울었던 때의 이야기를 해주시겠습니까?"

에플리는 "지난 휴가 때 어디에 가셨어요?"와 같은 가벼운 질문으로 천천히 시작할 수도 있었다. 빨리 친구가 되는 법을 설계하면서 애런 부부는 얕은 질문에서부터 시작해야 한다고 가정한 바 있다.

그러나 에플리는 그 가정이 틀렸다고 생각했다.[24] 그는 오히려 사람이 자신의 취약성을 드러내게 하는 심도 있는 질문은 많은 이들이 생각하는 것보다 훨씬 쉽게 물을 수 있고 답하기도 즐겁다는 가설을 세웠다. 그리고 이제 그 가설을 검증할 기회를 앞에 두고 있다.[25]

대화를 시작하기 전에 에플리는 참가자들에게 휴대전화로 이 대화가 얼마나 불편할 거라고 예상하는지 간단히 조사했다. 결과는 확실했다. 사람들은 이 과제를 두려워했다. "파트너가 마음에 들지 않을 것이고, 즐거운 경험은커녕 어색하고 불편한 자리가 될 거라고들 생각했죠." 에플리가 내게 말했다.

마침내 사람들은 파트너와 이야기를 시작했다. 무슨 얘기가 오고

가는지 들리지는 않았지만 몇 분 뒤 에플리는 누군가가 눈물을 훔치는 걸 보았다. 또 한 남성과 여성은 서로 포옹했다. 약속한 10분 뒤 에플리가 대화 종료를 알렸으나 사람들은 들은 척도 하지 않았다. 에플리가 더 큰 소리로 말했다. "자, 죄송합니다만, 이제 대화를 멈춰주시겠습니까?" 에플리가 강당을 정리하는 데 20분이 걸렸다.

이제 참가자들은 다시 휴대전화를 꺼내어 대화가 실제로 얼마나 불편했는지 묻는 설문에 답했다. 결과가 수집되는 동안 에플리는 참가자들에게 대화가 어땠느냐고 물었다.

"놀랍더군요." 한 참가자가 말했다. 처음에는 시큰둥했으나 울었던 경험에 대한 질문을 받으면서 분위기가 달라졌다고 했다. 그는 가까웠던 사촌의 장례식 이야기로 솔직하게 답했다. 얘기를 들은 파트너가 눈물이 그렁그렁해지더니 몸을 기울이며 그의 어깨를 붙잡고 괜찮아질 거라고 위로했다. 그러고는 따로 묻지 않았는데도 마음을 열고 자기 얘기를 말하기 시작했다. "몇 달 만의 최고의 대화였습니다." 그 남성이 말했다.

이 건을 포함한 몇 번의 실험을 종합해 2021년에 「성격 및 사회심리학 저널 Journal of Personality and Social Psychology」에 발표한 논문에서 에플리는 참가자들이 "하나같이 대화가 어색할 거라고 예상했고, 실제 결과보다 상대와 덜 가까워지고 덜 행복할 거라고 기대했다"라고 썼다.[26] 그는 학생, 공원의 낯선 사람들, 변호사, 기술 회사 직원, 온라인에서 모집한 사람들을 대상으로 같은 실험을 진행했고 매번 결과는 같았다. 데이터에 따르면 사람들은 단지 몇 가지 질문을 묻고 답했을 뿐인데도 "깊은 대화를 나누었던 파트너에게 상당한 친밀감을 느꼈다". "과거의 경험, 기호, 신념에 관한 개인적인 정보를 공유"하면서 취약성을 드러내고, 그리고 "다른 이의 평가에 자신을 노출하는" 사실을 말로 내뱉으면서 참가자들은 서로 더 교감하고, 더 배려받는 느낌을 받았고 더 주의 깊게 듣게 되었다. 에플리는 남녀의 경험이 서로 다른지 확인했으나 의미 있는 성별 차이를 발견하지 못했다. 가장 부유한 금융 전문가부터 가장 거리감이 있는 온라인 속 생면부지 사람들까지 "우리는 모두 진정한 연결을 갈망합니다"라고 에플리는 말한다. 누구나 의미 있는 대화를 나누고 싶어 한다.

유타대학교, 펜실베이니아대학교, 에모리대학교 등에서 수행된 수십 가지 다른 연구에서는 대화 중에 질문, 특히 취약성을 드러내게 하는 질문을 많이 하는 사람일수록 또래 중에서 더 인기 있고 리더로 선출될 가능성이 높았다.[27] 그들은 사회적 영향력이 있고 사람들은 그들에게 빈번하게 우정을 원하고 조언을 구했다. 누구든지 룸메이트나 직장 동료, 심지어 방금 만난 사람과 거의 모든 환경에서 나누는 대화에서도 이렇게 될 수 있다. 그저 상대에게 어떻게 느꼈는지를 묻고 그들이 공유하는 취약성에 화답하면 된다.

한 실험에서 참가자들은 낯선 이와 친구에게 "범죄를 저지른 적이 있나요?"라고 질문해야 했다. "참가자들은 그런 민감한 질문이 대화 상대를 불편하게 하고 관계에 역효과를 일으킬 거라고 생각했다.[28] 그러나 실험을 하고 나서는 두 가정이 모두 틀렸다는 사실을 발견했다"고 연구자들은 적었다. 상대에게 깊이 파고드는 질문을 하는 것은 사람들의 생각보다 쉽고, 기대한 것보다 더 많이 돌아왔다.

감정은 왜 그토록 중요한가

이 책을 쓰면서 처음 에플리에게 전화 인터뷰를 요청했을 때 나는 그의 연구는 물론이고 가장 최근에 그가 다른 사람 앞에서 울었던 순간까지(점심을 먹으며 애들 얘기를 하다가 눈물을 흘린 적이 있다고 나중에 알려주었다), 인터뷰에서 다루고 싶은 내용을 적은 긴 목록을 손에 들고 있었다.

그러나 몇 분도 안 되어 상황이 역전되었다. 어느 틈에 내가 인터뷰를 당하고 있는 게 아닌가. 그는 왜 내가 저널리스트가 되었는지, 어떤 계기로 이 주제에 관심을 두게 되었는지, 팬데믹 기간에 캘리포니아에서의 삶은 어땠는지를 물었다. 나는 내 질문 리스트―그가 하는 일에 대한 간단하고 실질적인 질문들―로 돌아오려고 수시로 시도했지만 그의 질문은 계속됐고 추가 질문까지 깊이 있게 이어지는 바람에 결국은 우리 가족 이야기, 현재 법적 문제가 있는 형제 이야기, 이 책이 사람들이 서로를 잘 이해하는 데 도움이 되면 좋겠다는 내 소망까지 죄다 털어놓고 말았다. 나는 쉬지 않고 나 자신에 관해 말했다. 저널리스트로서 할 일은 아니었다.

"죄송합니다. 제가 너무 많은 걸 여쭸지요." 마침내 에플리가 내게 말했다. "바쁘신 분의 시간을 너무 뺏었네요." 하지만 시간이 아깝다는 생각은 들지 않았다. 오히려 아주 의미 있는 대화를 한 기분이었다.

이제 우리는 어떤 유형의 대화를 나누고 있는지 파악하는 것이 중요하고, 대화의 시작에서는 기본적인 규칙을 세우고 함께 선택할 논리를 결정해야 한다는 사실을 알고 있다.

그러나 오래 지속될 진정한 유대감을 원한다면 그걸로는 부족하다. 거기에 더하여 감정적으로 연결되어야 한다. 감정을 나누는 대화가 중요한 이유는 그것이 우리가 누구와 얘기하고 있고, 그들의 머릿속에서 무슨 일이 벌어지고 있으며, 그들이 무엇을 가장 가치 있게 생각하는지 알아내는 데 도움이 되기 때문이다. 이런 대화는 불안을 조장하는 것처럼 보일 수도 있다. 상대의 취약성을 알게 되었을 때, 그에 대한 화답으로 자신의 취약성을 드러내는 것보다 상대의 목소리에 담긴 감정을 듣지 못한 척하고, 상대가 열어 보인 것을 그냥 지나치고 넘기는 게 더 쉬워 보일 수 있다. 그러나 감정이야말로 우리를 진정으로 이어주는 매개체이다.

몇 년 전 아버지가 돌아가셔서 장례를 치렀다고 말했을 때 나에게 애도를 표하는 사람은 많았으나 자세한 사정을 물어보는 사람은 거의 없었다. 사람들은 빨리 다른 주제로 넘어가려고 했다. 사실 나는 내가 어떤 일을 겪었는지, 우리 아버지는 어떤 분이었는지, 나를 자랑스럽고 또 슬프게 만든 추도사에 대해서, 앞으로 좋은 소식이 있어도 전화를 걸어 말씀드릴 수 없다는 것이 어떤 기분인지 말하고 싶어서 죽을 지경이었다. 아버지를 떠나보낸 것은 내 인생에서 가장 중요한 일이자 가장 감정적이고 의미가 깊은 사건이었다. "아버지는 어떤 분이셨어?"라고 물어봐주는 사람이 있었다면 무척 고마웠을 것이다. 그러나 가까운 친구와 가족 외에는 누구도 묻지 않았다. 어떻게 물어야 할지 몰랐거나, 무례한 일이라고 생각했거나, 내가 얘기하고 싶어 한다는 걸 몰랐거나, 내 얘기를 듣고 어떻게 반응해야 할지 걱정했기 때문이었을 것이다.

19세기 사상가 레비 공작 피에르 마르크 가스통Pierre-Marc-Gaston de Lévis은 이렇게 썼다. "사람은 그가 하는 대답이 아닌 그가 던지는 질문으로 판단하는 편이 더 쉽다." 그러나 가스통도 어떤 질문을 해야 하는지는 말하지 않았다. 하지만 과학이 그 지침을 제공한다. 상대에게 그들의 신념이나 중요시하는 가치가 무엇인지 물어라. 경험과 변화의 순간을 물어라. 사실을 묻지 말고 어떻게 생각하고 느끼는지를 물어라. 깊이 있는 질문으로 바꾸어 물어라. 추가로 질문하라. 상대가 자신의 치부나 약점을 드러내면 내 것도 함께 밝혀라. 아마 생각보다 덜 불편하고 생각보다 더 괜찮을 것이다. 그리고 진정한 관계로 이어질 것이다.

그러나 감정의 언어를 찾기가 늘 쉬운 것은 아니며 그래서 사람들은 감정을 말이 아닌 몸과 억양, 한숨과 웃음으로 표현한다. 상대가 말로 명확하게 드러내지 않는 상황에서 어떻게 하면 감정적으로 똑똑한 청자가 될 것인가? 자신의 감정을 제외한 나머지만 얘기하는 사람한테서 어떻게 취약성을 들을 수 있을까?

상대가 말하지 않은 것을
듣는 기술

●

제작 중단 위기였던 〈빅뱅 이론〉이 최고의 시트콤이 된 이유

마침내 역사상 가장 성공적인 시트콤으로 등극한 〈빅뱅 이론〉의 기획 의도는 원래 상당히 단순했다. 클링온어를 말하거나 양자역학 농담을 주고받을 때 말고는 인간관계에 서툰 천재들의 이야기를 만들어보자는 것이었다.

그 발상은 2005년 빌 프레디Bill Prady와 척 로리Chuck Lorre가 함께 브레인스토밍을 하는 자리에서 나왔다. 프레디는 '시트콤의 제왕'인 TV 쇼 베테랑 로리와 한 팀이 되기 전에 원래 소프트웨어 엔지니어였고 우여곡절 끝에 할리우드까지 왔다. 두 남자가 머리를 맞대고 새 프로그램 콘셉트 회의를 하던 중에 프레디가 컴퓨터 프로그래머 시절에 알게 된 괴짜에 대해 이야기했다. 컴퓨터 코드 하나는 기가 막

히게 잘 짜는데 사회성은 엉망인 사람이었다. 같이 점심을 먹으러 가면 그는 직원에게 줄 팁을 계산하는 데 한 세월이 걸렸다.[1] "이런 식이에요. '자, 그녀가 나한테 미소를 지었으니 팁을 2퍼센트 올려줘야 할 것 같은데 물컵은 한 번밖에 채워주지 않았으니 3퍼센트를 빼야겠지. 근데 나한테 약간 끼를 부리는 것도 같았단 말이야. 그래놓고 내 이름은 잊어버렸으니, 하 이걸 어떻게 계산한담.'" 프레디가 말했다. "계산하는 데 20분은 걸렸어요. 인간사에 관해서는 머리가 돌아가지 않더라고요."

"TV에서는 그런 사람을 본 적이 없는데?" 로리가 말했다. "그러면 그걸로 시트콤을 만들어볼까?"

로리와 프레디는 전체적인 플롯과 등장인물을 구상하기 시작했다. 컴퓨터 프로그래머는 온종일 화면만 쳐다보는 직업이므로 대신 젊은 물리학자를 내세웠다.[2] 보른-오펜하이머 근사나 슈뢰딩거의 고양이는 아주 쉽게 떠올리지만 연애에 대해서는 일절 아는 게 없고, 〈배틀스타 갤럭티카〉 방영 시간에 다른 사람이 자기 의자에 앉으면 당황해서 어쩔 줄 모르는 유형의 인간이었다.[3]

이들 물리학자는 저마다 유독 더 서툰 분야가 있다. 주인공 셸던은 자의식이 강하고 분석력이 뛰어나지만 감정적인 측면에서는 답이 없고 남의 감정을 읽거나 제 마음을 잘 표현하지 못한다. 셸던의 룸메이트인 레너드는 연애에 목말라 있지만 사회성이 바닥이라 호감이 있는 여성에게 인도 음식을 먹자고 초대하면서 "카레는 천연 설사약"이라고 설명한다. 라제시는 여성과 함께 있는 자리에서는 입을 꾹 다물고 한마디도 하지 않는다. 마지막으로 하워드는 물리학자보다는

(친구들의 멸시를 받는) 공학자에 가깝다. 그러나 클링온어와 엘프어를 할 줄 알고 말도 안 되는 엉터리 작업 멘트를 줄줄이 꿰고 있다. 이 네 사람은 일반적인 사회성이 결여되었으며, 다른 이의 감정을 잘 읽지 못하고 자신의 감정도 잘 전달하지 못한다는 공통된 특징이 있다. 그렇다면 이 시트콤은 상위 1퍼센트 천재들이 인간적인 면에서 분투하는 일상을 보여주는 쇼가 될 것이다.

로리와 프레디는 첫 대본을 쓰기 전에 스튜디오 책임자에게 기획서를 보여주었다. 모두가 이들을 사랑했다. 이런 전례 없는 캐릭터가 있다니! 바로 파일럿 프로그램 제작 명령이 떨어졌다. 하지만 본격적으로 첫 번째 에피소드의 줄거리를 쓰기 시작하자마자 문제가 나타났다. "시트콤은 그 특성상 시청자가 등장인물의 내적 상태를 인지해야만 웃음을 유발할 수 있습니다." 프레디가 내게 말했다.

시트콤은 농담과 농담, 반전과 반전을 거듭하면서 빠른 호흡으로 전개되기 때문에 등장인물이 화면에 나오자마자 시청자가 그들의 감정 상태를 알아야 성공한다. 게다가 "시청자는 캐릭터 사이의 정서적 관계를 볼 수 있어야 합니다. 두 사람이 싸우는 이유가 서로 싫어해서인지, 서로 사랑해서인지, 사랑하지만 미워하는 척을 하는 건지 알아야 하죠." 프레디가 말했다. 텔레비전에서는 감정이 처음이자 끝이다. "감정이 은연중에 드러나야 합니다." 다시 말하면 등장인물의 감정이 말로 직접 표현되지 않더라도 시청자가 '들을' 수 있게 만드는 것이 결정적이라는 뜻이다.

바로 그 점이 문제가 되었는데, 〈빅뱅 이론〉의 주요 인물은 모두 자신의 감정을 잘 표현하지 못하도록 설계되었기 때문이다. 예를 들어 셸던에게 감정은 성가신 것이고, 속상한 친구를 달래는 가장 좋은 방법은 "어차피 너는 항상 잘못된 결정만 내리잖아"[4]라고 지적하는 것이다. 레너드는 $E=mc^2$는 설명할 수 있어도 사람이 왜 남의 일기를 읽으면 화를 내는지는 헤아리지 못한다. 이런 식의 오해가 이 시트콤의 웃음 포인트였다. 그러나 등장인물이 자신의 감정을 보여주지 못한다면 어떻게 설득력 있는 대본을 쓸 수 있을까?

한 가지 해결책은 그들이 자신의 감정을 (보여주는 대신) 대놓고 말하게 하는 것이었다. 하지만 이런 접근법에도 문제가 있었다. "대사를 이렇게 쓸 수는 있죠. '네가 저녁 식사에 늦어서 난 몹시 화가 났어'라고요." 프레디가 내게 말했다. "하지만 실제로 그렇게 말하는 사람이 어딨습니까?" 사람들은 감정을 공연하지 공언하지 않는다. "누군가 소리치며 말합니다. '밥하는 사람, 먹는 사람 따로 있지! 고맙다는 말은 사양할게!' 그러면 우리는 화자가 화가 났다는 걸 알 수 있어요." 프레디가 말했다. 심리학자들은 이런 종류의 의사소통을 비언어적 감정 표현이라고 부르는데, 우리는 일상에서 대부분 이런 식으로 기분을 전달한다. 대니얼 골먼Daniel Goleman은 "사람들의 감정이 말로 직접 표현되는 경우는 극히 드물다.[5] 타인의 감정을 감지하는 능력의 핵심은 목소리 톤, 몸짓, 표정 같은 비언어적 창구를 읽는 데 있다"라고 썼다.

로리와 프레디는 난관에 부딪혔다. 등장인물이 섣불리 자기의 감정을 떠들어대도록 둘 수는 없다. 그럼 아주 비현실적이고 끔찍한 쇼가 될 테니까. 그렇다고 기분을 보여줄 수도 없는 노릇이다. 설정상 그들은 감정을 표현하는 데 서툰 사람들이니까. 그래서 작가들은 이 물리학자들을 감정적으로 좀 더 빠삭한 캐릭터와 함께 배치하여 대조시키기로 했다. 그렇게 케이티가 창조되었다. 방금 연인과 결별하여 연애에는 진절머리가 난 이웃. 씁쓸한 비관주의로 주인공들의 유쾌함을 돋보이게 하는 장치다. 또한 동지애에 대한 주연들의 갈망을 강조하기 위해 제작팀은 여성 물리학자 길다를 발명했다. 길다의 성적 솔직함이—파일럿 에피소드에서 나오길 〈스타트렉〉 페어에서 의상을 입고 성관계를 한 적이 있다—남성 물리학자들의 순진함을 부각할 것이다.

대본이 완성되었고, 배우를 모집해 파일럿을 찍고,[6] 스튜디오 임원진에게 보냈고, 시험 관객을 모집해 피드백을 받았다. 그러나 피드백은 그저 형식상의 절차일 뿐, 누구나 이 시트콤을 사랑할 거라고 다들 확신했다.

하지만 뜻밖에도 관객의 반응은 냉담했다. 그들은 등장인물들에게 호감을 느끼지 못했는데 특히 길다나 케이티가 주인공들과 붙어 있는 것이 유해하고 위협적이라고 보았다. 그러나 무엇보다 그들은 갈피를 잡지 못했다. 이 캐릭터들한테서 뭘 느껴야 하는 거지? 물리학자는 순진해빠진 어린아이라는 것?[7] 아니면 성적으로 미숙한 어른? 저들은 사랑스러운 영재인가, 아니면 세상 물정 모르는 바보인가? 관객들은 등장인물 간에 호흡이 맞지 않는다고 했다. 이 쇼는 감정적으로 혼돈의 도가니 그 자체였다.

"시청자가 뭘 느껴야 할지 모르는 시트콤을 만들 수는 없죠." 프레디가 내게 말했다. "감정을 이어주지 못하는 22분짜리 농담은 있을 수 없습니다."

〈빅뱅 이론〉은 불을 붙이는 데 실패했다. 그러나 스튜디오 측에서 로리와 프레디의 생명줄을 연장해주었다. 대본을 수정해 한 번만 다시 파일럿을 찍어보라. 로리가 소식을 듣고 프레디를 찾아갔다. "빌 한테 말했어요. 공부만 잘하는 이 대단한 사회 부적응자들을 제대로 파헤쳐서 그 본질을 똑똑히 보여주겠다고요."

나사NASA의 면접관은 어떤 지원자를 뽑을까

우리는 말하는 법을 배우기 전인 유아기부터 몸짓 언어, 억양, 눈빛이나 찡그린 표정, 한숨과 웃음 등 다른 사람의 행동을 보고 감정을 추론할 줄 알게 된다.[8] 그러나 자라면서 이런 능력은 사그라든다. 사람들의 행동보다는 말에 더 관심을 기울이기 시작하면서 결국에는 비언어적 단서를 아예 알아채지 못하는 지경에 이른다. 사람의 말에는 정보가 넘쳐나고 의지하기도 쉬워서 예를 들어 상대가 팔짱을 끼고, 눈썹을 찌푸리고, 눈을 내리까는 등 화가 많이 났다고 보여주는 힌트를 무시하고, 대신에 "됐어, 괜찮아"라고 하는 말을 믿어버린다.[9]

그러나 어떤 이들은 말하지 않은 감정까지 읽어내는 데 선수다. 그런 사람들은 말로 표현되지 않은 것도 들을 수 있는 감정 지능이 있다. 아마 주위에 이런 사람이 한 사람쯤은 있을 것이다. 티를 안 낸다고 했는데도 내 기분이 안 좋은지 바로 알아채는 친구, 직장에서 곤란한 상황에 부닥쳤을 때 옆에서 다정한 말 또는 은근한 애정으로 극복하게 돕는 상사. 이 사람들이 날 때부터 유난히 관찰력이 뛰어나거나 남달리 예민하다고 가정하는 것은 당연하고, 또 실제로 그런 경우도 있지만, 오랜 연구에 따르면 누구나 이런 기술을 개발할 수 있다. 우리는 상대가 진짜 감정을 드러내는 비언어적 단서를 알아보고 그 힌트를 사용해 상대의 감정을 이해할 수 있다.

1980년대에 나사NASA 소속 정신과의사 테런스 맥과이어Terence McGuire가 바로 이 점을 염두에 두고 가령 입사 지원자에게 남의 기분을 잘 알아채는 능력이 있는지 테스트하고 싶어 했다.[10] 특히 맥과이어는 우주비행사 후보 중에서 감정 소통에 뛰어난 사람을 가려내고 싶었다. 맥과이어는 유인 우주 비행 담당 수석 정신과의사로서 매년 우주 비행에 지원하는 수천 명의 남녀를 선별했다. 그는 지원자가 우주 환경이 가하는 스트레스를 감당할 심리적 준비가 되어 있는지 평가했다.

당시 나사는 새로운 차원의 도전에 직면해 있었다. 지금까지 나사에서 수행한 유인 우주 비행 시간은 상대적으로 기간이 짧아서 보통 하루나 이틀, 길어도 열흘을 넘지 않았다.[11] 그러나 1984년에 로널드 레이건 대통령은 사람들이 우주에서 최대 1년까지 머물 수 있는 국제 우주정거장 프로젝트를 지시했다.[12] 맥과이어에게 이는 곧 새로운 유형의 우주비행사, 그리고 새로운 유형의 심리 평가가 필요하다는 뜻이었다. "우주정거장 시대의 도래로 6개월 이상 비좁은 환경에서 생활하는 조건이 추가되면서 우주비행사의 성격적 요소를 중요하게 평가할 필요가 있다."[13] 1987년에 맥과이어가 상부에 보고한 내용이다.

나사는 이미 우주비행사 후보 선정에 과도한 기준을 적용하고 있었다. 지원자는 고된 신체 시험을 통과해야 했다. 과학이나 공학 학위 소지자여야 하고, 전투기 조종 경험이 있어야 하며, 키가 너무 커서도 안 되고(193센티미터보다 크면 우주복이 맞지 않는다) 너무 작아도 안 된다(142센티미터보다 작으면 발이 바닥에 닿지 않아 어깨 벨트에서 몸이 빠져나갈 수 있다). 쉽게 동요하지 않는 신체 능력을 갖춰야 했고—수중 기동 중에 혈압을 일정하게 유지해야 하는 테스트가 있다—무중력 모의 비행의 스트레스를 버텨야 했다(구토하지 않는 것이 이상적이다).

그런데 여기에 맥과이어는 우주비행사 선별 조건을 더 추가하고자 했다. 바로 감정 지능이다. 감정 지능의 개념은 당시 예일대학교의 두 심리학자가 정의한 것으로 그들은 "자신 및 다른 사람의 기분과 감정을 감시하는 능력과 연관된 사회적 지능"이 존재한다고 주장했다.[14] 감정 지능이 높은 사람은 동료와 관계를 형성하고 공감하는 방법은 물론이고 자기와 주변 사람의 감정을 조절할 줄 안다. 예일대학교 연구자들은 1990년 학술지 「상상력, 인지, 성격Imagination, Cognition and Personality」에 "이런 사람들은 자기와 다른 사람의 기분을 인식한다. 내적 경험의 긍정적 측면과 부정적 측면에 모두 열려 있고, 각각에 이름을 붙일 수 있으며, 적절한 때에 전달한다. 감정 지능이 높은 사람이 주위에 있으면 분위기가 밝아지고 다른 사람의 기분을 좋아지게 한다. 그렇다고 무분별하게 쾌락을 추구하지 않으며 성장하는 과정에서 감정에 주의를 기울인다"라고 썼다.

당시에 일어났던 몇몇 사건이 우주 비행을 수행하는 데 감정 지능이 중요하다는 점을 명백하게 보여주었다. 1976년 소련에서는 우주 임무 중인 승무원들이 집단 망상을 일으켜 (사실은 상상에 불과했지만)

이상한 냄새가 난다고 불평하는 바람에 중간에 임무가 취소된 적이 있었다. 미국과 소련은 임무 중인, 그리고 임무를 마친 여러 우주비행사에게서 우울증을 진단했고, 이런 심적 상태가 동료와의 말다툼, 편집증, 방어적 태도로 이어질 수 있음을 발견했다.[15]

그러나 나사의 가장 큰 걱정은 소통의 붕괴였다. 나사는 아직 1968년 사건의 여파에서 벗어나지 못하고 있었다. 당시 아폴로 7호 승무원들이 대기권에 진입하면서 임무 통제권을 두고 다투기 시작했다. 처음에는 분명한 이유가 있었다. 우주비행사 세 명은 작업을 성급하게 마쳐야 했고 명확한 명령을 받지 못했다고 불평했다. 그러나 이 싸움은 점차 형체 없는 분노에 휩싸여 매사에 불만이 표출되는 상황으로 변질되었고, 급기야 음식의 질, 방송에 출연하라는 상부의 명령, 엉터리로 제작되어 사용이 불편한 화장실, 임무 통제실의 목소리 톤까지, 온갖 문제로 목소리를 높였다.[16] 이 싸움을 키운 사람은 승선한 사령관 월리 시라Wally Schirra였다. 그는 전직 해군 시험 조종사로서 그때까지 모범적인 경력을 쌓아왔다. 후에 나사 심리학자들은 시라가 임무에 대한 압박과 그 당시 조종석 화재로 사망한 다른 세 명의 우주비행사에 대한 슬픔을 극복하지 못해 시간이 지나면서 전투적으로 되고 의심이 많아졌다고 평가했다. 지구로 귀환한 후 시라와 동료 우주비행사들은 다시 우주로 돌아가지 않았다.

이제 나사는 감정을 통제할 수 있고, 타인의 감정에 민감하며, 지구에서 몇백 킬로미터 떨어진 협소한 공간에 갇혀 지내는 고도로 긴장된 상황에서도 동료와 마음을 트고 지낼 사람이 필요했다. 맥과이어는 아폴로 7호 임무가 크게 실패한 시기에 나사에 들어와 20년 동안 우주비행사 후보를 선별하면서 우울 장애를 겪거나 호전적으로 되기 쉬운 사람의 단서를 찾아왔다. 그러나 이제 우주 임무 기간이 길어지면서 조건이 훨씬 까다로워져야 했다. 나사는 심리적 약점이 없는 것은 물론이고 오히려 그 반대인 우주비행사를 찾아야 했다. 진공에 둘러싸인 우주 공간에서 몇 달씩 지내면서 일터와 일상 공간이 하나인 곳에서 오는 긴장, 지루함, 언쟁, 불안을 견뎌내며 동료와 잘 어울릴 수 있는 감정 지능이 뛰어난 사람 말이다.

그러나 맥과이어는 그런 자질을 갖춘 후보를 선별하기가 얼마나 어려운지 잘 알았다. 가장 큰 문제는 거의 모든 지원자의 심리 평가 결과가 기본적으로는 동일하다는 점이었다. 어떤 테스트를, 또 어떤 질문을 제시해도 그는 6개월의 임무 기간 또는 우주에서의 긴장된 순간에 후보자가 어떻게 행동하고 대처할지 알아낼 만큼 그들의 머릿속에 깊숙이 들어갈 수 없었다. 모든 지원자가 면접에서 해야 할 말을 미리 알고 대비한 것처럼 보였다. 그들은 자신의 가장 큰 약점과 인생에서 가장 후회하는 일을 줄줄 읊도록 연습했고 스트레스를 어떻게 다스리는지까지 완벽하게 설명했다. 지금의 선별 방식으로는 감정 지능이 높은 사람과 높은 것처럼 가장하는 사람을 구별할 수 없었다. 맥과이어는 "선임자들처럼 엄청나게 많은 심리 테스트를 시도했지만 그 결과물은 실망 그 자체였다"라고 말했다.

결국 맥과이어는 과거 20년 동안 그가 후보자를 면접했던 당시의 녹음을 다시 들으며 자신이 놓친 단서와 감정 지능이 높은 사람을 구별하는 신호를 찾아보았다. 그는 개인 정보 기록에 접근할 수 있었으므로 최종 선발된 사람 중에서 어떤 후보자가 강한 리더가 되었고,

어떤 사람이 잘 적응하지 못하고 도태되었는지 확인할 수 있었다.

과거 면접 과정을 다시 들어보면서 맥과이어는 마침내 전에는 알지 못했던 것을 포착하게 되었으니, 바로 어떤 후보는 웃는 게 달랐다.

사람은 가짜 웃음을 1초 만에 알아챈다

감정 지능을 웃음으로 측정한다는 말이 이상하게 들릴지도 모르지만 사실 웃음은 감정 교류의 가장 기본적인 진리이다. 앞에서 말했듯이 그저 다른 사람의 감정을 듣는 데서 그치지 않고 자신이 듣고 있다는 걸 보여주는 게 중요한데 웃음은 상대의 생각을 듣고 있다고 증명하는 한 가지 수단이다.

1980년대 중반, 맥과이어가 새로운 우주비행사 지원자 테스트를 찾아 헤매기 몇 년 전, 메릴랜드대학교 심리학자 로버트 프로빈Robert Provine은 사람들이 언제 그리고 왜 웃는지를 조사했다.[17] 프로빈과 그의 조교들은 쇼핑몰에서 사람들을 관찰하고, 술집에서 엿듣고, 녹음장치를 숨긴 채 만원 버스에 탔다. 그렇게 그들은 1,200건의 '자연스러운 인간의 웃음'을 수집했다.[18]

맨 처음 프로빈이 세운 당연한 가설은, 사람들은 웃기니까 웃는다는 것이었다. 하지만 그 가설이 잘못되었다는 걸 그는 빠르게 깨달았다. 다음은 프로빈이 《아메리칸 사이언티스트》에 보고한 내용이다. "예상과 달리 대화 중에 나오는 웃음의 대부분은 농담이나 우스갯소리처럼 의도된 유머에 대한 반응이 아니었다. 우리가 수집한 표본 중에서 웃음을 유도하려는 시도에 반응하여 나오는 웃음은 20퍼센트 미만이었다."

그보다 사람들은 대화 중인 상대와의 교감을 원했기 때문에 웃었다. 프로빈의 말대로라면 실제 많은 웃음이 예를 들어 "누구 고무줄 있어요?", "저도 만나서 반가웠어요", "이제 전 끝장이에요" 같은 "다소 진부한 말 뒤에 이어졌다".

그는 "서로 주고받는 장난, 집단의 분위기, (코미디가 아닌) 긍정적인 감정의 어조는 가장 자연스럽게 웃음을 일으키는 사회적 설정이다"라고 결론지었다. 웃음은 전염성이 있기에 강력하다. "즉각적이고 비자발적이며, 뇌에서 뇌로 전달되는, 사람과 사람 사이에서 가능한 가장 직접적인 의사소통이다."[19]

다시 말해 우리는 상대방에게 그들과 연결되고 싶다는 의지를 보여주려고 웃는다. 상대가 내 웃음을 웃음으로 받아준다면 그들도 역시 나와 연결되고 싶다고 표현한 것이다. 이는 '빨리 친구가 되는 법'의 효과를 강력하게 만든 것과 동일한 상호성이며 감정 전염의 예이다. 그렇다면 단지 타인의 기분을 듣고 있는 것에 그치지 않고 듣고 있다는 것을 보여줌으로써 감정 지능을 발휘한다는 결론에 이른다. 웃음, 감탄사, 한숨, 미소, 찡그림 같은 비언어적 표현은 매칭 원리의 발현으로서 서로의 뇌가 동조할 때까지 행동을 일치시켜 소통한다는 것을 뜻한다.

중요한 것은 타인과 일치하는 방식이다. 녹음 내용을 다시 들으며 프로빈은 흥미로운 사실을 발견했다. 대화 중인 두 사람이 동시에 웃고 있어도 한 사람은 포복절도에 가깝고 다른 사람은 피식하는 정도라면 그들은 대개 대화 후에 서로 더 가까워졌다는 느낌을 받지 않았다. 상대방과 함께 웃을 때 중요한 것은 웃음 자체가 아니라 그 강도이다. 그것이 교감을 향한 열망의 증거이다. 나는 배를 잡고 웃는데 상대는 영혼 없는 미소만 짓는다면 미적지근한 열의가 감지되고, 그것은 서로 일치되지 않았다는 증거이자 프로빈이 쓴 것처럼 "지배와 복종, 또는 수용과 거부의 신호"로 작용한다. 어떤 농담에 나는 가볍게 웃고 말지만 상대는 박수를 쳐대며 깔깔댄다면 그 역시 피차 교감하지 않는다는 신호이다. 아니, 더 정확히 말하면 둘 중 한 사람은 지나치게 애를 쓰고 있고 다른 사람은 충분히 애쓰고 있지 않다는 뜻이다.

감정 지능

상대의 감정을 듣고 있다는 것을 보여주는 것에서 감정 지능이 발휘된다.

웃음은 교감에 대한 열의의 정도를 알아보게 한다는 이유로 유용하다는 주장은 중요하다. 그건 곧 매칭 원리의 작동 방식을 알려주기 때문이다. 단순히 상대방의 웃음, 상대가 사용하는 단어, 상대의 표정을 따라 하는 것만으로 가까워지지 않는 이유는 그로 인해 드러나는 게 하나도 없기 때문이다. 그저 누군가를 거울처럼 따라 해서는 진심으로 상대를 이해하고 싶다는 마음을 증명할 수 없다. 상대가 큰 소리로 웃고 있는데 나는 미소만 짓는다면 그는 내가 교감하고 싶어 하지 않는다고 느낄 것이다. 관심이 없거나 심지어 깔보는 인상을 줄 수도 있다. 중요한 것은 똑같이 말하고 행동하는 것이 아니라 일치를 원하는 열망의 전달 방식을 맞추는 것이다.

2016년에 출판된 한 연구에서 녹음된 1초짜리 웃음소리를 듣고도 피험자들은 친구 사이에서 자연스럽게 터져 나오는 웃음과 낯선 사람들이 억지로 웃으려고 애쓰는 것을 정확하게 구분했다. 웃음도 다른 비언어적 표현처럼 가짜이기 어렵기 때문에 유용하다. 순수하지 않은 웃음인지는 들으면 알 수 있다. 이 연구에서 피험자들은 앞뒤를 다 잘라낸 1초짜리 녹음만 듣고도 그것이 서로 교감하는 웃음인지, 강제된 웃음인지 구분할 수 있었다.[20] 농담이 재밌지 않더라도 상대와 비슷한 강도로 웃겠다고 합의할 때 곧 상대와 연결되고 싶다는 신호를 주는 것이다.

비언어적 신호를 보내라

그렇다면 어떻게 상대에게 내가 당신과 가까워지려고 노력 중이라는 신호를 보낼까? 단지 당신의 말과 행동을 흉내 내는 것이 아니라 당신의 감정을 듣고 있다는 걸 어떻게 보여주느냐는 말이다.

그 답은 인간의 뇌에서 진화한 한 시스템으로 시작한다. 감정의 온도를 측정하는 빠르고 간편한 이 방법에 우리는 이미 자기도 모르게 의존하고 있다. 이 시스템은 우리가 타인을 만날 때 언제나 발동하며, 상대의 '기분Mood(심리학 용어로는 정서가valence)' 그리고 '에너지 Energy(심리학 용어로는 각성가arousal)'에 집중함으로써 작동한다.[21]

상대방이 웃거나 인상을 쓰거나 미소를 짓는 등 감정이 들어간 행동을 할 때, 보통 우리가 제일 먼저 알아채는 것은 그 사람의 기분(이 사람이 긍정적으로 느끼는가, 부정적으로 느끼는가[22])과 에너지(에너지가 넘치는가, 에너지가 바닥인가)이다. 예를 들어 상대가 이마를 찡그리고(부정적) 조용히(낮은 에너지) 있으면 슬프거나 낙담한 상태라고 생각하지 나에게 위협을 가할 거라고 보지는 않는다. 따라서 뇌는 도망치라고 경고하지 않는다.

그러나 똑같이 이마를 찡그리더라도(부정적) 고성을 지르며 이글거리는 눈으로 나를 노려본다면(높은 에너지), 뇌는 불안감을 일으켜 도망갈 채비를 하게 한다. 미래를 예측할 때 필요한 것은 상대의 기분과 에너지다. 이 두 가지면 그 사람의 감정을 짧은 시간 안에 파악할 수 있다.

누군가를 만났을 때 그 사람의 기분과 에너지를 언제 알아챘는지 스스로 의식하지 못할 수도 있다. 그만큼 본능처럼 무의식적으로 일어나는 작용이다. 그러나 인간의 뇌는 기분과 에너지가 주는 정보를 이용해 상대의 위험성을 가늠하도록 진화했다. 이런 능력의 한 가지

◆　심리학 논문을 읽어본 사람이라면 알겠지만, 연구자들은 기분이나 에너지 같은 용어에 특히 까다롭다. 이 장에서 사용된 언어에 대한 상세한 내용은 부록의 주를 참고하라.

장점은 자세히 보지 않고도, 또 상대에 대한 사전 지식 없이도 다른 사람의 감정 상태를 단시간에 판단할 수 있다는 것이다. 상대의 기분과 에너지를 알면 도망칠지 아니면 머무를지, 상대가 잠재적 친구인지 적인지 즉각 결정할 수 있다. 예를 들어 내 앞의 낯선 이가 길을 잃어 도움이 절실히 필요한 상황인지, 아니면 화가 솟구치는 불안정한 상태라 그 분노를 나한테 쏟아부을 수 있는 상황인지 판단할 때 유용하다.

기분

	긍정적	부정적
높다	즐거움, 기쁨, 열중, 신남	화, 분개, 격분
낮다	행복, 만족, 감사, 충만	절망, 낙담, 귀찮음

에너지

기분과 에너지는 대개 비언어적 신호로 드러난다. 세인트루이스 워싱턴대학교의 조직행동학 교수 힐러리 앵거 엘펜바인Hillary Anger Elfenbein에 따르면, 상대를 잠깐만 보고도 그가 화가 났는지 실망했는지 알 수 있다면 좋겠지만 그런 구체적인 감정은 "정확하게 읽어내기가 정말 어렵기 때문에" 이런 신호가 중요하다. 눈썹을 찌푸리는 게 걱정이 있어서일까, 아니면 그저 몰입하고 있기 때문일까? 저 사람이 미소를 짓는 건 나를 보고 기뻐서일까, 아니면 너무 흥분했거나 또는 반대로 불쾌한 탓일까? 누군가의 감정을 읽고 맞춰주려고 해도 그가 어떤 기분인지 정확히 알지 못하기 때문에 그렇게 하기가 어렵다.

그래서 대신 우리 뇌는 상대의 기분과 에너지를 훑어보고 신속하게 대략의 감정 상태를 파악하는 시스템을 진화시켰다.[23] 그것은 어떻게 하면 상대와 결을 맞출지, 또는 안전하다고 느낄지 경계해야 할지 알아내기에 대체로 충분하다.

웃음 연구자들이 연구를 수행하면서 재밌는 사실을 발견했다. 사람들이 순수하게 함께 웃을 때는 그들의 기분과 에너지가 거의 항상 일치했다. 한 사람이 부드럽게 킬킬거리고(긍정적, 낮은 에너지) 상대도 비슷하게 웃으면 두 사람은 대개 일치감을 느꼈다. 만약 한 사람이 박장대소를 하고(긍정적, 높은 에너지), 이때 상대도 기본적으로 비슷한 음량과 리듬, 강도로 함께 웃으면 두 사람은 서로 통한다고 생각했다.

그러나 한 사람은 정말로 웃고 있지만 다른 사람은 장단을 맞추는 척만 하는 단절된 상태에서는 비록 겉으로는 둘 다 웃고 있어도 두 사람의 기분과 에너지가 일치하지 않기 때문에 교감하지 않는 것을 알 수 있다. 맞다, 두 사람 모두 웃고 있었다. 그러나 한 사람은 크게 웃고 다른 사람은 가벼운 웃음으로 대응한다. 얼핏 들으면 비슷하게 들릴지 모르지만 신경 써서 들어보면 음량과 리듬, 즉 기분과 에너지가 서로 맞지 않는다는 사실을 분명히 알 수 있다. 똑같이 웃고 있어도 정서가와 각성가가 동일하지 않으면 교감하지 못한다.

우리는 상대에게 그 사람의 감정을 듣고 있다고 보여줌으로써 감정 지능을 발휘하며, 그 방법은 그의 기분과 에너지를 알아채고 거기에 맞추는 것이다. 상대의 기분과 에너지에 맞추는 행위는 그 사람과 교감하고 싶다는 의지의 표현이다.[24] 여기에도 두 가지 방식이 있다. 첫 번째로 상대와 동일하게 결을 맞추는 때가 있다. 당신이 즐겁게 웃고 있으니 나도 즐겁게 웃을게요. 두 번째는 내가 그 사람의 감정을 읽었다고 알리되("너 오늘 좀 슬퍼 보인다") 내 감정을 그와 똑같이 맞추기보다 기분을 풀어주고 싶을 때가 있다("어떻게 하면 좀 기분이 나아질 거 같아?"). 그러나 어느 쪽이든 우리는 메시지를 보낸다. 나는 너의 감정을 듣고 있다고. 가까워지려는 열망을 명확히 표현하는 것은 유대감 형성에 필수적인 단계다.

이와 같은 패턴은 다른 비언어적 행동에서도 나타난다. 타인 앞에서 울고 웃고 인상을 썼을 때 그 사람이 비슷한 기분과 에너지로 반응하면 내 말을 듣고 있다고 믿게 된다. 굳이 함께 울지 않더라도 정서가와 각성가를 일치시킬 필요는 있다. 그것이 내가 느끼는 바를 상대가 알아준다고 믿게 만드는 방법이다. 만약 겉으로는 비슷하게 행동하는 것 같아도 기분과 에너지가 다르면 그건 뭔가 어긋난 것이다. "표정과 사용하는 말이 비슷하더라도, 다른 게 다 비슷하더라도, 정서가가 다르면 상대와 동일하게 느끼지 않는다는 걸 알게 된다"라고 엘펜바인이 말했다.

슈퍼 커뮤니케이터가 그토록 다른 이의 감정을 포착하는 데 뛰어난 이유 중 하나는 상대의 몸짓에서 드러나는 에너지, 음량, 말하는 속도, 말의 리듬과 정서 상태를 신경 써서 보는 습성이 있기 때문이다. 그들은 상대의 자세와 태도를 눈여겨보고 기분이 좋지 않은지, 아니면 흥분을 간신히 참는 중인지를 파악한다. 슈퍼 커뮤니케이터는 남의 기분과 에너지에 자신을 맞추거나 적어도 상대의 상태를 알고 일치를 원한다는 것을 분명하게 알린다. 그들은 몸과 목소리를 통해 상대가 자기의 기분을 보고 들을 수 있게 하고, 반대로 상대의 분위기에 맞춰감으로써 자신이 교감을 시도한다는 것을 확실히 보여준다.

극도의 스트레스 상황에서 대화하는 법

테런스 맥과이어는 심리학 학술지의 열렬한 독자였고, 나사 업무의 하나로 프로빈 같은 학자가 최신 연구를 발표하는 학회에 주기적으로 참가했다. 그래서 20년 동안 녹음한 우주비행사 후보와의 면접 내용을 다시 듣기 전부터 이미 비언어적 표현, 기분과 에너지의 중요성에 관한 새로운 연구 결과를 알고 있었다. 그는 한숨과 신음, 웃음과 목소리 톤으로 지원자의 감정 지능을 측정할 방법이 없을까 고민하기 시작했다. 그는 녹음을 들으면서 지원자가 말이 아닌 방식으로 감정을 전달한 목록을 작성하기 시작했다.

마침내 그는 녹음된 내용에서 중요한 걸 발견했다. 맥과이어는 면접 도중에 가끔 웃었는데 어떤 후보는 그때마다 그의 기분과 에너지에 호응했다(그 사람들은 나중에 훌륭한 우주비행사가 되었다). 그가 키득거리면 재미없는 말이어도 함께 킬킬댔고, 그가 박장대소하면 함께 손뼉을 치며 웃었다. 맥과이어가 보기에 그들의 반응은 아주 자연스럽고 즉각적이며 전혀 억지스럽지 않았다. 그들은 진솔해 보였다. 맥과이어는 그 당시 상대의 그런 행동 덕분에 면접관인 자신이 오히려 긴장을 풀었고, 이해받는다는 기분과 함께 지원자에게 좀 더 가까워진 느낌을 받았다는 기억이 났다.

반면에 맥과이어가 웃을 때 따라 웃었지만 전혀 다른 기분과 에너지로 호응한 후보자도 있었다(결과적으로 나사 임무에 덜 성공적이었던 사람들을 포함한다). 맥과이어가 크게 웃을 때 그들은 나직이 웃었다. 또는 반대로 맥과이어가 가볍게 웃었을 때 상대는 배꼽을 잡고 웃는 경우도 있었는데, 다시 들어보니 억지로 비위를 맞추려는 것처럼 들렸다. 이 후보자들은 맥과이어를 따라 웃어야 한다는 것까지는 알고 있었다. 그건 기본적인 예의니까. 그러나 그렇게 성의 있게 웃지 않았다.

맥과이어는 목록을 작성하면서 웃음이 아닌 다른 감정 표현도 확인했는데 거기에서도 동일한 패턴이 나타났다. 맥과이어가 감정을 말할 때 억양, 목소리 톤, 말의 속도, 소음 등 지원자의 비언어적 표현이 그와 일치할 때도 있고 어긋날 때도 있었다. 맥과이어는 나중에 나사 임원진에게 이렇게 보고했다. "이런 종류의 단어, 어조, 자세, 몸짓, 표정이야말로 정보의 금광입니다." 비언어적 신호는 그 사람이 상대와의 교감을 바라고 있는지, 아니면 감정적 유대를 높은 순위에 두고 있지 않은지를 알려주는 좋은 단서였다. 면접 중에 이런 식으로 상대와 교감하는 사람이라면 분명 우주에서도 동료들과 잘 지낼 것이라고 맥과이어는 추정했다.[25]

그래서 맥과이어는 새로운 시험을 계획했다. 이제 그는 후보자 앞에서 의도적으로 감정을 표현하고 그들에게 감정을 설명하도록 요청할 것이다. 이때 기분과 에너지를 다양하게 바꿔가며 지원자가 거기에 맞추는지 아닌지를 볼 것이다.

몇 개월 뒤 맥과이어는 30대 남성 한 명을 면접하러 들어갔다. 이 지원자는 머리를 깔끔하게 다듬었고 주름이 잘 잡힌 유니폼을 입고 있었다. 신체 조건이 적합하고 대기화학 박사학위가 있었으며 15년 동안 해군에서 모범적으로 복무했다. 한마디로 완벽한 나사 후보였다.

맥과이어는 방에 들어가면서 실수인 것처럼 바닥에 서류를 흘렸다. 그리고 그걸 주우면서 오색 풍선이 그려진 노란색 넥타이를 가리키고는 아들이 준 선물이라고 말했다. 아이가 반드시 매고 가라고 고집하는 바람에 "이렇게 어릿광대 같은 면접관이 되었습니다!"라고 하면서 큰 소리로 웃었다. 지원자는 미소만 지을 뿐 크게 웃지 않았다.

면접 중에 맥과이어는 지원자에게 삶에서 가장 힘들었던 시기가 언제였는지 물었다. 그는 아버지가 1년 전에 교통사고로 돌아가셨다고 말했다. 가족 모두에게 크나큰 충격이었지만 목사님과 슬픔을 나누면서 많이 극복했고 이제 자신은 아버지에게 보여드리고 싶었던 것들을 서서히 해나가고 있다고 설명했다. 취약성을 드러내는 솔직하고 완벽한 답변이었다. 이 대답으로 그는 자신이 감정과 접촉하고 있지만 휘둘리지 않는다는 것을 보여주었다. 이것이야말로 나사가 우주비행사 후보에게서 기대하는 답변이었다. 예전이었다면 맥과이어는 그에게 높은 점수를 주었을 것이다.

그러나 이번에 맥과이어는 좀 더 밀어붙였다. 자신의 누나도 예기치 못하게 일찍 세상을 떠났다고 말하며 목소리를 떨었다. 그리고 어린 시절 얘기를 꺼내며 누나가 자신에게 어떤 존재였는지 설명했다. 맥과이어는 자신의 슬픔을 확실하게 내비쳤다.

몇 분 뒤 맥과이어는 그에게 아버지에 대해 얘기해보라고 했다.

"아주 다정하신 분이었어요." 그가 말했다. "누구에게나 친절하셨죠."

그런 다음 그 남성은 다음 질문을 기다렸다. 아버지의 성격을 더 자세히 설명하지도, 맥과이어의 누나에 관해서 묻지도 않았다.

결국 그 남성은 우주비행사로 선정되지 못했다. "제가 보기에 공감 능력이 뛰어난 사람은 아니었습니다." 맥과이어가 내게 말했다. 어쩌면 그는 단지 개인사를 쉽게 얘기하지 않는 사람이었는지도 모른다. 또 아버지의 죽음이 아직까지 너무 생생해서 쉽게 말을 꺼내지 못했을 수도 있다. 그런 것들이 결코 성격상의 결함은 아니었지만 교감의 측면에서는 익숙하지 않은 사람이라는 걸 보여주었다. 물론 그것이 그가 선정되지 못한 유일한 이유는 아니었다. "하지만 사유의 하나는 되었지요." 맥과이어가 말했다. 나사에는 적격한 후보가 많이 있었고 그래서 더 까다로울 수 있었다. "우리는 최고 중의 최고가 필요했습니다. 감정 지능까지 뛰어난 사람 말이지요."

몇 개월 뒤에 또 다른 후보가 면접을 보러 왔다. 이번에도 맥과이어는 방에 들어가면서 서류를 흘리고 넥타이를 가리키며 시답잖은 농담을 했다. 그 후보는 맥과이어와 함께 웃더니 고개를 숙이고 그가 서류 줍는 것을 도왔다. 맥과이어가 지원자에게 인생에서 가장 힘든 시간을 설명하라고 했을 때 그는 일찍 세상을 떠난 친구에 대해서 이야기했지만 그 외에는 대체로 운이 좋은 삶을 살아왔다고 했다. 부모님 모두 살아계시고 열아홉 살에 결혼해서 가정을 꾸렸고 아내를 여전히 사랑하며 아이들은 건강했다. 그 얘기를 들은 맥과이어는 자기 누나의 죽음을 언급했다. 그랬더니 후보자가 그에게 질문하기 시작했다. "누나와 가깝게 지내셨나요?" "어머니는 얼마나 힘들어하셨나요?" "지금도 누나 생각을 하십니까?" 그러면서 친구가 세상을 떠나고 몇 개월 동안 어떻게 꿈에서 그를 만나 이야기를 나누었는지를 말했다. 맥과이어가 내게 말했다. "그는 내가 겪은 일을 이해하고 아픔을 나누려는 의도를 분명히 보여주었습니다." 결국 그 사람이 우주비행사로 선정되었다.

마침내 맥과이어는 면접 중에 관찰할 항목을 찾아냈다. 후보자가 칭찬에 어떻게 반응하는가? 비판에는 어떻게 반응하는가? 거절과 외로움을 어떻게 묘사하는가? 그는 감정 표현력을 평가하는 질문을 던졌다. 언제 가장 행복했는가? 우울했던 적이 있는가? 맥과이어는 후보자가 대답할 때 사용하는 몸짓 언어나 표정까지 세심하게 관찰하면서 언제 몸의 자세가 긴장하고 풀어지는지에 주목했다. 상대를 대화에 초대하고 있는가? 교감을 원한다는 것을 보여주고 있는가?

맥과이어는 매번 저런 질문 중 한 가지를 제시하고 후보자의 답을 들은 다음, 같은 질문에 대해 자신이 답하면서 행복과 후회, 분노와 기쁨, 또는 불확실성을 명확히 표현했다. 그리고 이때 과연 상대가 그와 맞추려고 노력하는지 주의 깊게 지켜보았다. 함께 웃는가? 그를 위로하는가? "사실상 선정된 모든 우주비행사가 강력한 인지적 기반을 갖추고 있었습니다만, 감정 차원에서까지 훌륭한 인지력이나 민감성을 가진 사람은 소수였습니다."

후보자가 내보이는 감정 자체는 그들이 그것을 어떻게 표출하느냐보다 덜 중요했다. 어떤 사람은 자신의 열정을 서둘러 공개했고 누군가는 좀 더 차분했다. 그러나 무엇보다 중요한 것은 그들이 맥과이어가 표출한 감정에 주의를 기울였는지, 그런 다음에는 그의 기분과 에너지에 자신을 맞추려고 했는지 여부였다. 어떤 후보자에게는 그것이 타고난 본능이었고 또 다른 후보자에게는 학습된 기술이었다. 그리고 아예 맞출 생각이 없는 사람도 있었다. 이런 차이를 보고 맥과이어는 타인과 쉽게 감정적으로 유대할 수 있는 사람과, 스트레스 지수가 높아지면 자아에 몰입해 방어적 또는 전투적이 될 사람을 구별할 수 있었다. 맥과이어는 "비좁은 장소에 장기적으로 감금되는 상황에서 뛰어난 감수성과 공감 능력으로 사람 간의 문제를 일찍 파악하고 효율적으로 해결하는 사람이 스트레스를 덜 받는다"라고 나사 사령부에 보고했다.

1990년 나사 최종 후보—조종사 7명과 물리학자 3명, 의사 1명을 포함한 총 5명의 여성과 18명의 남성—를 선발하면서 맥과이어는 자신이 후보자에게서 뭘 찾아야 하는지 알고 있었다.[26] 후보자가 면접관의 기분과 에너지에 맞추려고 애쓰는가? 그렇다면 그건 그들이 감정의 소통을 진지하게 받아들인다는 뜻일 것이다.

이 틀은 우리에게도 배울 점을 제공한다. 상대가 정확히 어떤 감정을 느끼는지, 화가 났는지, 속상한지, 절망스러운지, 짜증이 났는지, 이것저것 다 뒤섞였는지 알기는 어렵다. 아마 본인도 모를 것이다.

그러므로 감정을 구체적으로 해독하려고 노력하는 대신 상대의 전체적인 기분(긍정적으로 보이는가, 부정적으로 보이는가)과 에너지(에너지가 높은가, 낮은가)에 관심을 기울인 다음, 거기에 맞추는 데 집중하라. 만약 그 노력이 오히려 긴장을 악화시킨다면 그때는 상대의 감정을 인정함으로써 당신이 듣고 있다는 것을 보이고 상대의 감정을 이해하려고 노력한다는 것을 명확히 드러내라. 그리고 당신 자신이 감정을 표현할 때 상대가 어떻게 반응하는지 보라. 상대가 당신의 기분과 에너지에 맞추려고 노력하는가? 이 기술의 힘은 아주 강력해서 일부 콜 서비스 센터에서는 상담원이 고객의 이야기를 듣고 있다는 걸 강조하기 위해 발신자의 음량이나 톤에 엇비슷하게 응대하도록 교육한다. 코기토사社에서 만든 어느 소프트웨어는 화면의 팝업 창을 통해 상담원이 고객의 상태에 따라 대화의 속도를 높이거나 낮추고 목소리에 에너지를 불어넣거나 가라앉히도록 유도한다.(이 소프트웨어를 사용하는 회사에 물어봤더니 이 장치를 사용하면서 고객 서비스 상담이 더 원활하게 진행되었다고 했다.)

상대의 기분과 에너지에 자신을 맞추거나 인정할 때 우리는 그 사람의 감정적 삶을 이해하고 싶다는 뜻을 밝히는 것이다. 그것은 공감으로 이어질 관대함의 한 형태이다. 그것은 어떤 기분인가를 논의하기 더 쉽게 만든다.

감정의 교류가 힘든 물리학자들

척 로리와 빌 프레디가 파일럿 에피소드를 다시 쓰고 재촬영을 할 기회를 얻은 것은 첫 번째 파일럿을 녹화한 지 몇 달 후였다. "그만두겠다고 얘기하기 직전이었어요." 로리가 말했다.[27]

하지만 그들도 한 번은 더 시도해야 한다고 생각했다. 이제 배우들도 슬슬 다른 작품을 찾기 시작했으므로 프레디와 로리는 빨리 움직여야 했다. 두 사람은 바로 중요한 결정을 내렸다. 연애에 지친 이웃 케이티는 해고되었다. 성적 모험심이 강한 〈스타트렉〉 팬 길다도 마찬가지였다. 대신 제작팀은 새로운 캐릭터 페니를 투입했다. 페니는 길거리 캐스팅을 기대하며 식당에서 일하는 사교적인 배우 지망생이다. "우리는 방향을 바꾸어 페니를 가볍고 발랄하게 만들었습니다." 프레디가 내게 말했다. "페니는 공부 머리가 뛰어난 사람은 아니었지만 사람에 관해서는 잘 아는 사람입니다."

그러나 페니와 저 서투른 물리학자들의 관계를 어떻게 설정하느냐가 문제였다. 극복해야 할 장벽은 여전히 남아 있었다. 이 시트콤은 시청자에게 등장인물이 어떤 감정을 느끼는지 명확하게 보여주는 동시에 감정의 교류가 불가능한 셸던과 레너드의 상태는 유지해야 했다.

새 파일럿을 작업하면서 로리와 프레디는 두 물리학자가 페니를 맨 처음 만나는 장면을 고심한 끝에 페니가 복도 맞은편 아파트로 이사 오는 날로 정했다. 셸던과 레너드가 페니를 보고 호들갑을 떨어야 할까? 아니면 차분하고 냉담하게 대해야 할까? 양쪽 다 별로였다.

마침내 다른 장면이 떠올랐다. 셸던과 레너드의 감정에 초점을 두는 대신 각자가 "안녕하세요"라는 동일한 단어를 동일한 기분과 에너지로 여러 번 반복하게 하는 것은 어떨까? 최소한 웃기기는 할 테니까. 그리고 어쩌면 시청자에게 이들이 방법을 몰라 갈팡질팡할 뿐 서로 가까워지고 싶어 한다는 것을 보여줄지도 모른다. 물론 작가가 이 장면을 우리가 위에서 논의한 기분과 에너지의 측면을 의식하고 구상한 것은 아니다. "방송작가는 그런 식으로 생각하지 않습니다"라고 프레디가 내게 말했다. "우리가 아는 심리학은 대부분 정신과 의사 진료실 소파에 앉아 있을 때 배운 것이지요." 그럼에도 그들의 접근법은 우리가 감정 소통이라고 알고 있는 것과 일치한다. 등장인물들이 서로 가까워지길 원한다는 것을 확실히 보여주는 한, 시청자는 그들이 무엇을 느끼는지 직감할 것이다. 주인공들이 스스로 감정을 표현하는 데는 완전히 젬병이더라도 말이다.

최종 대본은 다음과 같다.

> 셸던과 레너드가 열린 문으로 아름다운 여성, 페니를 본다.
>
> **레너드**: (셸던에게) 누가 이사 왔나?
> **셸던**: (레너드에게) 보면 몰라?
> **레너드**: 저번에 살던 사람보다는 훨씬 낫군.[28]
>
> 페니가 복도에 있는 그들을 보며 미소를 짓는다.

페니: (밝고 명랑하게) 어머, 안녕하세요!

레너드: (같은 음량과 속도로, 그러나 불안한 듯) 안녕하세요.

셸던: (같은 음량과 속도로, 그러나 확신이 없는 듯) 안녕하세요.

레너드: (이제 당황하며) 안녕하세요.

셸던: (혼란스러운 듯) 안녕하세요.

페니: (영문을 모르겠다는 듯) 안녕⋯하세요?

잠시 뒤 셸던과 레너드는 페니를 점심에 초대하려고 다시 페니네
집에 갈 준비를 한다.

레너드: 점심 먹으러 오라고 하자. 밥도 먹고 대화도 하면 좋잖아.

셸던: 대화? 우린 인터넷 채팅만 하잖아.

레너드가 페니네 집 현관을 두드린다.

레너드: (주저하며) 안녕하세요. 또 저희입니다.

페니: (같은 음량과 속도로, 그러나 활발하게) 안녕하세요!

셸던: (유감스럽다는 듯이) 안녕하세요.

레너드: (겁에 질린 듯) 안녕하세요.

페니: (과장하듯) 안녕하세⋯요.

몇 달 뒤 관객 앞에서 이 장면을 촬영했을 때 객석은 이내 초토화되었다.[29] 배우들은 각자의 "안녕하세요"를 혼란과 주저함과 열의를 밝히는 일련의 억양과 몸짓, 경련으로 채웠고 그러면서 그들이 얼마나 절실히 친구를 사귀고 싶어 하는지 확연히 드러냈다. 배우가 서로 기분과 에너지를 일치시키는 한 관객은 이해했다. 모두 가까워지고 싶어서 애를 쓰지만 감정적으로 너무 서툴러 방법을 알지 못할 뿐이다. "진짜 대화 같았지요." 프레디가 내게 말했다. 같은 장면을 여러 번 찍었는데 그때마다 관객은 더 크게 웃었다. "이게 먹힐 거라는 걸 처음부터 알았어요. 관객은 자기가 뭘 느껴야 하는지 정확히 이해했습니다."

해당 에피소드를 찍은 감독 제임스 버로스James Burrows에 따르면 비결은 다음과 같다. "그들이 같은 억양으로 같은 단어를 말한다면 설사 완전히 다른 태도로 말하더라도 서로 호감이 있다는 걸 알 수밖에 없습니다. 만약 그중 누구라도 '안녕하세요' 대신 '처음 뵙겠습니다'라고 했거나, 한 사람은 큰 소리로 말했는데 페니가 조신하게 대응했다면 그 장면은 완전히 무너졌을 겁니다." 그랬다면 혼돈의 도가니가 되었을 것이다. 페니가 저 사람들을 무서워서 피하고 싶어 하는 건가? 아니면 무시하는 건가?

이것은 반대로도 작용했다. 셸던과 레너드가 페니를 처음 만나고 몇 분 뒤, 등장인물이 연결에 실패했음을 보여주기 위해 반대 전략이 사용된다.

페니가 셸던과 레너드의 아파트에 들어가 거실 소파에 앉는다.

셸던: (큰 소리로 퉁명스럽게) 음, 페니, 거긴 제 자리예요.

페니: (조용히, 그리고 애교스럽게) 그럼 제 옆에 앉으세요.

셸던: (크고 빠른 말투로, 자리를 가리키며) 아뇨, 거기가 제 자리라고요.

페니: (천천히 조용히) 그게 무슨 차이죠?

셸던: (아주 빠르게) 무슨 차이냐고요? 겨울이면 그 자리는 라디에이터 가까이 있어서 따뜻하지만 그렇다고 땀이 날 정도로 가까운 건 아니에요. 여름에는 양쪽 창문을 열었을 때 맞바람이 치는 길목이지요. 그리고 텔레비전 바로 앞이라 대화를 방해하지 않고 또 시차 왜곡을 일으킬 만큼 너무 넓지도 않은 각도로 텔레비전을 볼 수 있어요. 뭐, 계속할 수도 있지만 이 정도면 요점은 다 말씀드린 것 같군요.

페니: (조심성 있게) 그럼 제가 옮겨 앉을까요?

셸던: (여전히 괴로워하며) 그러면 좋…

레너드: (아주 짜증 난다는 듯이) 그냥 좀 아무 데나 앉아!

그 장면을 촬영할 때 "관객이 열광했다"고 로리가 말했다. "다들 셸던의 신경증을 사랑했어요. 무대 뒤에서 감독과 눈이 마주쳤을 때 우리는 서로를 보고 씩 웃었죠. 이거라는 감이 왔어요. 온몸에 소름이 돋았죠."

제작진은 마침내 코드를 해독했다. 주인공들은 실수투성이에 품위도 없고 사회성은 꽝이지만 상대의 기분과 에너지에 일치하려고 노력하는 (또는 의도적으로 일치하지 않으려는) 모습이 보이는 한 그들이 언제 연결되고 언제 겉도는지는 명백하다. 시청자는 그들이 무엇을 느끼는지 이해할 것이고 그들을 응원하고 그들이 이어졌을 때 축하하고 마침내 모든 게 잘되었을 때(스포일러 주의!─레너드와 페니가 몇 시즌 뒤에 결혼한 것을 포함해서) 함께 기뻐할 것이다.

〈빅뱅 이론〉은 2007년 9월에 CBS에서 처음 방송되어 900만 명 이상이 시청했다. 대개 이런 종류의 시트콤을 무시하는 비평가들조차 이례적으로 열광했다. 《워싱턴포스트》는 "올 시즌 가장 웃기는 신작 시트콤"이라고 소개했다. 연합통신에서 또 다른 비평가는 이 작품이 성공한 원인을 "매정하지 않으면서도 웃길 수 있고 정형화되지 않았지만 한결같아서 믿고 좋아할 수 있는 등장인물 때문"이라고 했다.[30]

시즌 3이 시작했을 때 1400만 명의 시청자가 매 에피소드를 보았다. 시즌 9에서는 2000만 명이었다. 이 작품은 마침내 55개 에미상 후보에 올랐고 역사상 가장 장수한 프로그램의 하나가 되었으며 〈치어스Cheers〉, 〈프렌즈Friends〉, 〈매시M*A*S*H〉, 〈모던 패밀리Modern Family〉보다 더 오래 방영되었다. 2019년의 최종 에피소드를 2500만 명이 지켜보았다.

척 로리와 빌 프레디는 전 시즌에 참여했다. 배우들에게 서로 기분과 에너지를 맞추는 것의 중요성을 언급한 적이 있냐고 로리에게 물었더니 그는 그럴 필요가 없었다고 했다. 훌륭한 배우는 이미 잘 알고 있다는 게 그의 답이었다. 그들은 대사를 하면서 신체와 억양, 제스처, 표정 등을 사용해 말로 표현되지 않은 것까지 전달하는 법을 알았다. 어떻게 하면 말하지 않은 감정까지 시청자가 듣게 할 수 있는지 알고 있다는 말이다. 그건 연기자들에게 즉흥적으로 서로 맞춰가도록 지시하는 것과 같은 이유이다. 그건 훌륭한 정치인이 대중에게 "저는 여러분의 아픔을 느낍니다"라고 말할 때 시도하는 것이다.

"이 작품이 성공한 건 어디까지나 등장인물들이 사랑스럽기 때문이에요." 로리가 내게 말했다. "작가들이 사랑했고, 시청자도 그들을 사랑했습니다. 그들은 그 사랑을 표현하는 걸 썩 괜찮은 일로 만들었죠."

다른 사람에게 우리가 그 사람의 감정을 들으려고 한다는 걸 명확히 보일 때, 우리가 그 사람의 기분과 에너지에 맞추려고 하거나 인정하려고 순수하게 노력할 때 우리는 서로 화답하고 동조하기 시작한다. 그렇게 서로 가까워지는 것이다.

하지만 누군가와 맞설 때, 또는 서로 완전히 다른 가치관을 따르고 있을 때는 어떨까? 서로 정반대의 이념을 고수하는 사람들이라면? 자기의 감정을 절대 드러내려고 하지 않는 사람에게라면 '어떤 기분인가'를 어떻게 서로 전할 수 있을까?

다음 장에서 설명하겠지만, 역설적이게도 이런 순간일수록 감정을 드러내는 것이 더욱 중요하다.

5

대화는 갈등을
어떻게 해결하는가

●

총기 난사 사건의 피해자와 총기 광신도의 대화 실험

당시 멜라니 제프코트Melanie Jeffcoat는 네바다주 라스베이거스의 어느 고등학교 2학년생이었다. 학교 복도에 서 있는데 근처 교실에서 탕! 탕! 하는 소리가 들렸다. '누가 책을 떨어뜨렸나?' 어리둥절해하고 있는데 한 학생이 이쪽으로 달려오고 있었다. 또 한 학생도 뛰고 있었다. 그리고 세 번째 학생이 공포에 질린 눈을 하고 그녀를 지나쳐 빠르게 뛰어갔다.

그때 비명이 들렸다. 갑자기 모두 소리를 지르며 복도로 몰려나왔고, 저쪽에서 무슨 일이 일어나는지 제대로 알지 못한 채 강당으로 달려갔다. '총이다. 피곳 선생님이 총에 맞았다. 내 운동화에 피가 묻었다.' 1982년, 콜럼바인을 비롯한 여러 곳에서 비극이 일어나기 몇 년 전이었다. 그땐 액티브 슈터Active shooter(살해 의도가 있는 총격범—옮긴이)나 봉쇄 훈련 같은 용어도 교내에서 잘 사용되지 않았다.

그 후 몇 년 동안 제프코트는 그 사건을 이해해보려고 애썼다. 불만을 품은 한 학생이 권총으로 역사 선생님과 제프코트의 급우 두 명을 쏘았다. 교사는 사망했고 학생들은 살았다. 아무리 생각해도 믿을 수 없었고 두 눈으로 목격한 일이 아닌 남에게 들은 이야기 같았다. 그러나 그 후 몇십 년 동안 헤리티지 고등학교, 뷰얼 초등학교, 버지니아 공과대학교, 샌디 훅 초등학교 등 비슷한 참변을 겪은 학교가 늘어나자 제프코트는 자기가 조금 먼저 경험한 것뿐임을 깨닫기 시작했다.

2014년, 제프코트 자신이 부모가 되어 살아가던 어느 날, 수업이 한창일 시간에 열한 살짜리 딸이 문자를 보냈다. 총격 사건 용의자 때문에 학교가 문을 닫는다는 내용이었다. 마침 체육 시간이라 학생들은 야구방망이를 붙잡고 만일의 사태에 대비했다. "나한테는 골프채밖에 없었어, 엄마."

병원에서 진료를 받고 있던 제프코트에게 공포와 공황, 무력감 같은 예전에 느꼈던 감정이 다시 밀려왔다. 그녀는 바로 차에 올라타서 학교로 달려갔다. 다행히 오경보였고 그래서 폐쇄는 풀렸지만 제프코트는 바로 딸과 친구 세 명을 데리고 집에 왔다. 차 안에서 그녀는 아이들이 하는 얘기를 들었다.[1] "우리 다 죽었을지도 몰라. 선생님이 우리한테 교실에 있으라고 하셨어." "우리 선생님은 창문을 열고 뛰어내리라고 하셨는데." "우리는 사물함 안에 숨었어." 제프코트는 온몸에 소름이 돋았다. "아이들이 이런 사고를 평범한 일상처럼 얘기하는 걸 듣고 정말 마음이 아팠습니다." 제프코트가 내게 말했다. "이런 상황을 어떻게 받아들여야 했을까요?"

몇 개월 뒤 딸을 데리고 영화관에 갔을 때 제프코트는 영화가 상영되는 내내 수시로 시선을 영화관 출구에 고정하고 총을 든 사람이 들어오면 어떻게 탈출할지 경로를 되새겼다.[2] 나중에 보니 영화 줄거리는 전혀 기억나지 않았다.

무언가 해야겠다는 생각이 들었다. "이렇게 손 놓고 있을 수만은 없었어요." 제프코트가 말했다. "이대로 가만히 있다가는 두려움이 저를 집어삼킬 것 같았거든요." 그래서 그녀는 총기 폭력에 반대하는 지역 단체에 가입했다. 하지만 지지받지 못할 것을 알았다. "우린 미국 남부에 살고 있어요. 우리 이웃 대부분이 집에 총이 있습니다." 그러나 그녀는 주말이면 회의와 집회에 다녔고, 이어서 지역 단체의 지도자가 되었으며, 더 큰 조직을 거쳐 마침내 전국 협회에서 활동했다. 제프코트는 총기 규제를 위한 투쟁으로 유명 인사가 되었고, 언론에서 그녀의 말을 인용했다. 그녀는 법을 제정하는 사람들을 찾아가 로비했다.[3] "이 일이 제 삶이 되었습니다." 제프코트의 말이다.

그래서 워싱턴 D. C.에서 열리는 총기 규제 관련 토론에 초청되었을 때 제프코트는 놀라지 않았다. 이 행사는 총기 규제 찬성론자와 반대론자가 모두 참석하지만 초대장에 따르면 논쟁이 목적은 아니었다. 심지어 공통의 기반을 마련하기 위한 자리도 아니었다. 이 토론은 서로 상대의 신념을 혐오하는 사람들끼리 정중한 대화를 할 수 있는지 확인하는 실험이었다.

제프코트는 의심할 수밖에 없었다. 자신이 배척하는 이 총기 광신도들과 어떻게 문명적인 대화를 나눌 수 있다는 말인가? 그러나 수년간 이 일에 매달렸어도 학교 총격 사건은 멈추지 않았고 사실 더 빈번해졌다. 어쩌면 이 행사는 최소한 자신이 상대편의 주장을 이해하는 계기가 될지도 모른다. 그리고 그걸 로비에서 써먹을 수도 있고. 그녀는 참석하겠다고 답장했다.

의견의 간극이 좁혀지지 않을 때

최근 몇 달, 힘겹게 대화를 끌고 나간 적이 한 번쯤은 있을 것이다. 직장 동료와 서로 성과를 평가하는 자리였거나 배우자와의 말다툼이었을 수도 있다. 정치 토론이었을지도 모르고, 누가 이번 명절에 어머니를 모실지를 두고 형제 간에 벌인 언쟁이었을 수도 있다. 온라인상에서 한 번도 만난 적 없고 앞으로도 볼일 없는 누군가와 백신, 스포츠, 육아, 종교, 또는 드라마 〈로스트〉의 마지막 시즌의 결말을 두고 가시 돋친 설전을 벌였을 가능성도 있다.[4] 여기에는 상반되는 신념과 가치관, 견해의 충돌이 있었을 테고 당신과 상대방은 그 싸움을 인터넷에 올리며 해결책을 찾으려고 했거나 서로 악의에 찬 트롤링(상대의 관심을 끌기 위해 의도적으로 불쾌감을 주는 행동을 뜻하는 인터넷 용어—옮긴이)을 시도했을지도 모른다.

그런 대화가 어떤 식으로 전개되던가? 당신과 배우자가 번갈아가면서 차분하게 사실과 제안을 제시하고 상대의 이야기를 귀 기울여 들었는가? 동료가 자기 단점을 순순히 인정하고 당신 역시 동료가 지적한 문제를 우아하게 받아들였는가? 엄마를 버린 매정한 자식이라고 빈정거리는 형제자매의 말에 침착하게 대응했는가? SNS에서 서로 모욕적인 댓글을 주고받은 후 모두 자기 생각을 바꾸었던가?

아니면 (현실적으로 가장 가능성이 높은 시나리오지만) 그 대화는 시작부터 끝까지 막장 드라마처럼 흘러간 상처와 분노, 방어, 오해의 대잔치였는가?

우리가 심각한 양극화 시대에 살고 있다는 것은 대단한 뉴스거리가 아니다. 지난 10년간 상대편 당에 "뿌리 깊게 분노한다"고 말한 미국인의 수가 급격하게 증가하여 전체 유권자의 70퍼센트에 이르렀다. 대략 나라의 절반이 자기와 정치적 신념이 다른 사람을 두고 "부도덕하고", "게으르고", "부정직하고", "지능이 떨어진다고" 믿었다.[5] 자신을 진보라고 생각하는 사람 열 명 중 넷, 보수라고 생각하는 사람 열 명 중 셋이 소셜 미디어에서 상대가 한 말 때문에 친구 끊기나 차단을 눌렀다.[6] 미국에서 근로자의 80퍼센트 이상이 직장에서 갈등을 경험한다고 말했다.[7]

갈등과 충돌은 언제나 삶의 당연한 일부였다. 우리는 배우자나 친구, 직장 동료나 자식들과 늘 논쟁한다. 토론과 반대는 민주주의, 가정생활, 그리고 모든 의미 있는 관계의 일부이다. 인권 운동가 도로시 토머스Dorothy Thomas가 말한 대로 "평화는 갈등이 없는 상황이 아니라 갈등에 대처하는 능력에서 온다"[8].

그러나 우리는 갈등 가운데에서도 서로 이어지는 방법을 잊었고 분노와 양극화를 넘어설 가능성을 보지 못한다. 이런 난국에서 벗어나는 한 가지 방법이 바로 우리가 앞 장에서 본 것처럼 질문하고 감정을 듣는 것이다. 물론 치열한 논쟁이 진행 중일 때는 묻고 듣는 것으로는 충분하지 않다.

이렇듯 상대와 나의 간극이 도저히 좁혀지지 않을 때는 어떻게 상대와 연결될 수 있을까?

제프코트가 참석하기로 한 워싱턴 D. C. 행사는 대형 미디어 회사 중 하나인 어드밴스 로컬에서 주최한 것으로 여러 저널리스트와 시민 옹호 단체가 협력하여 불편한 대화를 좀 더 쉽게 나눌 방법을 모색하는 자리였다.[9]

행사 주최자들이 실험하고 싶은 것은 다음과 같았다.[10] 만약 의견이 대립하는 사람들을 모아놓고 특정한 소통 기술을 가르친다면 그들이 적의와 신랄함을 내보이지 않고 서로의 차이를 논의할 수 있을까? 대화의 방식이 올바르다면 차이를 극복할 수 있을까?

그러나 어떤 쟁점이 이 실험에 가장 훌륭한 먹이가 될까? 주최자들이 고민에 빠져 있을 무렵 또 다른 교내 총격 사건이 일어났다. 플로리다주 파크랜드의 마저리 스톤먼 더글러스 고등학교에서 열아홉 살짜리 졸업생이 학교에 AR-15 소총을 들고 들어가 난사하는 바람에 14명의 학생과 3명의 성인이 사망했다. 이 사건 이후로 실험자들은 총기 규제에 초점을 맞추기로 했다. 프로젝트 설계를 도운 존 새러프John Sarrouf가 말한 것처럼 "단절된 대화의 전형적인" 주제였다. 새러프는 양극화 심화를 완화하는 데 앞장서는 에센셜 파트너스라는 단체를 운영하면서 수년간 총기 논쟁을 추적해왔다. "실제로는 사람들이 총기에 대해 같은 의견을 공유하는 부분이 아주 많다는 데이터가 적지 않습니다." 예를 들어 대다수 미국인이 총기 구매 전에 신원 조사를 하는 것에 찬성한다.[11] 또 많은 사람이 대용량 탄창과 돌격용 무기 금지를 지지한다.[12] 그러나 이런 기본적인 합의에도 불구하고 전미 총기 협회와 '모든 마을에서의 총기 안전Everytown for Gun Safety' 같은 단체는 말할 것도 없고, 민주당과 공화당을 한자리에 앉히는 것조차 불가능하다. "다들 자기 자리 지키는 데만 혈안이 되어 있죠."[13] 새러프가 말했다. "만약 양쪽 사람들을 한자리에 모아놓고 다른 방식의 대화법을 가르치면 뭔가를 증명할 수 있지 않을까 생각했습니다."

주최 측은 웹사이트에 초대장을 게시하고, 일부 총기 권리 옹호자들과 멜라니 제프코트 같은 총기 규제 운동가에게 따로 연락했다. 1,000명 이상이 응답했다. 그중 수십 명이 워싱턴 D. C.에 초대되어 교육 및 대화 세션에 참가했다. 그 후 대화의 장은 온라인으로 이동되었고, 100명 이상이 추가로 페이스북에 초대되었다.

"처음에는 이런 정신 나간 소리가 다 있나 했죠." 존 고드프리Jon Godfrey가 말했다. 그는 20년간 군에서 복무했고 은퇴 후 법률 집행 관련 일을 했다. 또한 30~40자루의 총을 소유한 사람이다(최근에는 세어보지도 않았다고 내게 말했다). 그는 주최 측과 얘기하면서 자신은 무기를 포기할 생각이 전혀 없기 때문에 대화에 초대해봐야 별 흥미로운 일을 기대할 수 없을 거라고 말했다. 게다가 그곳에는 보수주의자를 난감하게 만들려는 진보주의자들 천지일 거라고 의심했다.

주최 측은 워싱턴 D. C.에 오는 비용을 전액 부담할 테니 와달라고 부탁했다. "솔직히 아무 기대도 없었어요. 하지만 그 주에 딱히 할 일이 없어서 가겠다고 했죠. 결국 제가 해낸 가장 대단한 일이 되었지만요."

갈등을 회피하는 사람들

이 실험을 설계하면서 주최 측은 하버드 법학대학원 교수인 실라 힌 Sheila Heen 같은 학자의 연구를 참조했다.[14] 힌은 평생 어떻게 사람들이 갈등 속에서도 서로 교감할 수 있는지를 연구했다.

변호사였던 힌의 아버지는 어려서부터 딸에게 논쟁의 기술을 가르쳤다. 그래서 그녀는 아이스크림, 말馬, 통금, 통금을 어겼을 때 벌칙 등 세상 모든 것을 협상의 대상으로 생각하며 살았다. 그 결과, 대학에 들어간 힌은 기숙사에서 당해낼 자가 없는 최강 토론가가 되었다. 대학 졸업 후 힌은 하버드 법학대학원에 입학했고, 당시 『YES를 이끌어내는 협상법』을 출간한 로저 피셔를 찾아가 남북전쟁을 촉발한 경쟁 관계에서부터 회사 내 정치 싸움까지 모든 것을 공부했다. 그리고 하버드대학교 교수가 되었다.

힌은 곧 키프로스와 알래스카 원주민 사이에서 대화를 끌어냈다. 백악관 임명자들이나 싱가포르 대법관들을 교육하고 픽사, 전미 농구 협회, 연방준비제도에서 자문 활동을 했다. 힌은 이렇게 서로 다른 세계를 옮겨 다니면서, 젊은 날의 자신이 실수를 저질렀다는 걸 깨달았다. 과거의 그녀는 갈등을 논의하고 토론에 참가하는 목적은 상대편을 패배시키고 승리를 쟁취하기 위해서라고 믿었다. 그러나 그건 옳지 않은 생각이었다. 진짜 목적은 애초에 갈등이 왜 일어나는지를 알아내는 것이어야 했다.

배우자와 말다툼하고 있든, 동료와 싸우고 있든, 싸움 중인 사람은 이 결투가 왜 일어났고 갈등을 부추기는 것이 무엇인지 찾는 것은 물론이고 이 충돌이 계속되는 이유를 설명하는 스토리를 생각해내야 한다. 그들은 협업하여 '가능한 합의 구역'이 있는지 찾아내고, 왜 이 분쟁이 중요하며 분쟁을 종식하려면 무엇이 필요한지에 대한 이해에 함께 도달해야 한다. 이런 종류의 이해는 그 자체만으로 평화를 보장하지는 못하지만, 그것이 없으면 평화는 불가능하다.

그렇다면 이런 식의 상호 이해에 어떻게 도달할 수 있을까? 처음 단계는 각각의 싸움에는 하나가 아닌 최소 두 가지의 갈등이 있다는 사실을 인지하는 것이다. 서로를 어긋나게 하는 표면적인 이유 아래에는 보이지 않는 정서적 갈등이 깔려 있다. "아이를 하나 더 낳는 일로 배우자와 싸웠다고 해봅시다." 힌이 내게 말했다. "맨 위에 드러난 갈등이 있습니다. '당신은 아이를 더 원할지 모르지만 나는 그렇지 않아.' 처음에는 그것이 다툼의 이유인 것처럼 보이지요. 그러나 사실은 더 깊은 갈등이 있습니다. '내가 화가 난 건 당신이 내 직장보다 아이를 더 중요시했기 때문이야.' 아니면 '나는 아이를 하나 더 낳았다가 파산이라도 할까 봐 겁이 나.' 또는 '나는 당신이 내가 원하는 건 신경 쓰지 않는 것 같아서 속상해' 같은 것들이지요." 이런 감정의 충돌은 정체가 모호해서 확실히 정의하기 어려울 때가 많지만 대단히 강력한 힘을 발휘한다. 논쟁을 부추기는 분노와 실망이 타협의 가능성을 넘어서기 때문이다. 힌은 이렇게 말한다. "우리는 여기에 감정이 개입되어 있다는 걸 알아요. 부부 싸움에서는 아무리 분별 있는 말이 오가도 해결책에 가까워지지 않거든요."

힌은 때로 정치인들 간의 협상을 주도하고, 회사 안에서 분쟁을 조정하고, 상대적으로 단순한 해결책을 가진 사람들의 문제를 듣는다. 그리고 감정이 대화를 장악해 결국 해결이 불가능한 지경에 이르는 것을 보게 된다. 사람들은 격분하고, 불신하고, 자신이 배신당했다고 느끼지만, 상대에게 또는 스스로에게조차 그것을 인정하지 않는다. 그들은 왜 서로 틀어졌는지 알아볼 생각 대신 복수부터 계획한다. 그리고 무엇보다 자신이 이기고 상대를 패배시켜 정당성을 입증하고 싶어 한다.

물론 모두 정상적인 현상이다. 모든 대결에는 불안, 괴로움, 응징하고 싶다는 열망처럼 다양한 감정이 관여하는데, 모두 자연스러운 것이다. 그러나 이런 열망은 문제를 생산적인 방식으로 논의하지 못하게 방해한다. "그 감정을 인정하지 않으면 자신이 왜 싸우고 있는지 끝내 알지 못하게 됩니다. 싸움의 본질을 알 길이 없기 때문이죠."15

힌이 발견한 해결의 실마리는 양쪽이 함께 감정의 대화, 즉 싸움을 부추긴 상처와 의심을 표현하는 '감정을 나누는 대화'에 참여하게 하는 것이다. 그러나 다툼 중에는 보통 자신의 솔직한 감정을 얘기하기 싫어한다는 것이 문제다. "사람들은 자기가 분석력이 뛰어난 로봇인 척합니다만 당연히 누구도 그렇게 될 수는 없죠. 그저 감정이 다른 방식으로 새어 나가는 것뿐입니다." 힌의 말이다. 또는 자기의 감정을 인지했더라도 절대 드러내지 않는 것일 수도 있다. 그랬다가는 상대에게 한 수 지게 되거나 자신이 약하게 보일 거라고 생각하기 때문이다. 사람들은 취약성을 드러내는 것이 적에게 무기를 쥐여주는 꼴이라고 생각하여 걱정한다. 사람들이 싸울 때 대개는 스트레스가 심한 상태이므로 감정을 이야기하기에 좋은 환경이 아니라는 것은 말할 것도 없다.

이토록 많은 갈등이 지속되는 진짜 이유가 이것이다. 해결책이 부족해서? 사람들이 타협을 꺼리기 때문에? 그렇지 않다. 진짜 이유는 싸움의 당사자들이 애초에 자신들이 왜 싸우고 있는지 파악하지 못하는 데 있다. 이들은 골이 깊어지게 만든 더 근본적인 주제, 즉 감정의 문제를 얘기하지 않았다. 그리고 자기가 화가 났고 슬프고 걱정한다는 것을 인정하고 싶지 않기 때문에 감정에 관한 이야기를 피해왔다.[16] 다시 말하면 가장 중요한 주제임에도 '어떤 기분인가?'에 대해서는 이야기하고 싶어 하지 않는다는 것이다.

물론 서로 속내를 이야기한다고 해서 모든 문제가 해결되는 것은 아니다. 한 사람은 아기를 갖고 싶어 하고 다른 사람은 아니라면, 아무리 감정을 공유한다 한들 합의하지 못할 수도 있다. "그러나 감정을 얘기하지 않으면 같은 논쟁을 거듭하게 됩니다." 힌이 말했다.

그렇다면 어떻게 해야 사람들이 안심하고 감정을 이야기할 수 있을까? 이건 참으로 어려운 과제이다. 특히 사람들이 총기 문제처럼 수십 년 동안 싸워온 일이라면, 또한 자기는 올바르고 상대는 부도덕하고 옳지 않다고 확신할 때는 더욱 그렇다.

잘 듣고 있다는 것을 보여주는 방법

2018년의 어느 따뜻한 날, 멜라니 제프코트와 동료 총기 규제 활동가, 그리고 같은 수의 총기 소유 찬성자들이 워싱턴 D. C.에 도착해 캐피톨 힐의 뉴지엄 로비에 모였다. 마침 마저리 스톤먼 더글러스 고등학교 총격 참사 사고 생존자들이 조직한 '목숨을 위한 행진March for Our Lives'이 주최하는 집회가 열리는 주말이었다. 로비 바로 바깥에서, 그리고 미국 전역 800개 도시와 마을에서 학생과 부모들이 총기 폭력에 반대하며 행진했다. 그에 대응해 수백 개의 총기 찬성 단체도 반대 시위를 벌였다. 그날 총 200만 명이 미국에서 총기를 구입하는 것이 얼마나 쉬운지 비난하거나 또는 지지하러 거리에 나섰다.

참가자들은 뉴지엄에 들어가며 바깥에서 수만 명이 외치는 구호를 들었다. "정말 아름다웠어요. 더 나은 세상을 위해 싸우러 나온 저 많은 사람들은 감동 그 자체였죠. 그리고 저는 회의실에 들어가 40자루의 총을 소유하고 사슴을 사냥하려면 AR-15가 필요하다고 우기는 사람과 한자리에 앉았어요."

참가자가 모두 모이자 주최 측이 이 모임의 목적을 설명했다. "지금 밖에서 일어나는 일에 찬성하든 반대하든 여러분은 지금 이 자리를 이 나라에서 가장 어렵고 까다로운 대화에 물꼬를 트기 위한 노력으로 생각하셔도 좋습니다." 존 새러프가 말했다. "이 자리는 미국이 지난 200년 동안 애써왔으나 결국 성공하지 못한 총과 안전에 대한 대화를 시도합니다." 그가 말하길, 총기에 대한 논의는 흔히 고성이 오가고 비난 일색의 싸움으로 끝이 나며, 급기야 서로 같은 생각인 사람들끼리만 어울리면서 대화 자체가 단절되었다.

새러프는 참가자들에게 말했다. "이런 상황은 민주주의에 해롭습니다. 의견이 다른 사람과 이야기를 주고받지 못한다면 함께 결정을 내릴 수도 없으니까요. 그래서 이 회합의 목적은 총기에 대한 솔직한 의견을 나누고 전과 다르게 대화할 수 있다는 가능성을 증명하는 것입니다. 서로 배려하고 예의를 갖춰 이 문제를 논의하고, 의견이 달라도 서로에게 배울 수 있다는 것을 보여줄 수 있다고 생각합니다."

그러나 먼저 약간의 훈련이 필요하다.

이 훈련은 이번 시도에서 가장 중요한 요소이다. 사실 주최 측에게는 이 행사에서 결코 덜 중요하다고 볼 수 없는 두 번째 목표가 있었다.[17] 이들은 회의실에 앉아 있는 모든 사람이 총에 대한 대화에 매우 익숙하다는 것을 알았다. 이 사람들의 머릿속에는 당장이라도 줄줄 읊을 수 있는 여러 가지 사실과 논점이 잔뜩 들어 있을 것이다. 이들은 상대의 모든 주장과 그에 대한 반박을 알고 있고, 어떻게 하면 적을 좌절시키고 언어적 함정을 놓을 수 있는지 꿰고 있다.

그러나 주최자들은 이 대화가 다른 방향으로 흘러가게 할 작정이었다. 그들은 여기 모인 사람들이 총기와 총기 규제에 관한 개인적인 이야기, 그리고 자신의 신념 이면에 있는 감정과 가치관을 나누게 할 수 있을지, 그리고 그것이 논쟁의 성격을 변화시킬 수 있을지 보고 싶었다. 다시 말해 '어떤 기분인가?'를 이야기하는 분위기를 통해 그동안 대화를 오염시킨 독성을 중화할 수 있기를 바랐다.

그러나 참여자들에게 처음부터 자신의 깊은 속내를 드러내라고 요구할 수는 없었다. 특히 상대를 적이라고 믿고 있는 사람들한테 제시하기에는 어처구니없는 제안이었다. 그래서 주최 측은 다른 방식에 초점을 맞췄다. 참가자들에게 듣는 기술을 가르침으로써 감정을 내보여도 안전하다고 느낄 상황을 조성하는 것이다. 그 비결은 상대의 말을 듣고 있다는 것을 증명하는 데 있었다.

감정 지능은 상대에게 그 사람의 감정을 듣고 있다는 걸 보여주는 것에서 발휘된다. 그러나 갈등상태이거나 싸움을 하는 중에는 보여주는 것만으로 충분하지 않은 경우가 많다. 그런 순간에는 모두가 의심에 빠져 상대를 믿지 못한다. 저 사람이 내 말을 듣고 있는 걸까, 아니면 속으로 반격할 준비를 하는 걸까? 따라서 추가 단계가 필요하다. 상대에게 우리가 논쟁 중에도 순수하게 듣고 있다는 걸 알려주기 위해 우리는 그들의 말을 듣고 있으며 또 이해하기 위해 열심히 노력하고 있다는 것을, 그들의 시각에서 상황을 보고 싶어 한다는 것을 증명해야 한다.

한 2018년 연구 논문에 실린 것처럼 우리는 상대의 말을 듣고 있다는 걸 증명할 때 그 자체로 "심리적 안도감을 주게 되는데, 그건 그들의 논쟁이 충분히 검토되고 있고 진정한 가치에 따라 평가될 거라는 확신을 화자에게 심어주기 때문이다"[18]. 사람들은 상대방이 자기의 관점을 이해하려고 애쓴다는 것을 믿으면 더욱 신뢰하게 되고, 더 적극적으로 "자신의 의견과 생각을 표현하려고" 할 것이다. 상대가 순수하게 듣고 있다는 걸 알았을 때 오는 "안도감과 상대에게 자신이 가치 있는 존재로 받아들여지고 있다는 기분"은 자신의 취약성과 불확실성을 더 기꺼이 드러내게 만든다. 만약 누군가가 감정을 노출하도록 북돋우고 싶다면 가장 중요한 단계는 내가 그들의 말을 귀여

겨듣고 있다는 확신을 주는 것이다.[19]

그러나 문제는 듣고 있다는 걸 어떻게 증명할지 모른다는 데 있다. 사람들은 눈을 맞추거나 동의의 의미로 고개를 끄덕이면서 상대가 주목해주길 바란다. 그러나 대부분은 헛수고이다. 임페리얼 칼리지 런던 교수 마이클 여맨스는 "말하는 중에는 다른 사람의 미묘한 행동을 알아채기가 어렵습니다"라고 말한다. 화자는 자신의 말에 너무 집중하는 바람에 청자의 행동을 제대로 포착하지 못한다. 화자의 말을 잘 쫓아오고 있다는 걸 보여주려고 청자가 화자에게 보내는 신호를 놓친다는 뜻이다.

그래서 청자가 화자의 말을 듣고 있다는 걸 증명하려면, 화자가 말을 끝낸 다음에 해야 한다. 상대에게 주의를 기울이고 있다는 걸 보여주고 싶으면 일단 그 사람이 말을 마친 후에 그의 말을 이해했다는 걸 보여줘야 한다는 말이다.

그리고 그렇게 하는 가장 좋은 방법은 방금 들은 말을 청자 자신의 언어로 바꾸어 반복하고, 그런 다음 자기가 옳게 들었는지 상대에게 물어서 확인하는 것이다.

상대가 말한 내용을 반영한 질문을 던지고 제대로 이해했는지 확인받음으로써 상대의 이야기를 들었다고 증명하는 건 아주 간단한 방법인 동시에, 상대에게 당신의 말을 듣고 싶다고 증명하는 가장 효과적인 단일 기술이라는 것이 연구로 밝혀졌다. 심지어 이는 '이해의 순환 고리looping for understanding'라는 공식으로도 불린다.[*20] 이 공식의 목표는 상대의 말을 똑같이 반복하는 것이 아니라 그 사람의 생각을 나의 말로 정제하여 설명함으로써 그들의 관점을 이해하려고 노력

중임을 증명하고, 그런 다음에는 모두가 만족할 때까지 그 과정을 되풀이하는 것이다.[21] 2020년에 발표된 연구에 따르면 "이해의 순환 고리 같은 기술을 대화의 도입부에 사용하면 마지막에 갈등이 증폭되는 것을 막을 수 있다"[22]. 거기에 관여한 사람들은 "더 나은 팀원이자 조언가"로 여겨지고 "미래에 협력할 더 바람직한 파트너"로 보인다.

뉴지엄 로비에서 존 새러프는 사람들을 소집단으로 나누고 다음과 같은 지침을 주었다. 무리 중 한 사람, 즉 화자는 "성공을 확신할 수 없는 상황에서도 어려움에 도전하고 끝내 극복하여 스스로 자랑

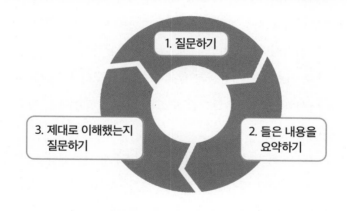

이해의 순환 고리

1. 질문하기

2. 들은 내용을 요약하기

3. 제대로 이해했는지 질문하기

이해했다는 것을 모두가 동의할 때까지 반복한다.

❖ 이 훌륭한 방법에 관한 자세한 내용이 알고 싶다면 어맨다 리플리Amanda Ripley의 『극한 갈등』(세종서적, 2022)을 추천한다.

스러웠던 일"을 설명해야 한다. 그런 다음 얘기를 듣고 있던 사람들은 그 사람에게 질문한다. 질문이 끝나면 청자는 자기가 들은 것을 요약하고 그 내용이 맞는지 화자의 확인을 받는다.

곧 뉴지엄은 수십 명이 이해의 순환 고리를 수행하는 소리로 가득 찼다. 데이비드 프레스턴David Preston이라는 참가자는 앨라배마에서 온 총기 권리 옹호자였는데 생후 11개월이라는 어린 나이에 어머니가 자살했다. "다섯 살 때까지 주변에서 모두 저를 안쓰럽게 여겼기 때문에 '안 돼'라는 소리를 들어본 적이 없습니다. 하지만 걸음마쟁이한테 안 된다는 말을 하지 않는 게 꼭 좋은 건 아니에요. 아이의 태도를 망치고 자기밖에 모르는 성격으로 만들거든요. 게다가 그것이 제가 기억하지도 못하는 사람에 대한 비애와 합쳐지면 최악의 시너지 효과가 나타납니다." 프레스턴은 구성원들에게 이 얘기를 털어놓으며 울기 시작했다. "하지만 그때 이후로 지금까지 제 자신이 자랑스럽습니다. 사랑하는 사람들과 함께하는 삶을 꾸려왔고 그들에게 제가 그들을 사랑한다는 걸 보여줄 수 있으니까요. 그전에는 방법을 몰랐습니다."

이제 구성원은 이해의 순환 고리에 따라 그에게 질문했다. 지금은 어머니에 대해 어떻게 생각하십니까? 당신이 사랑한다는 걸 가족에게 어떻게 보여주십니까? 이 비극에서 무엇을 얻었습니까?

그런 다음 사람들은 자신이 들은 것을 요약했다. 뉴욕에서 온 한 진보 총기 규제 활동가가 이렇게 말했다. "제가 이해하기로, 당신은 지금까지 평생 많은 고통을 느꼈지만 그 고통을 표현하기 어려웠기 때문에 사람들을 밀어냈다는 것이 맞습니까?"

"네, 정확합니다." 프레스턴이 말했다. "제가 자란 남부에서는 섣불리 감정을 공유하지 말고 불평도 하지 말고 약한 모습을 보이면 안 된다는 말을 듣고 자랍니다. 하지만 속에만 담아두면 대신 분노가 새어 나오지요."

"그렇다면 이제는 그 고통에서 벗어나고 싶으십니까?" 활동가가 다시 물었다.

"네, 그렇습니다. 그렇게 말씀해주시니 굉장히 안도감이 드는군요." 그가 그녀의 손을 잡으며 말했다. "제 이야기를 들어주셔서 감사합니다."

프레스턴은 나중에 내게 이 대화가 평생 가장 뜻깊은 시간이었다고 말했다. 사실상 상대가 낯선 사람이고 이념적으로 거의 모든 면에서 맞지 않는 사람과의 대화였는데도 말이다. "그녀가 그렇게 말하는데 정말 인정받는 느낌이었습니다. 타인이 내 얘기를 들어준다는 기분을 어른이 되어 처음으로 느꼈어요. 그들이 저를 이해하고 싶어 한다는 느낌이 들었지요. 이들 앞에서라면 제 이야기를 할 수 있고, 또 솔직해질 수 있을 것 같았어요."

실라 힌의 말에 따르면 이해의 순환 고리가 강력한 힘을 발휘할 수 있는 이유는 사람들이 서로 아주 다른 삶을 살아왔더라도 사실상 정서적으로 비슷한 점은 많기 때문이다. "모든 이들이 살면서 두려움과 희망과 불안과 사랑을 공통적으로 경험하지요." 그녀가 내게 말했다. "사람들이 서로의 감정을 이해하려고 한다는 걸 증명하는 환경을 조성하면 신뢰가 쌓입니다." 피차 적으로 생각하는 데 익숙해진 사람들끼리도 말이다.

힌은 하버드 법학대학원 학생들에게도 이해의 순환 고리 같은 접근법을 가르친다.[23] 이 방식은 겉돌기만 하는 대화나 협상이 궤도에서 벗어날 수 있게 감정적인 쟁점을 찾아내는 가장 좋은 기술이기 때문이다. "모든 사람이 머릿속에 왜 이 싸움을 하고 있는지 스스로에게 설명하는 스토리가 하나씩은 있습니다. 그리고 저마다 그 스토리는 모두 다르지요. 안다고 생각할 수는 있지만 대개는 다른 사람의 머릿속에 뭐가 들어 있는지 알지 못합니다." 힌이 말했다. 이해의 순환 고리는 다른 사람의 이야기를 듣게 하고 또 듣고 있다고 증명한다. "서로의 이야기를 알아가기 시작할 때 비로소 실제 무슨 일이 일어나고 있는지 말할 수 있습니다."

마침내 워싱턴 D. C. 주최자들은 모든 참석자에게 그들을 이곳으로 불러온 문제, 즉 총기 규제 문제를 논의하게 했다. 이 대화는 흥미로운 방식으로 시작됐다.[24] 참가자들은 이 문제가 자신에게 왜 그렇게 중요한지를 설명하는 개인사를 공유해야 한다. 단, 규칙이 있다. 오직 자신이 경험한 것만 말할 것. 다른 데서 듣거나 온라인에서 보고 읽은 것을 말하면 안 된다. 또 가르치려고 하거나 결론을 내려고 해서는 안 된다. 오직 기억과 기분, 스스로 깨닫게 된 생각만 나누어야 한다. 반대로 청자는 질문을 할 수 있지만 열린 자세와 흥미를 유지해야 한다. 질문을 가장한 반박은 허용되지 않는다. 이미 답을 알고 있다는 생각이 들 때는 질문하지 않는다.

제프코트는 한 여성의 이야기를 들었다. 친척이 자기 집에서 폭행당했다는 소식을 듣고 다음 날 그 여성은 처음으로 사격 훈련장에 갔고 그때 이후로 머리맡에 권총을 두고 잤다. "그런 일이 저한테 일어나지 않게 하려면 그 방법밖에 없었어요. 제 자신이 희생자가 되게 두지는 않을 겁니다." 그녀가 구성원들에게 말했다. 제프코트는 그녀에게 총을 도둑맞거나 오발 사고가 일어날 걱정은 없냐고 물었다. "그럴 리는 없습니다." 그녀는 조심하고 있다고 말했다. 방아쇠 잠금장치가 있고, 집에 아이는 없다. "그 총은 제 마음의 평화입니다. 그걸 빼앗겠다는 건 저에게 다시 무력감을 불러오겠다는 거예요."

이때 누군가 끼어들어 지금까지 자신이 들은 것을 요약했다. "그러니까 선생님은 자신의 총을 누구도 자신을 해칠 수 없게 하겠다는 의지의 상징으로 보시는 겁니까?"

"네, 제가 안전할 자격이 있다는 증거입니다. 저는 다른 이들과 똑같이 이곳에 속해 있으니까요."

또 한 참가자는 아이들과 함께 사냥하면서 생태와 가족의 역사를 가르치는 것에 자부심을 느껴왔다고 설명했다. 또 다른 사람은 국경 근처에 살고 있는데 마약 밀매가 빈번한 지역이라 한번은 소총을 휘둘러 침입자를 내쫓은 적이 있다고 말했다. 자기 차례가 되었을 때 제프코트는 고등학생 때 겪은 총기 난사 사건과 딸을 걱정하고 두려워하는 마음을 이야기했다. 그들은 서로 질문하고 자기가 들은 내용을 요약하면서 모두가 서로를 옳게 이해할 때까지 대화했다.

"저 사람들한테서 그런 이야기를 듣게 될 줄은 몰랐습니다. 제가 순진했다는 생각이 들었어요. 모든 총기 소유자들은 제가 집회에서 본 성난 백인들 같은 줄 알았거든요." 제프코트가 내게 말했다.

이틀에 걸친 행사가 끝나는 시점에 주최자의 두 가지 목표가 모두 충족되었다. 참가자들은 총에 대한 솔직한 이야기를 나누었지만 대화가 고성이 오가는 싸움으로 번지지는 않았다. 또한 사람들은 상대의 말을 듣고 있다는 걸 보여주고, 솔직한 질문을 던지고, 취약한 상태가 되어 운이 좋다면 공통된 정서적 기반까지 찾게 될 감정을 드러내게 되었다.

제프코트가 내게 말했다. "주말 내내 정말 즐거웠어요. 이 행사를 대규모로 확장한다면 세상을 바꿀 수도 있겠다는 생각을 하면서 헤어졌습니다." 사람들은 계속 연락하자고 약속하며 워싱턴 D. C.를 떠났다. 주최자들은 페이스북 그룹을 개설해 참가자들이 논의를 계속 이어나가게 했다. 온라인 대화를 안내하는 중재자들이 있었고, 이 모임에 100명이 넘는 사람들이 추가로 초대받아 들어왔다. 새로 들어온 사람들은 워싱턴 D. C.에서처럼 따로 훈련받지는 못했지만 주최 측은 그들이 중재자들과 뉴지엄에서 훈련받은 사람들로부터 새로운 소통 기술을 배울 거라고 기대했다.

하지만 생각만큼 잘되지 않았다.

"집에 도착해서 온라인에 접속했는데 고작 45분 만에 어떤 사람이 저를 군화 신은 나치라고 부르더군요." 전직 경찰인 존 고드프리가 말했다. 제프코트는 그 변화를 더 빨리 실감했다. "집으로 돌아가 페이스북에 들어갔는데 완전히 엉망진창이더군요."

불행한 부부와 행복한 부부의 결정적 차이

왜 어떤 대화는 그렇게 갑자기 돌변할까? 왜 어떨 때는 진정한 관계가 형성된 것 같다가도 환경이 바뀌거나 작은 갈등이 증폭되면 갑자기 멀어지는 걸까?

1970년대에 젊은 심리학자들이 위의 질문을 던지기 시작했다. 특히 그들은 갈등이 시작되었을 때 부부가 자신들의 관계를 탐색하는 방식에 관심이 있었다. 놀라운 일이지만 그때까지 결혼은 학술 연구의 대상이 되지 못했다. 부부의 문제는 "대개 목사나 친구들이 해결하는 것"이었다고 덴버대학교 심리학과 교수 스콧 스탠리Scott Stanley가 말했다. "결혼은 우선순위가 아니었어요."

이 시기에 노스캐롤라이나대학교 채플힐, 텍사스 A&M, 위스콘신대학교, 워싱턴대학교를 비롯한 수십 개 학교에서 젊은 심리학자들이 탄생했다. 이들은 이혼과 피임약, 젠더 평등이 주류였던 1960년대 문화적 격동기 한복판에서 성년을 맞이했다. 결혼에 대한 생각과 배우자에게 기대하는 부분이 달라지고 있었다. 이런 변화를 보면서 연구자들은 의문이 들었다. 왜 어떤 부부는 그들을 둘러싼 사회의 변화 속에서도 몇십 년 동안 행복한 결혼 생활을 유지하고, 또 어떤 부부는 서로 소울메이트라고 그토록 확신했건만 결국 삐걱거리다가 불행해지는 걸까?

이 심리학자 집단은 공식적인 이름도, 소속된 회원 명단도 없지만 누군가가 이들을 "사랑의 심리학자"라고 불렀다. 이들의 초기 연구는 주로 인터뷰 녹화로 진행되었다. 남편과 아내가 실험실에 와서 자신들의 결혼 생활, 성생활, 대화, 싸움에 관해 설명한다. 특히 말다툼이 연구자들의 가장 큰 관심사였다. 부부들은 연구진이 비디오카메라로 녹화하는 중에 말다툼을 벌였다. 몇 년에 걸쳐 1,000여 건의 부부싸움이 녹화되었다.

이 초기 연구에서 흥미로운 패턴이 드러났다. 많은 부부가 서로의 말을 잘 들었고 심지어 듣고 있다는 것까지 상대에게 보여주었다. "그건 결혼 생활의 최소 요건 같은 겁니다." 스탠리가 말했다. "상대에게 자신이 듣고 있다는 걸 보여주지 못한다면 애초에 결혼하지도 않았을 테니까요." 부부끼리는 서로 이해의 순환 고리를 적용하지 않아도 직관 또는 그들이 주변 사람들에게서 들은 조언을 통해 서로를 이해하고 싶다는 의지를 표현할 방법을 알아냈다.

그러나 이렇게 서로의 말을 잘 들으면서도 미국의 이혼율은 천정부지로 치솟았다. 1979년에는 10년 전보다 세 배가 늘어난 100만 명의 부부가 결혼 생활을 끝냈다. 연구자들은 궁금했다. 부부가 그렇게 서로 잘 듣고 있다는 걸 증명했다면 왜 여전히 갈라서야만 했을까?

연구자들은 수집한 데이터를 분석하기 시작했고 마침내 두 가지 사실을 발견했다. 첫째, 놀랍지 않은 결과이지만 거의 모든 부부가 다퉜다. 어떤 부부는 더 자주 다투고—미국 기혼자의 약 8퍼센트가 적어도 하루에 한 번 싸운다—어떤 부부는 가끔 티격태격하는 정도였다.[25] 그러나 빈도와 상관없이 거의 모든 결혼 생활에 어느 정도의 갈등이 있었다.

두 번째 발견은, 어떤 부부는 갈등과 논쟁이 일어나도 그것이 그렇게 오래 영향을 미치지 않았다는 점이다. 얼마나 자주 싸움을 벌이느냐에 상관없이 그들은 결혼 생활과 자신이 선택한 배우자에 만족했고, 이혼을 생각해본 적이 없으며 싸움 후에도 앙금이 남아 있지 않다고 보고했다. 그들의 갈등은 휘몰아쳤다가 금세 맑고 푸른 하늘만 남기고 사라지는 폭풍이었다.

한편 다른 부부는 양상이 달랐다. 이런 관계에서는 작은 갈등도 결국 유독하게 바뀌었다. 사소한 논쟁이 고함을 지르는 싸움이 되었다. 화해는 잠깐의 휴전에 불과하고 상처와 불화는 언제든 다시 점화될 수 있었다. 행복하지 않은 부부는 자주 이혼을 생각했고, 주기적으로 이혼 이야기를 꺼내며 협박했으며, 만약 이혼하게 되면 아이들에게 어떻게 말해야 할지 상상했다.[26]

연구자들은 행복한 부부와 행복하지 않은 부부의 차이를 찾아 나섰다. 특히 그들은 두 집단이 다투는 방식이 어떤 점에서 다른지 궁금했다. 그래서 첫 번째로 두 집단은 부부 싸움의 소재가 다를 거라는 가설을 세웠다. 불행한 부부는 돈, 건강, 마약이나 술 등 좀 더 심각한 문제로 싸울 것이다. 반면에 행복한 부부는 휴가지를 선택하는 것 같은 좀 더 가벼운 문제로 싸울 것이다.

그러나 그 가설은 틀렸다. 행복한 부부든 불행한 부부든 대개 비슷한 문제로 싸웠다.[27] 양쪽 모두 금전 문제로 긴장하고 건강 문제가 있고 어리석은 휴가 분쟁을 겪었다.

그래서 다음으로 행복한 부부는 서로 의견이 어긋날 때 좀 더 잘 해결한다는 가설을 세웠다. 어쩌면 그들은 싸우더라도 더 빨리 화해하거나 싸움에 금방 지루해질지 모른다.

이번에도 틀렸다. 행복한 부부라고 해서 갈등을 해결하는 일에 더 능숙하지도, 화해를 더 잘하지도 않았다. 행복한 부부를 자세히 들여다보니 오히려 문제를 해결하는 일에 형편없었다. 그들은 논쟁을 계속했고 제대로 결론에 이르지도 못했다. 하지만 여전히 결혼 생활을 즐겼다.

한편 올바른 방식으로 싸우는 다른 부부들이 있었다. 이들은 관계에 관한 책을 읽고 조언도 많이 받았지만 결국에는 서로에게 분노했다. 어떤 부부는 모든 것을 제대로 했는데도 "결국엔 이혼했다"고 UCLA 결혼 및 친밀한 관계 연구소를 이끄는 벤저민 카니Benjamin Karney가 말했다.[28]

그래서 연구자들은 행복한 부부와 불행한 부부의 결혼 생활을 구분할 다른 변수를 찾기 시작했다. 그러면서 한 가지 주목하게 된 사실은 부부 싸움을 설명하라고 했을 때, 행복하든 안 하든 많은 부부가 "주도권"을 놓고 다툰다고 언급한 것이었다. "제 남편은 항상 저를 통제하고 싶어 해요"라고 한 여성이 인터뷰 중에 말했다. "저를 가두고 제가 말하고 싶지 않은 걸 말하게 하려고 해요." 그게 그들이 대개 싸움을 시작하는 이유였다. "전 제 뜻대로 선택하고 싶은데 남편은 자기가 주도하고 싶어 하니까요."

주도권 또는 통제력에 대한 열망은 다른 방식으로도 나타났다. 많은 부부가 인생에서 큰 변화를 겪은 뒤에 이혼했는데 부분적으로는 변화가 통제력을 잃는 기분을 주었기 때문이다. 아이의 출생이나 이직한 직장에서 겪는 스트레스 같은 것들은 사람들이 자신의 시간과 열망을 제어하기 더 힘들게 한다. 질병 또는 은퇴, 자식의 독립처럼 미래를 예측하기 힘든 큰 격변이 있었을지도 모른다. 이런 변화는 마치 그들이 자신의 하루와 몸과 마음에 대한 주체성을 잃은 것처럼 사람을 지치고, 외롭고, 불안하게 한다.

물론 우리는 누구나 통제를 갈망한다. 애정 관계의 성패를 결정하는 요인은 많지만 그중의 하나가 그 관계로 인해 자신의 행복을 좀 더 제어하게 되는 기분을 주는지 아닌지이다.[29] 부부가 두 사람의 관계에서 주도권을 가지고 싸우는 것은 자연스러운 일이다. 그것은 각자의 필요와 욕구, 역할, 책임감 사이에서 균형을 맞추는 법을 알아내는 과정의 일부이다. 그러나 연구자들이 녹화 테이프를 살펴보면서 전에는 지나쳤던 역학 관계가 눈에 들어왔다. 행복한 부부와 불행한 부부는 싸움 중에 통제권에 접근하는 방식이 서로 달랐다.

두 유형의 부부 모두 서로 다툴 때면 누구에게 통제권이 있는지를 두고 싸웠다. 어떨 때는 남편이 대화의 주제를 한정한다("그 얘기라면 난 안 할 거야!"). 또는 아내가 임의로 대화 시간을 정한다("당신한테 5분 줄게. 거기까지야!")

그러나 연구자들이 보았을 때 두 유형의 부부는 주도권을 주장하는 방식이 달랐다. 불행한 부부 사이에서 통제에 대한 충동은 상대를 조종하려는 시도로 표출된다. "제발 말 좀 그만해!" 한 남자가 녹화 중에 아내에게 소리쳤다.[30] 아내도 되받아쳤다. "당신이야말로 항상 일, 일 하지 말고, 아이들한테 무심하게 굴지 말고, 회사에서 안 좋은 일이 있었다고 우리를 쓰레기처럼 취급하지 좀 마!" 그런 다음 아내가 요구 사항을 상세히 읊는데, 모두 남편의 행동을 통제하는 형태이다. "저녁 먹기 전에 퇴근하고, 다 내 잘못이라고 비난하지 말고, 어쩌다 한 번은 내 하루가 어땠는지 물어봐야 해." 이후 45분 동안 두 사람은 서로의 언어("나한테 그런 말투로 얘기하지 마!"), 어떤 주제만 얘기할 수 있는지("선 넘지 마!"), 어떤 제스처가 허락되는지("한 번만 더 그딴 식으로 눈 뜨면 나가버린다")를 통제하려고 애썼다.

이 부부는 9개월 뒤에 이혼했다.

그러나 행복한 부부 사이에서 주도권에 대한 열망은 상당히 다른 양상을 띠었다. 이들은 상대를 통제하려고 하는 대신 자기 자신이나 환경, 또는 갈등 그 자체를 통제하는 데 집중했다.

예를 들어 행복한 부부는 자신의 감정을 통제하는 데 많은 시간을 할애했다. 화가 심해진다고 생각되면 잠시 쉬는 시간을 가졌다. 기분이 나쁘다고 소리를 내지르는 대신 노트에 적어서 마음을 가라앉히려고 애썼고, 심호흡했다. 또는 서로 사이가 좋았을 때 연습한 대로 상대의 좋은 점을 이야기하면서 행복했던 기억을 떠올렸다. 이들은 좀 더 천천히 말하는 경향이 있었고, 상황이 자신의 의도보다 심각해질 것 같으면 말하던 도중이라도 멈췄다. 이들은 주제를 바꾸거나 농담을 해서 긴장을 해소할 가능성이 높았다. "행복한 부부는 싸움을 천천히 합니다. 자기 통제와 자기 인지에 더 많은 힘을 쏟았어요."

또한 행복한 부부는 환경을 통제하는 데 더 집중했다. 갈등이 불거진 순간에 바로 싸움을 시작하는 대신 좀 더 안전한 환경이 마련될 때까지 힘든 논의를 미뤘다. 모두 지치고 아이가 울고 있는 새벽 2시에 싸움이 시작될 수도 있다. 그러나 행복한 부부는 그 싸움을 이어나가는 대신 둘 다 피곤이 풀리고 아기도 조용한 다음 날 아침으로 논의를 미루는 경향이 있었다.

마지막으로 행복한 부부는 갈등 자체의 경계를 통제하는 데 좀 더 신경 쓰는 것 같았다. "행복한 부부는 다투더라도 그것이 다른 싸움으로 번지지 않게 최대한 싸움의 크기를 줄였습니다." 카니의 말이다. 그러나 불행한 부부는 한 영역에서 어긋난 것을 다른 영역까지 확장시킨다. "처음에는 '이번 명절은 당신 가족이랑 보낼까, 아니면 우리 가족이랑 보낼까?'로 시작합니다. 그러다가 곧 '당신은 너무 이기적이고 빨래는 항상 내 차지고 그건 다 우리가 돈이 없어서고'로 변질되지요."(결혼 치료법에서는 '키친 싱킹kitchen-sinking'이라고 하며 특별히 파괴적인 패턴이다.)

자신과 환경과 갈등의 경계를 통제하는 이 세 가지에 집중했을 때의 한 가지 장점은 그로 인해 부부가 함께 통제할 수 있는 것들을 찾게 된다는 것이다. 이들은 여전히 싸우고 있고, 여전히 의견이 맞지 않는다. 그러나 통제에 관해서라면 테이블의 같은 쪽에 앉아 있다.

부부가 통제를 추구하는 방법의 차이는 왜 어떤 결혼은 성공하고 어떤 결혼은 휘청거리는지 설명하는 한 가지 요인에 불과하다. 그러나 만약 긴장된 순간에 두 사람이 함께 통제할 수 있는 것에 집중하면 갈등이 덜 심화될 것이다. 만약 자신이나 환경, 갈등 그 자체의 통제에 몰입하면 싸움은 종종 대화의 형태로 바뀐다. 그리고 거기에서는 상대방보다 우위에 서거나 상대에게 상처를 주려는 것이 아닌 이해하는 것이 목표이다. 그러나 만약 두 사람이 통제를 공유할 생각이 없다면 논쟁을 마무리 짓거나 관계가 좋아지기 어렵다.

이런 사실은 다른 영역에서도 중요하다. 직장 내 논쟁, 온라인상에서의 의견 충돌처럼 갈등 중에 통제를 갈망하는 것은 자연스러운 일이다. 그리고 때로는 그 갈망 때문에 가장 명백한 타깃, 즉 논쟁 상대를 통제하려고 강하게 밀어붙인다. 억지로 듣도록 강요하면 결국 그들도 내가 말하는 것을 들을 것이며, 내 관점에서 보도록 강요하면 마침내 내가 옳다는 걸 인정할 거라고 믿는 이들이 있다. 과연 그럴까? 이런 접근법은 대부분 효과가 없다. 강제로 내 말을 듣고 내 입장을 보게 한다면 그건 싸우자는 소리밖에 안 된다.

대신 통제에 대한 갈망을 역이용하여 두 사람이 함께 작업하고 충돌의 온도를 낮추고 싸움의 크기를 줄이는 방법을 찾아 협력하는 편이 훨씬 낫다. 그 협력은 두 사람이 대화의 다른 영역으로 빠져나가 마침내 나란히 서서 함께 해결책을 찾아볼 수 있게 한다.

이해의 순환 고리가 강력한 이유도 여기에 있다. 당신이 상대에게 그의 말을 듣고 있다는 걸 증명하는 순간, 당신은 사실상 대화의 통제권을 나눠주는 셈이다. 이는 매칭 원리가 효과적인 이유이기도 하다. 우리가 상대가 이끄는 대로 따르고 그 사람이 감정적일 때 함께 감정적으로 되고 그 사람이 실용적인 마인드셋의 신호를 보낼 때 실용적으로 된다면 그건 대화가 흘러가는 방식에 대한 통제를 공유하는 것이다.

사랑의 심리학자들은 듣고 있다는 걸 증명하는 것에 더하여 올바른 것을 통제해야 한다는 깨달음에 도달하면서 결혼 요법의 방식을 새롭게 점검하기 시작했다. 그리고 통합적 행동 부부 치료처럼 배우자의 결점을 고치는 것이 아니라 받아들이는 데 초점을 둔 접근법이 퍼져나가기 시작했다. 10년 만에 수천 명의 치료사가 사랑의 심리학자들이 주창한 기법을 사용하기 시작했다. 덴버대학교 연구자 스탠리는 "과거에 부부 상담 치료사들은 부부가 눈앞에 당면한 문제를 해결하도록 하는 게 목표였습니다"라고 말했다. 그러나 현재 부부 상담에서는 소통의 기술을 가르치는 일에 전념한다.

"해결책이 없는 갈등이 많습니다. 하지만 두 사람 모두 자신이 통제하고 있다고 느낄 때 갈등은 때로 저절로 퇴색하여 사라집니다.[31] 당신이 자기 마음을 말하고 배우자가 그걸 듣고 두 사람이 함께할 수 있는 걸 찾고 나면 문제는 그다지 큰일처럼 느껴지지 않을 겁니다."

왜 사람은 악한 댓글을 다는가

멜라니 제프코트와 존 고드프리, 그리고 그 밖의 총기 규제 찬성론자와 반대론자들이 집에 돌아와 온라인에 접속했을 때 상황은 급격하게 과열되었다. 페이스북 그룹에 총 150명 정도가 있었는데 그중 일부가 밤낮으로 활동하면서 4주 만에 1만 5,000건의 게시글이 올라왔다. 참가자 대부분이 이 집단에 처음 합류했고 워싱턴 D. C.에서의 훈련 과정을 거치지 않았다. 이들은 주최 측이 준비한 소통 기술을 전혀 접하지 못했고 온라인 밖의 현실에서도 유대를 쌓을 기회가 없었다.

페이스북에서는 진정한 소통이 이루어지는 순간도 있었지만 반대로 보기 흉한 장면도 많았다.[32] "당신의 전제와 무시보다 더 모욕적인 건 도저히 찾을 수 없을 것 같군요." 한 참가자가 다른 참가자에게 쓴 말이다. "그렇다면 그쪽은 아이들에게 자유의 위험을 세뇌시키는 데 익숙합니까?"라고 누군가가 물었다. 사람들은 서로를 머저리, 나치, 파시스트라고 불렀고, 어떤 이들은 "아마 너무 멍청하셔서 내 말을 이해하지 못하겠지요. 생각하는 법을 배우는 대신 약이나 하고 대학에서 섹스하기 바쁠 테니까"라고 썼다.[33]

이 그룹의 중재자들은 "호기심, 예의, 주의 깊게 듣기의 본보기"가 되고 "대화의 규범을 세우는" 일을 주도하도록 훈련받았다.[34] 그러나 결국 이들은 적어도 온라인상에서는 이런 식의 접근법이 역부족임을 깨달았다. 이들은 다양한 듣기 기법을 강조하고, 사람들이 예의를 갖춰 말하도록 훈련하려고 했으나 워싱턴 D. C.에서 대면으로 할 때보다는 효율이 떨어졌다.[35]

온라인 소통에는 통상적인 문제들이 모두 모여 있었다. 빈정대는 말이 잘못 읽히는 경우, 작성자의 의도와 다르게 왜곡되어 불쾌감을 주는 경우, 어떤 사람에게는 순수하게 들리지만 다른 사람이 보기에는 싸우자는 말로 들리는 글까지. 특히 계속해서 반복되는 한 가지 문제가 있었는데, 앞에서 부부 관계를 바람직한 궤도에서 벗어나게 만든다고 본 바로 그 문제였다. 페이스북에서 사람들은 끊임없이 서로를 통제하려고 했다. 통제권을 차지하기 위한 분투가 대화를 방해하는 유일한 요소는 아니었지만, 이것이 부각될 때면 대화는 어김없이 분열되었다.[36]

예를 들어 어떤 참가자는 다른 사람이 말하는 것, 즉 어떤 의견은 허용되고 어떤 감정은 표출할 수 없는지를 통제하려고 했다. "이웃이 총을 갖고 있다는 이유만으로 겁을 먹는다니, 어처구니가 없네요. 그렇게 생각할 하등의 이유가 없는데 말이죠."

통제하려는 시도는 좀 더 은밀하게 나타나기도 했다. 누군가 문제를 제시했을 때, 즉각 해결책을 제시하거나 긴 독백으로 도배를 하면 대화의 방향과 톤이 고정되어 글쓴이를 꼼짝 못 하게 만든다. 또 어떤 사람들은 다른 사람이 제기한 문제에 대해 경시하는 태도를 보였다. "말씀하신 상황은 별로 대단한 일이 아닌 것 같은데요." 총기 훈련 수업의 문제점을 언급한 사람에게 누가 이렇게 답했다. 그건 정당한 염려와 어리석은 기우의 기준을 통제하려는 시도처럼 느껴진다.

때로 사람들은 자신이 통제력을 발휘하려고 한다는 생각조차 하지 못했다. "어떤 사람이 계속해서 똑같은 말장난을 길게 올리는데, 정말 질렸어요." 한 여성이 썼다. 그녀는 답답한 마음을 표현했지만 발언할 수 있는 사람을 제한하려는 시도처럼 표출되었다. "전 다른 여성분의 이야기를 듣고 싶습니다. 남성들 얘기에는 관심 없어요." 우리는 때로 상대를 통제하려고 애쓰면서도 자신이 뭘 하고 있는지 깨닫지 못한다. 그저 자기는 자기 견해를 피력하고 조언을 제시했을 뿐이라고 생각하며, 다른 사람 입장에서는 대화의 방향을 우격다짐으로 틀어버리려는 시도로 받아들이게 된다는 것을 알지 못한다.

"집단 이기주의로 흘러가고 있군요." 한 참가자가 쓴 말이다. 그래서 중재자는 부부 상담사처럼 사람들이 상황을 함께 통제하게끔 유도하기 시작했다. 싸움이 시작될 것처럼 보이면 중재자는 메시지를 보내 자신의 필요와 감정에 집중하고 자기 통제력을 발휘하도록 정중하게 요청했다. "자극을 받았거나 화가 나는 기분이 들면 심호흡을 하세요." 한 중재자가 올린 글이다. "자신이 방어적인 태도를 취하고 있다고 생각하면 한발 뒤로 물러나십시오." 중재자는 사람들이 사용하는 단어가 만드는 온라인 환경에 관해 생각하도록 사람들을 유도했다. 경찰서, 자유 전사, 돌격용 무기 같은 위험한 문구가 나오면 법규, 총기 권리 옹호자, 전술 소총 같은 덜 극단적인 언어를 사용하라고 요구했다. 중재자들은 한 번에 하나의 주제만 집중함으로써 참가자가 갈등의 경계를 제어하도록 격려했다. "이 토론에서는 점수를 매기는 것이 목적이 아닙니다. 열기를 조금 식히시는 게 좋을 것 같은데요. 잠시 휴식을 취하면 어떨까요?" 한 중재자가 그룹에 한 말이다.

사람들이 자신과 환경과 갈등의 경계를 통제하도록 부추기는 이런 접근법의 영향력은 컸다. 대화는 나아지고 좀 더 인간적인 모습을 띠었다. 사람들은 서로를 덜 공격했다. "총에 대한 제 입장은 이 그룹에 들어와서도 달라지지 않았습니다. 하지만 총기 대화에 대한 접근법은 확실히 달라졌어요. 어려운 대화이지만 함께 나누고 싶어졌습니다"라고 한 참가자가 썼다.

그러던 중 놀라운 일이 일어났다. 전직 경찰인 고드프리가 제프코트에게 개인 메시지를 보낸 것이다. 그는 온라인 채팅에서 그녀의 목소리가 묻히고 있다는 걸 눈치챘다. 그는 도와주겠다고 했고 그렇게 두 사람은 비밀 작전을 계획했다. 다음 날 아침 제프코트는 레드플래그법Red flag law 을 지지하는 게시글을 올렸다. 레드플래그법은 경찰이 특정인의 집에서 총기를 제거할 수 있게 하는 법이다. 제프코트는 그녀의 게시글에 성난 댓글이 몰려들 거라는 걸 알았다.

그러나 고드프리는 만반의 준비를 마치고 있었다. 그는 제프코트의 게시글에 제일 먼저 댓글을 달아 경찰관이자 총기 권리 찬성론자로서 자기나 남에게 위협을 가할 수 있는 사람에게서 총기를 빼앗고 싶었던 적이 한두 번이 아니었다고 말했다. 그런 다음 총기 논쟁 중에서도 이 특정 부분에 대한 사람들의 경험을 듣고 싶다고 썼다. 그는 이 공간에서 환경과 갈등의 경계를 형성하려고 한 것이다. 고드프리의 말에 사람들은 위험한 친척에게서 총을 빼앗은 이야기, 자신이 총을 빼앗긴 경험 등을 나누기 시작했다. 제프코트는 자신의 입장을 내세우는 대신 다른 사람이 말한 것을 요약하여 게시함으로써 이해의 순환 고리를 시작했다. 곧 수십 명이 경험을 이야기했고, 그러면서 이 문제가 얼마나 복잡하고 미묘한지 다 함께 인정했다. "때로 사람들은 어떻게 들어야 할지를 모르고 있습니다. 어깃장을 놓는 것이 듣는 거라고 믿어요. 그리고 다른 사람이 좋은 지적을 할 수 있게 기회를 주는 건 잘못하는 거라고 생각하지요. 하지만 듣는다는 건 다른 사람이 자기 이야기를 했을 때, 설사 그 사람에게 동의하지 않더라도 왜 그 사람이 그렇게 생각하게 되었는지 이해하려는 의지입니다." 중재자인 브리트니 워커 페티그루Brittany Walker Pettigrew가 내게 말했다.

대화가 진행되는 동안 페이스북 그룹에 있는 또 다른 총기 규제 활동가 헬렌 코언 블러드먼Helene Cohen Bludman은 거주지인 펜실베이니아주 브린 모어에서 다가오는 3월의 총기 반대 집회를 위한 회의에 참석했다. 그곳에 도착했을 때 자원자들은 "NRA(전미 총기 협회)는 악마다"라는 팻말을 만들고 있었다. 블러드먼은 기분이 좋지 않았다. "몇 달 전이었다면 저도 그 팻말을 들고 나갔을 거예요. 그러나 NRA는 존 고드프리 같은 사람들이 구성하는 단체예요. 고드프리는 좋은 사람이죠. 그를 악마라고 부를 수는 없어요."

갈등은 대체로 빨리 해결되지 않는다. "한 사람의 관점을 한 번의 대화로 바꾸기는 어렵죠."[37] 실라 힌이 내게 말했다. "시간이 걸리는 문제예요. 그래서 우리는 모든 사람이 들을 때까지 반복해서 말해야 합니다." 그러나 이 반복 과정은 자신이 안전하지 않다고 느끼거나, 상대가 듣지 않는 것 같거나, 자기의 말이 통제당한다는 기분이 들면 일탈하기 쉽다. 그렇게 되면 고통과 화가 스며들고, 분노가 쌓이고, 갈등이 걷잡을 수 없이 커지게 된다. 하지만 반대로 함께 통제할 수 있는 것을 찾아 나간다면 앞으로 나아갈 길이 더 잘 보일 것이다.

총기에 관한 정중한 대화를 유도하는 실험은 원래 계획대로 6주 후에 주최 측이 페이스북 그룹을 폐쇄하면서 종료되었다. 어떤 면에서 보면 뒤섞인 결과였다. 모든 사람이 적개심을 극복한 것도, 또 서로 연결될 방법을 찾은 것도 아니었다. 중재자의 권한으로 퇴장당한 사람도 있고, 스스로 탈퇴한 사람도 있었다. 그룹이 개설되고 몇 주 뒤, 한 사람이 "이 그룹이 점점 재미없어지네요"라고 썼다.[38] "이곳에 들어온 사람들은 모두 자기 마음을 바꿀 생각이 없어요. 자신과 가족 공동체, 국가를 지키는 것이 가장 근본적인 인간의 권리라고 믿는 사람이 있는가 하면, 가장 근본적인 권리를 부정하는 것을 신념으로 삼는 사람도 있죠. 제 생각은 확고하고, 아마 여러분의 생각도 그럴 겁니다. 결국 우리는 기표소에서나 만나겠죠." 페이스북 대화에서 의미를 발견한 사람도 때로는 동료에게 갈등을 느꼈다. 제프코트는 내게 이렇게 말했다. "죽을 때까지 말을 걸지 않고 싶은 사람이 있어요."

그러나 방대한 간극을 넘어서 진정한 교감에 다다른 사람도 있다.

그들에게는 이 실험이 큰 영향을 미쳤다. "저는 이 기술을 삶의 다른 영역에서도 사용해보았습니다."[39] 한 참가자가 프로젝트 종료 후 6개월 만에 주최 측에서 실시한 설문 조사에서 쓴 말이다. "저와 다른 견해를 가진 이들과 말할 때 좀 더 너그러워졌어요. 예전에는 극단적인 입장을 보이는 사람들을 보면 참을 수 없었지만 지금은 그런 사람들과도 대화할 수 있고, 그들의 말을 듣고 제 뜻도 전달합니다."[40] 또 다른 사람이 말했다.

존 고드프리에게 이 프로젝트는 엄청난 대변혁이었다. 그가 수십 자루의 총을 보유하는 것에는 변함이 없었다. 그는 도널드 트럼프가 미국 수정 헌법 제2조를 보호할 거라고 믿었기 때문에 그에게 두 번이나 투표했다. 실험에 참여하기 전 고드프리는 총기 규제 반대론자들을 예컨대 공산주의자나 비건과 같은 부류로 묶었다. 실제 세상이 어떤지 모르는 사람이라고 말이다.

그러나 이제 그는 몇 가지를 다시 생각한다. 프로젝트가 끝난 이후로 그는 몇 달에 한 번씩 제프코트에게 전화해 근황을 묻고 그녀가 무슨 일을 진행하는지 듣는다.

"정말 복잡한 세상이에요, 아시죠?" 고드프리가 말했다. "이 복잡한 세상을 알아내고 싶다면 나와는 다른 친구가 필요합니다."

감정을 나누는 대화

감정은 우리가 깨닫고 있든 아니든 모든 대화에 영향을 준다. 심지어 우리가 그 감정을 인지하지 못해도 여전히 존재하며, 무시될 경우 다른 사람과의 연결에 걸림돌이 될 가능성이 크다.

그래서 어떤 의미 있는 논의에서든, 결정적인 목표는 감정을 표면으로 끌어내는 것이다. 이것이 알아가는 대화의 세 번째 규칙이다.

규칙3
상대의 감정을 묻고 자신의 감정을 공유한다.

대화 중에 누군가가 감정을 말하거나, 자신의 감정을 드러내거나, 왜 계속 싸우게 되는지 알고 싶거나, 또는 거리가 느껴지는 사람과 더 가까워지고 싶을 때가 있다. 이때가 바로 (가능한 상황이라면) 감정을 나누는 대화를 시작할 적기이다. 그리고 이런 대화를 시작하는 가장 좋은 방법이 심도 있는 질문을 던지는 것이다.

심도 있는 질문은 상대의 취약성을 드러내는 방식으로 신념, 가치관, 감정, 경험을 설명하도록 요구하기 때문에 친밀감을 형성하는 데 특히 바람직하다. 취약성은 감정의 전염을 일으켜 서로 더욱 일치하게 만든다. 심도 있는 질문은 "당신의 완벽한 하루는 어떨 것 같습니까?"처럼 가벼울 수도 있고, "당신이 살면서 가장 후회하는 것이 무엇입니까?"처럼 묵직한 것일 수도 있다. 심도 있는 질문은 처음부터 깊이 들어가지 않는다. "당신의 가족은 어떤 분들입니까?" 또는 "요새 기분이 좋아 보이는데 무슨 일이야?"처럼 쉬운 질문이 깊이 있는 대화로 이어진다. 왜냐하면 상대가 자기 자신을 자랑스럽게 또는 걱정되게, 즐겁게 또는 흥분되게 만드는 것을 말로 설명하도록 요청하기 때문이다.

거의 모든 질문이 심도 있는 질문으로 바뀔 수 있다. 다음 세 가지 특징을 이해하면 된다.

1. **심도 있는 질문은 단순한 사실적 정보가 아닌 상대의 가치, 신념, 판단, 경험을 묻는다.**

   "어디에서 일하세요?"라고 묻는 대신 감정과 경험을 끌어내는 방식으로 질문한다. "당신의 직업이 어떤 점에서 가장 좋으십니까?" (한 2021

년 연구에서 심도 있는 질문을 만드는 단순한 방식을 알아냈다. 대화를 시작하기 전에 자신이 지금 친한 친구와 이야기하고 있다고 상상하는 것이다. 그렇다면 친구에게 무엇을 묻겠는가?)

2. 심도 있는 질문은 상대에게 어떻게 느끼고 생각하는지를 묻는다.

이 질문은 의외로 쉬울 수 있다. "당신은 XXX에 대해서 어떤 기분이 드세요?"라고 묻거나 특정 감정을 설명하도록 부추길 수도 있다. "XX 할 때 행복하신가요?" 또는 특정 상황에서의 감정을 분석하게 요청한다. "그 사람이 왜 화가 났을까요?" 또는 공감을 유도한다. "당신한테 그런 일이 일어났다면 어떤 기분이었을 것 같아요?"

3. 심도 있는 질문은 자신을 공유한다는 기분을 주어야 한다.

심도 있는 질문을 할 때는 우리가 자기 자신에 관한 속마음을 드러낸다는 기분을 주어야 한다. 이런 기분이 말을 멈추게 할 수도 있지만, 연구에 따르면 사람들은 누군가 자기에게 심도 있는 질문을 하고 그 질문에 대답하는 것을 대체로 좋아한다.

일단 질문을 던지고 나면 상대가 어떻게 대답하는지 주의 깊게 듣는다. 듣는다는 것은 상대가 말로 표현하는 것 이외의 신호에도 관심을 집중한다는 뜻이다. 한 사람이 말하는 것을 들으려면 그 사람이 내는 소리, 몸짓, 목소리 톤과 억양, 자세와 표정 등 비언어적 감정 표현에도 귀를 기울여야 한다.

앞에서 나는 사람들이 대화에서 무엇을 원하는지 파악하는 데 유용한 단서를 제시했다. 우리는 상대의 감정을 파악하는 방법도 배울 수 있다. 이 기술은 예컨대 좌절감을 분노로, 침묵을 슬픔으로 착각하기 쉽기 때문에 다음 두 가지를 조율하는 것이 중요하다.

- 기분Mood: 상대가 낙관적으로 보이는가 침울해 보이는가? 상대의 표정을 어떤 식으로 묘사하겠는가? 웃거나 함성을 지르는가? 들떠 보이는가, 가라앉아 보이는가?
- 에너지Energy: 기운이 넘쳐 보이는가 힘이 없어 보이는가? 조용하고 수줍어하는가, 말이 많고 생각을 표현하려고 하는가? 상대가 행복해 보인다면, 차분하게 만족스러워 보이는가(낮은 에너지), 흥분하고 밖으

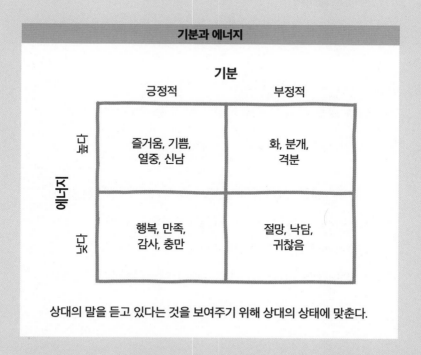

상대의 말을 듣고 있다는 것을 보여주기 위해 상대의 상태에 맞춘다.

로 표출하고 싶어 하는가(높은 에너지)? 행복해 보이지 않는다면, 슬퍼 보이는가(낮은 에너지), 자극을 받아 동요한 듯 보이는가(높은 에너지)?

기분과 에너지의 수준만 알아도 감정적 일치를 이룰 수 있다. 반면 감정을 일치시키지 않는 편이 나을 때가 있다. 상대가 성이 난 상태일 때 함께 화를 낸다면 서로 멀어질 수밖에 없다. 이때는 "기분이 안 좋아 보이는데, 무슨 일 있어?"라고 상대의 기분과 에너지를 인정하는 방식으로 상대와 화합한다.

감정에 호응하기

상대의 감정을 수면 위로 끌어왔다면 다음에는 무엇을 해야 할까?

감정 소통에서 가장 중요한 측면의 한 가지는 상대에게 그 사람의 감정을 듣고 있음을 보여주는 것이고, 그것은 곧 화답으로 이어진다.

여기에 필요한 기술이 바로 이해의 순환 고리이다. 작동 원리는 다음과 같다.

- 상대가 말한 것을 제대로 이해했는지 확인하기 위해 질문한다.
- 상대에게 들은 이야기를 나의 말과 문장으로 바꾸어서 다시 말한다.
- 옳게 이해했는지 상대에게 묻는다.
- 모두 제대로 이해했다고 합의할 때까지 위의 과정을 반복한다.

이해의 순환 고리의 목적은 상대의 말을 앵무새처럼 따라 하는 것

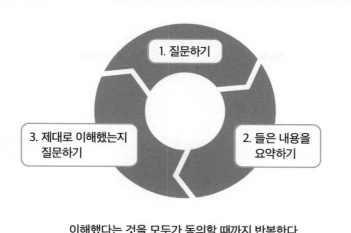

1. 질문하기

3. 제대로 이해했는지 질문하기

2. 들은 내용을 요약하기

이해했다는 것을 모두가 동의할 때까지 반복한다.

이 아니라 다른 사람의 생각을 자신의 언어로 정제하여 상대에게 그 사람의 관점을 이해하려고 애쓴다는 것을 보여주는 것이다. 그런 다음 그 과정을 모두가 일치할 때까지 반복한다.

이해의 순환 고리에는 두 가지 이점이 있다.

첫째, 상대의 말을 제대로 듣도록 돕는다.

둘째, 우리가 듣기를 원한다는 것을 보여준다.

이 두 번째 이점은 상호 취약성을 확립하는 데 도움이 되므로 중요하다. 감정적 화답은 단지 자신의 감정을 묘사하는 데서 오는 것이 아니라 '공감적 지지'를 주는 데서 온다. 화답은 미묘한 행위이다. 만약 상대가 암 진단을 받았다고 말할 때 자신의 아픔이나 상황을 말하는 식으로 호응하면 안 된다. 그건 상대를 지지하는 것이 아닌 대화의 초점을 자기에게 돌리려는 시도이다.

그러나 "얼마나 무섭겠어. 기분이 어떤지 말해줄 수 있겠어?"라고 말한다면 공감하고 이해하려 노력하고 있음을 보여주는 것이다.

상대의 취약성에 이렇게 화답한다.

- 상대의 감정이 무엇인지 파악할 때까지 이해의 순환 고리를 반복한다.
- 상대에게 필요한 것이 무엇인지 알아낸다: 상대가 위로를 원하는가? 공감? 조언? 사랑의 매? (답을 모르겠다면 순환 고리를 더 반복한다.)
- 허락을 구한다: "당신의 말이 나에게 어떤 영향을 주었는지 말해도 될까요?" 또는 "제 삶에서 일어난 일을 당신과 공유해도 괜찮을까요?" 아니면, "이런 상황을 다른 사람이 어떻게 타개해나갔는지 제가 아는 사례를 말해도 될까요?"
- 호응의 말을 한다: 당신의 느낌을 간단히 설명해도 된다. "편찮으시다는 말을 들었을 때 마음이 무척 안 좋았어요" 또는 "일이 잘되어서 저도 정말 기쁩니다" 아니면 "네 친구라는 게 참 자랑스럽다".

화답, 즉 상호성은 취약성 대 취약성, 슬픔 대 슬픔으로 맞추는 것이 아니다. 그보다는 감정을 허용하여 상대가 어떻게 느끼는지, 무엇을 필요로 하는지를 듣고 정서적으로 반응하는 것이다.

똑똑하게 갈등하기

갈등이 있는 가운데 감정을 공유한다는 것은 어려운 일이다. 다투는 중이거나 가치관과 목적이 다른 사람과 얘기하는 중이라면 교감은 어렵고 심지어 불가능할 수도 있다.

그러나 감정은 너무나 많은 갈등을 낳기 때문에 싸움 중이라면 '어떤 기분인가?'를 논의하는 것이 특히 더 중요하다. 그런 대화를 통해 깊은 골에 다리를 놓을 방법이 드러날 수 있다.

연구자들은 갈등을 겪는 가운데 서로 상대의 말을 듣고 있고 취약성을 공유한다고 증명하는 것이 특별히 강력하다고 말한다. 다음과 같은 방식으로 자기가 상대의 이야기를 듣고 있다는 것을 증명할 수 있다.

누군가와 갈등 중에 있을 때…

- 첫째, 이해하고 있음을 인정한다. 이해의 순환 고리 또는 "제가 제대로 이해하고 있는지 확인해주세요"와 같은 말로 보여준다.

- 둘째, 특정한 합의점을 찾는다. "저도 당신의 의견에 동의합니다" 또는 "이 점에서는 당신이 옳다고 생각합니다"라고 말할 수 있는 지점을 찾는다. 이런 태도는 설령 서로가 다르더라도 상대와 일치를 이루고 싶다는 의지를 전달한다.

- 마지막으로, 부드럽게 주장을 펼친다. "그 말이 사실이 아니라는 건 지나가는 어린아이도 알아요" 또는 "당신네들은 늘 이 점을 잘못 알고 있더군요"처럼 싸잡아 깎아내리는 말은 하지 않는다. 그보다는 어

느 정도, 다소, 또는 "아마도 그건…"이라는 말을 사용하고, 폭넓은 일

반화("왜 당신이 집에서 자기가 맡은 일은 하나도 하지 않는지 얘기 좀 해보자")

보다는 특정 경험이나 사건에 대해서 말한다. ("왜 어젯밤에 다 먹은 접시

를 싱크대에 그냥 두고 잔 거야?")

이런 시도의 목적은 이 대화의 목표가 이기는 것이 아니라 이해하
는 것임을 보이는 데 있다. 서로 의견이 맞지 않는다는 사실을 의도
적으로 피하거나 자신의 의견을 무시할 필요는 없다. 얼마든지 자기
생각을 제시하고 신념을 옹호하고 심지어 서로 맞서고 도전할 수 있
다. 당신의 목표가 이기는 게 아니라 이해하고 이해받는 것이라면 말
이다.

왜 온라인에서는 상황이 달라질까?

인간은 100만 년 이상 서로 말을 해왔고 5,000년 이상 문자로 의
사소통을 했다. 그 긴 세월 동안 소통의 규범과 무의식적으로 나타
나는 행동이 발달했다. 전화를 받을 때 목소리를 쾌활하게 한다든지,
편지를 쓸 때 읽는 사람에게 애정을 보이면서 끝을 맺는 것 같은 행
위는 소통을 쉽게 만든다.

반면에 인류가 온라인 소통을 시작한 것은 1983년부터이다. 인터
넷상에서 말하고 듣는 행위에 대한 규범과 행동의 발달은 상대적으
로 아직 유아기다.

온라인 대화의 가장 큰 문제는 당연히 목소리나 몸짓을 통해 제공

되는 정보가 부족하다는 점이다. 어조나 제스처, 표현, 억양, 그리고 말할 때 쏟는 에너지가 온라인에서는 드러나지 않는다. 편지만 해도 자기 생각을 편집하거나 말하려는 내용을 숙고했을 때 나오는 뉘앙스나 미묘함이 반영되지만, 온라인 소통은 깊은 숙고를 거치지 않고 머릿속 생각이 편집 없이 즉시 표현되고 때로는 왜곡된다. 목소리가 제공하는 단서나 형식적인 서식이 허용하는 배려도 없다.

그러나 온라인 소통은 계속되고, 또 늘어나고 있다. 그렇다면 우리는 무엇을 알아야 할까?

온라인 대화를 더 바람직하게 만든다고 밝혀진 네 가지 요소가 있다.

온라인상에서 말할 때 다음을 기억하자.

- 정중함을 과장한다. 많은 연구에서 보이길, 온라인상에서 형성되는 긴장된 분위기는 적어도 한 사람이 지속해서 예의 바르게 행동할 때 완화되었다.[1] 온라인에서 벌어진 논쟁 중에 "감사합니다"와 "해주시겠습니까?"를 추가하는 것만으로도 긴장을 낮추는 데 충분했다.
- 비꼬는 말은 자제한다. 평소 비꼬는 어조로 말할 때 듣는 사람은 상대가 보내는 풍자의 의미를 이해한다. 그래서 온라인에서 풍자가 섞인 말을 입력하는 사람은 머릿속에서 같은 톤을 상상하고 쓰지만 그 글을 보는 사람에게는 그렇게 읽히지 않는다.
- 감사와 존중, 인사, 사과, 모호한 말을 많이 표현한다. 연구에 따르면 감사를 표하고("그 댓글로 많은 것을 배웠습니다"), 배려하고("당신의 생각을

듣고 싶은데요"), 인사하고("안녕하세요!"), 미리 양해를 구하고("괜찮으시다면/죄송하지만…"), 모호하게 말할 때("어디까지나 제 생각입니다만…") 온라인 소통의 분위기가 훨씬 좋아진다.

- 공개적인 자리에서는 비난하는 말을 삼간다. 또 다른 연구에서는 온라인상에서 부정적인 피드백을 했을 때 오프라인에서보다 훨씬 역효과가 크다는 사실을 발견했다. 사람들이 좀 더 부정적인 말을 쓰고 상대를 좀 더 자주 비난하게 된다. 온라인에서 공개적으로 비난하는 것은 나쁜 행위를 디지털 표준으로 만들고 있는 것과 같다는 점을 명심하자.[2]

물론 이것들은 오프라인 대화에서도 유용한 전략이다. 또한 이미 어려서부터 배운 당연한 예의범절이다. 그러나 온라인에서는 빨리 타이핑하고 회의 중에 급하게 문자를 보내고 자신이 쓴 글을 다시 읽어보는 일 없이 바로 보내기나 게시하기를 누르기 때문에 문제가 된다. 온라인에서도 조금 더 신경 쓰고 한 번 더 생각하는 것이 훨씬 큰 보상으로 돌아올 것이다.

Part

4

수용의 기술

수용하는 대화는
세상을 바꾼다

누군가의 세계를 이해할 때
성숙한 대화가 시작된다

●

백신 반대주의자를 설득하는 법

1996년에 의과대학을 졸업하고 애리조나대학교에서 소아과 레지던트를 시작하면서 제이 로젠블룸Jay Rosenbloom은 신참인 자기에게 다른 사람들이 원치 않는 업무가 맡겨질 거라는 걸 알았다. 그는 오리건주 보건과학 대학교에서 의사 면허를 따고 이학박사 학위까지 받았지만, 진짜 의사가 된 첫해에 온종일 건강한 아기의 건강검진을 하기에 바빴다. 불안한 부모들이 매일 병원 문턱이 닳도록 줄을 이었고, 로젠블룸은 그들에게 수유나 이유식 일정, 기저귀 발진에 관해 묻고, 아기를 안고 어르는 기술과 트림시키는 방법을 보여주었다.

그렇게 기본적인 검진이 끝날 무렵이면 마침내 진짜 의사로서 자신의 전문 기술을 보여줄 순간이 찾아왔다. 그는 아기에게 예방주사를 놓았다. 미국 소아과학회는 생후 3개월 안에 소아마비와 백일해 같은 질병의 예방접종을 권고한다. 대부분의 부모는 아기에게 적극적으로 백신을 접종시킨다.

하지만 회의적인 부모도 있다. 이들은 백신이 자폐, 기형, 불임을 일으킨다는 소문을 들었다. 또는 백신이란 의료계가 수익을 올리기 위한 수단이며, 아이들이 질병에 더 잘 걸리게 해서 제약회사가 약을 더 많이 팔려고 하는 전략이라고 믿었다. 또 어떤 부모는 단지 정부가 권장한다는 이유로 백신을 거부했다. 로젠블룸은 이런 우려들이 모두 오도된 것이고 비합리적인 염려라는 걸 너무 잘 알았지만, 현실에서는 그런 이유들로 아기에게 백신을 맞히지 않으려는 부모가 적지 않았다.

"그래서 선배 의사에게 물었죠. 예방접종을 거부하는 부모에게 뭐라고 해야 하느냐고요." 로젠블룸이 내게 말했다. "선배가 이렇게 말하라고 가르쳐주더군요. '의사인 제가 더 잘 압니다.'"

비록 그는 병원에서 가장 낮은 위치였지만 선배의 말이 그리 좋은 전략 같지는 않았다. 그래서 예방접종으로 얼마나 많은 목숨을 구했는지 보여주는 소책자를 만들기로 했다. 그는 연구 결과를 출력하고 교육용 비디오를 준비한 다음, 검진하러 온 부모들에게 보여주었다. 그리고 백신으로 쉽게 예방할 수 있지만 제때 접종하지 않아 아기가 위험한 병에 걸린 안타까운 사례를 얘기해주었다. 그는 갖은 시도를 다 했지만 대체로 소용이 없었다. "정보를 제공할수록 더 완강히 거부했습니다." 그가 말했다. "제 연구 결과를 공유하고, 온갖 차트와 설명서를 들려 보냈어요. 그러면 부모는 고맙다고 말하면서 병원을 나서지만 일주일 후 다른 병원으로 옮겼다는 소식을 듣게 되는 거죠."

하루는 아버지가 열두 살짜리 딸을 데리고 왔길래 로젠블룸이 백신을 맞겠냐고 물었다. "백신이라니요. 그런 말도 안 되는 말씀 마세요." 아이 아버지가 말했다. "우리는 그런 독약을 아이 몸에 넣을 생각이 없습니다. 우리 애를 죽일 셈이요?" 로젠블룸은 더 강요하지 않았다. "그럴 때는 아예 설득할 생각을 하지 말아야 해요." 그가 내게 말했다. "백신은 호구나 맞는 것이고 의사는 멍청이거나 한패라는 생각이 뼛속 깊이 박혀 있거든요."

로젠블룸이 레지던트를 마치고 오리건주 포틀랜드에서 개업한 이후로도 이런 상황은 계속되었다. 이후 20년 동안 그는 부모에게 아기의 예방접종을 권하고 그때마다 일부 부모에게서 그 주사가 위험하거나 계략인 이유를 듣는 데 익숙해졌다. 그리고 어떤 허무맹랑한 이론을 들이대도 놀라지 않는 경지에 이르렀다. 그러나 그가 의아했던 것은 백신 반대론자들의 다양성이었다. "유기농만 먹기 때문에 백신을 거부한다는 진보주의자와, 백신은 정부의 독재적인 조치이기 때문에 맞지 않겠다는 보수주의자, 빌 게이츠가 사람들의 몸에 마이크로칩을 심으려고 한다는 자유의지론자를 만나봤습니다. 저 사람들은 일반적으로는 서로 물과 기름 같은 사이이지요. 하지만 백신에 관해서만큼은 똑같은 찬송가를 부르고 있었어요."

연구자들도 이상하다고 느끼기는 마찬가지였다. 백신을 거부하는 사람들은 비주류 웹사이트를 방문하거나 괴짜 친척을 만나 얘기를 나눈 다음 혼란에 빠진 전형적인 음모론자들과는 달랐다. 연구자들이 보기에 반反백신론자의 거부는 사회가 이런 중요한 약물을 아무런 문제의식 없이 받아들인다는 사실과 좀 더 관련된 것 같았다.[1] 학계에서 백신 거부 심리학을 연구하기 시작했을 때 많은 연구자들은 반백신론자의 반감이 그들의 '사회적 정체성[2]'과 연관되어 있다고 믿게 되었다. 사회적 정체성이란 우리가 속한 집단, 우리가 친구로 지내는 사람들, 우리가 합류하는 단체, 우리가 받아들이거나 거부하는 역사에 기초해서 형성된 자아상을 말한다.

💬💬

우리는 지난 장에서 어려운 대화―총기에 대한 논쟁―를 살펴보았다. 이 대화에서 사람들은 이데올로기와 정치적 입장에 따라 편이 나뉘었다. 그러나 사람들이 연결되는 것을 똑같이 어렵게 만드는 또 다른 분열이 있다. 이런 종류의 분열은 사람들의 사회적 정체성에서 비롯한다. 즉 사회가 우리를 보는 모습이자, 각자가 사회적 존재로서의 자신을 보는 모습을 말한다. 나는 흑인이고 당신은 백인이기 때문에, 나는 트랜스젠더이고 당신은 시스젠더이기 때문에, 나는 이민자이고 당신은 토박이이기 때문에 일어날 수 있는 차이이자 갈등이다. 이런 상황에서 서로 교감하고 가까워지길 희망한다면 다른 식으로 접근해야 한다. 이해의 순환 고리, 또는 이해하고 싶은 의지를 증명하는 걸로는 부족하다.

어느 심리학 교과서에서 설명했듯이 사회적 정체성이란 "사회 집단의 구성원 자격에서 오는 자아 개념, 거기에 두는 가치, 그리고 그 자격이 우리에게 부여하는 감정적 의미의 일부다[3]". 한 사람의 사회적 정체성은 여러 영향력이 혼합되어 나타난다. 자기가 선택한 친구, 자기가 다닌 학교, 자기가 들어간 직장에 따라 느끼는 자부심 또는 자기방어이며, 가족의 유산, 자라온 방식, 숭배하는 대상에 따라 감당해야 할 의무감이다. 모든 사람에게는 사회와 별개로 존재하는 개인적 정체성과[4] 다양한 집단의 구성원으로서 보고 보이는 사회적 정체성이 있다.

다수의 연구가 증명한 바에 따르면, 사회적 정체성은 사람들의 사고와 행동에 지대한 영향을 미친다.[5] 1954년에 수행된 한 유명한 연구에서 여름 캠프에 참가한 열한 살짜리 아이들을 임의로 두 집단으로 나눈 다음, 각각 방울뱀과 수리라고 불렀다.[6] 단순히 두 팀으로 나누고 팀에 이름을 붙여준 것만으로 팀원끼리는 강한 유대감을 보였고 다른 팀은 악으로 매도하여 상대의 깃발을 찢어버리고 서로 머리에 돌을 던지는 지경까지 갔다. 또 다른 실험에 따르면 사회적 환경에서 사람들은 단지 그 안에서 다른 이들과 어울리기 위해 자신의 과거를 거짓으로 말하고, 터무니없는 물건값을 기꺼이 지불하며, 범죄를 보고도 못 본 척했다.[7]

우리는 모두 다양한 사회적 정체성을 지니고 있다. 진보당과 보수당, 기독교인과 무슬림, 흑인과 백인, 자수성가한 백만장자와 노동 계급 등의 정체성이 복잡한 방식으로 교차한다.[8] '나는 남부에서 온 게이 힌두교 컴퓨터 엔지니어로 진보당에 투표한다.' 사람들은 타인의 정체성을 보고 그 사람에 대해 가정한다. 2019년에 한 맨체스터대학교 연구자가 쓴 것처럼 사회적 정체성은 미묘한 방식으로 "집단 간의 차이를 지나치게 과장"하고,[9] "같은 집단 안에서의 유사성"을 과도하게 강조할 수 있다. 한 사람의 사회적 정체성은 자신과 정체성이 비슷한 사람들—심리학자들이 내집단In-group이라고 부르는 것—을 자기도 모르게 좀 더 도덕적, 지적으로 보게 하고, 반대로 외집단Out-group 사람들은 수상하고 비윤리적이며 위협의 가능성이 있다고 보게 만든다. 사회적 정체성은 사람들을 서로 이어주기도 하지만, 고정관념과 편견을 영구화할 수도 있다.

3가지 대화 유형

의견 결정을 위한 대화	감정을 나누는 대화	사회적 정체성에 대한 대화

우리는 모두 자신이 말하고 듣는 방식을 결정하는 사회적 정체성을 소유한다.

이런 사회적 충동은 좋든 나쁘든 인류 진화에 뿌리를 두고 있는 것 같다. 뉴욕대학교 심리학과 교수인 조슈아 애런슨Joshua Aronson은 "만약 인류가 오래전부터 소속의 필요성, 사회적 상호작용의 필요성을 발달시키지 않았다면 우리 종은 진작 끝장났을 겁니다"라고 내게 말했다. "아기에게 사회적 본능이 없고, 엄마가 자식에게 신경 쓰지 않는다면 아기는 죽습니다. 그래서 내집단에 호감을 느끼고 자기 사람들을 지키려는 열망, 소속될 방법을 찾는 형질이 대물림되는 것입니다."

소속에 대한 열망이야말로 '우린 누구인가?' 대화의 핵심이며, 우리가 사회 안에서 연결성에 관해 얘기할 때 늘 등장하는 것이다.[10] 조직 개편에 대한 소문을 이야기할 때("회계팀 전원이 정리해고될 거라던데?"), 또는 연관성의 신호를 보낼 때("우리 가족은 닉스 팬이지"), 사회적 인맥을 알아낼 때("버클리 나왔어요? 그럼 트로이 알아요?"), 사회적 차이를 강조할 때("흑인 여성으로서 저는 이 사안을 당신과는 다른 관점으로 봅니다"), 우리는 사회적 정체성에 대한 대화에 참여하고 있는 것이다.

이런 종류의 대화는 종종 유대감 형성에 크게 일조한다. 둘 다 고등학교에서 농구를 했거나 〈스타트렉〉 페어에 갔다는 걸 알게 되면 서로를 좀 더 신뢰할 가능성이 높아진다. 설령 부정적인 측면에서 엮이는 것이라도—운동을 아주 못한다거나, 〈스타트렉〉 주인공 스폭을 좋아하지 않는 사람을 업신여기는 태도 등—상관없다. 어떤 식으로든 사회적 정체성의 중첩을 발견할 때 서로 연결될 가능성이 커진다.

하지만 모든 사람의 사회적 정체성이 동일할 수는 없다. 단지 같은 스포츠팀에 있었다는 이유로 상대가 돌격 소총 열여섯 자루를 보유하고 있거나 자기와 달리 육식을 범죄시하더라도 그 사람을 신뢰하게 되는 건 아니다. 특히 병원 같은 환경에서는, 예컨대 의사라는 특정한 정체성은 다른 사람보다 영향력이 더욱 크다.[11]

달리 말하면 사회적 정체성이란 주변 환경에 따라 더 강력할 수도, 덜 강력할 수도 있고, 더 두드러질 수도, 덜 두드러질 수도 있다. 만약 모든 주민이 버락 오바마에게 투표한 동네 바비큐 파티에 가면서 오바마 응원 티셔츠를 입고 갔다면 특별히 친밀감을 일으키지는 못할 것이다. 하지만 그 티셔츠를 입고 전미 총기 협회 집회에 나갔다가 같은 티셔츠를 입은 사람을 만나면 엄청난 동지애를 느끼지 않겠는가. 각각의 정체성은 자신의 환경, 그리고 주변에서 일어나는 일에 따라 더 두드러지거나 덜 두드러지게 된다.

💬💬

아이들의 예방접종을 거부하는 부모들을 오랜 시간 만나오면서 로젠블룸 박사는 이 거부감이 사회적 정체성과 관련이 있다는 생각을 하기 시작했다. '우리는 의학계를 불신합니다.' '우리는 정부가 하라는 대로 하고 싶지 않습니다.' 그는 그 일부가 대화의 환경과 관련이 있다고 추정했다. 환자들은 그의 진료소에 있다. 그곳에서 의사인 로젠블룸은 전문가 역할이고 환자는 조언을 구하는 역할이 강제로 주어진다. 이런 관계는 쉽게 분노를 일으킬 수 있다. 2021년에 발표된 한 연구에서는 그런 힘의 불균형과 그 밖의 요인으로 인해 "전체의 5분의 1에 해당하는 미국인이 적어도 한때는 자신을 반백신주의자로 규정했으며, 그중 많은 사람이 이 호칭을 자신의 사회적 정체성 측면에서 중요하게 생각한다"라고 보고했다.[12] 연구에 따르면 백신을 거부하는 사람들은 자신을 남들보다 똑똑하다고 생각하며, 비판적 사고와 자연 요법을 따르는 사람으로 보았다. 저 2021년 연구에서는 백신에 반대하는 것이 그들에게 "자존감과 공동체 의식의 향상" 같은 "심리적 혜택"을 주었다. 자신이 백신에 대해 회의적이라고 규정하는 사람은 "주류 과학과 의학 전문가—광범위한 백신 접종을 옹호하는 사람들—를 위협적인 외집단으로 볼 확률이 높다".

이런 태도를 바꾸기는 쉽지 않다. 그건 "자신을 규정하는 핵심적인 가치관과 믿음을 포기하라는 요구"이기 때문이라고 위에 언급한 논문의 저자 중 한 사람인 보스턴대학교의 매트 모타Matt Motta가 내게 말했다. "지금까지 자신이 믿었던 모든 것이 틀렸다고 인정하길 강요한다면 어떤 사람이 순순히 태도를 바꾸겠습니까?"

그러나 로젠블룸이 보았을 때 이것은 환자만의 문제가 아니었다. 의사도 마찬가지로 사회적 정체성에 영향을 받았다. 로젠블룸은 자신의 멘토—"의사인 제가 당신보다 잘 압니다"라고 말하게 가르쳤던 의사를 포함해서—들을 떠올리면서 그들의 태도를 잘못된 사회적 정체성에서 야기된 오만함으로 보았다. 그 의사는 자신이 전문가 집단에 속해 있기 때문에 우월하다고 생각했다. 환자와 같은 동네에 살고 아이들을 같은 학교에 보내며 자신이 환자들과 아무리 공통점이 많다고 해도, 환자가 자신의 조언을 거부하면 그들을 무지한 집단, 경멸받아 마땅한 집단으로 보았다. 인정하기는 싫었지만 로젠블룸 자신도 비슷한 충동을 느꼈던 것이 사실이다. "흰 가운을 걸치고 나면 자신을 모든 정답을 아는 사람으로 여기게 됩니다." 그가 내게 말했다. "그래서 환자가 제 말에 동의하지 않으면 그들이 무지하거나 틀렸다고 생각하기 시작합니다."

만약 로젠블룸이 백신 거부자와 백신에 관해 얘기하고 싶다면, 그들의 언어로 말해야 하고, 그들의 염려를 이해한다는 걸 보여줘야 한다. 다시 말해 '우린 누구인가'의 대화를 시작해야 한다.

그러려면 두 가지가 필요하다.

● 첫째: 자신을 비롯한 의사들이 마음 속에서는 백신 거부자들을 무지

하고 무책임한 사람으로 보는 고정관념을 해결할 방법을 찾아야 한다.
- 둘째: 환자들 자신이 존중받고 있다고 느끼고 의사와 자신을 공동 집
  단의 일원으로 여기게 하는 대화를 나눠야 한다.

그러던 중 2020년 초에 로젠블룸은 중국 우한에서 공격성이 강한 코로나바이러스가 유행한다는 소식을 들었다. 그 바이러스는 곧 전 세계로 급격히 퍼져나갔고, 각 나라가 국경을 폐쇄하고 봉쇄하기 시작했다. 그해 6월, 미국에서 코로나19 발병자 수가 200만 명에 육박했을 때 연방 정부는 모두에게 백신이 제공될 것이라고 발표했다.[13] 미국 국립보건원은 미국이 집단 면역을 달성하려면 인구의 대략 85퍼센트가 백신을 접종해야 한다고 추정했다.[14]

이 뉴스를 듣고 로젠블룸이 제일 먼저 한 생각이 무엇이었을까? '터무니없군. 주사를 안 맞겠다고 하는 사람이 더 많을걸.'

"하지만 시도해야 했어요." 그가 내게 말했다. "반백신주의자들과 교감하는 방법을 알아내지 못하면 수백만 명의 사람들이 죽을 테니까요." 그러면서 그는 이 문제의 해결책을 본격적으로 모색하기 시작했다. "사람들이 의사와의 대화를 다르게 해석하게 만들면 어떨까? 그들이 자기 자신을 다르게 해석하게 만들면 어떨까?"

고정관념이 망치는 것들

실험에 자원한 여성들에게 적어도 한 가지 공통점이 있었다. 이들은

수학을 특출나게 잘하는 사람들이었다. 대부분 미시간대학교 1, 2학년생이었고, SAT 시험(대학에서의 성취도를 예측하기 위해 설계된 시험—옮긴이) 수학 성적이 상위 15퍼센트를 기록했으며, 최소한 두 번의 대학 수준 미적분학 수업에서 높은 성적을 얻었고, 연구자에게 "수학은 개인적 목표나 직업적 목표에 중요한 과목"이라고 말했다.[15] 참가자 중에는 남학생도 있었지만 진짜 실험 대상은 여성이었다. 연구팀은 이 여성들에게 학생 본인을 포함해 누구도 알지 못하는 불리한 점이 있다고 추정했다.

이 실험은 몇 년 전 워싱턴대학교 심리학과 클로드 스틸Claude Steele이 학생들의 성적에서 이상한 패턴을 보기 시작하면서 출발했다. 전체적인 경향은 그의 예측과 크게 다르지 않았다. 고등학교에서 잘했던 학생들은 대학에서도 우수한 편이었고, SAT에서 높은 점수를 얻은 학생들은 점수가 낮은 학생보다 대학 성적이 조금 더 좋았다.

그러나 이해할 수 없는 측면이 있었다. SAT에서 비슷한 점수를 받은 걸로 보아 대학 수업에 동일하게 준비된 흑인 학생과 백인 학생의 대학교 성적을 비교하면 흑인 학생이 한결같이 낮은 성적을 받은 것이다. "이유를 알 수가 없었습니다." 스틸이 내게 말했다. 그가 이후에 출간한 『고정관념은 세상을 어떻게 위협하는가』(바이북스, 2014)에서 설명한 것처럼 "SAT 성적 분포도에서 전체를 통틀어, 심지어 최고의 성적을 받은 경우에도 흑인 학생은 다른 학생보다 대학에서의 성적이 낮았다. 그건 영어와 수학, 심리학까지 어느 과목이나 동일했다.[16] 게다가 흑인 집단만이 아니라 대학 고급 수학 수업, 법학대학원, 의과대학원, 경영대학원의 라틴계, 아메리카 원주민, 그리고 여성에게도 동일하게 나타났다".

처음에 스틸은 강의자에게 문제가 있을지도 모른다고 생각했다.[17] 교수가 인종차별주의자 또는 성차별주의자인 것은 아닐까? 혹은 그들이 무의식적으로 고정관념의 영향을 받은 것은 아닐까?

그러나 좀 더 깊이 파헤치면서 다른 일이 일어나고 있다는 의심이 들었다. 데이터를 살펴보니 고급 수학 강의를 수강하는 흑인 학생과 여학생의 성적이 낮아지는 한 가지 공통된 요인이 있었다. 그들은 시간이 정해진 과제에서 유독 부진했다. 다른 학생 못지않게 수업 내용을 잘 알았고, 또 그만큼 공부도 열심히 했지만 시간이 정해진 필기 시험을 볼 때면 아까운 시간을 답을 예측하는 데 낭비했다.

그래서 스틸은 교사가 아닌 학생을 들여다보았다. 이들의 자존감이 낮은가? 그런 것 같지는 않았다. 시험을 치기도 전에 결과가 나쁠 거라고 지레 겁을 먹는 걸까? 그렇다면 이들의 낮은 성적은 일종의 자기실현적 예언의 결과물이다. 하지만 그렇다는 증거 역시 없었다. 사실 그 반대였다. 이 학생들은 시험을 칠 준비가 잘되었다고 생각했고 자신을 증명하려는 마음도 강했다. 그렇다면 뭔가 다른 일이 일어나고 있는 것이다. 스틸은 그것이 무엇인지 알 것 같았다. 이 학생들은 자신의 사회적 정체성에 스스로 묶여 있었다.[18] 여성 또는 아프리카계 미국인이라는 그들이 속한 집단, 그리고 그들 자신이 그 집단을 향한 편견이라 믿는 것에 얽매여 있었다.

스틸은 사회적 정체성이 사람의 삶에 얼마나 큰 영향을 미치는지 직접 겪었기 때문에 더 잘 알았다. 그는 미국의 많은 주에서 다른 인종 간의 결혼이 불법인 시기에 시카고에서 흑인 아버지와 백인 어머니 밑에서 태어나 인종차별을 온몸으로 경험하며 자랐다. 그의 부모는 시민권 운동에 참여했고, 학교와 주택 격리, 투표 차별에 항거했다. 성인이 된 스틸의 행동주의는 부모와 방식이 달랐다. 그는 시카고를 떠나 오하이오주에서 심리학 박사과정에 들어가 편견의 심리학을 연구했다. 이후 유타대학교, 워싱턴대학교, 스탠퍼드대학교, 컬럼비아대학교 등 미국 최고의 대학을 이례적으로 빠른 속도로 거치며 승승장구했다. 미시간대학교에 부임한 스틸은 학생들의 성적에서 발견한 이상한 패턴을 조사하기 위한 실험을 설계하기 시작했다.

첫 번째 연구는 1999년에 동료인 스티븐 스펜서Steven Spencer와 함께 수행했는데, 수학을 잘하는 여학생들이 실험 대상이었다. 그리고 그 결과 수학을 전공하는 여성들이 "끊임없이 자신을 증명해야 하는 압박감을 느끼고, 커리어에 대한 진지함이 늘 의심받는다"고 생각한다는 걸 알게 됐다. 이들은 "여자는 원래 남자보다 수학을 못한다"는 사회 통념을 아주 잘 인식했다. 스틸에 따르면 그들 자신도 그 사실을 "감내해야 한다고 생각한다". 이 고정관념은 어떤 실질적인 기반이 없음에도 계속해서 퍼져나갔다.

실험 중에 스틸은 참가자 절반에게 어려운 수학 문제를 주었고, 나머지 절반에게는 어려운 영어 문제를 주었다.[19] 참고로 영어는 일반적으로 여성의 실력이 고정관념에 의해 크게 폄하되지 않는 과목이다. 시험 시간은 상대적으로 짧은 30분이었고, 대학원 입학시험인 GRE 수준으로 어려웠다.

영어 시험에서는 남학생과 여학생의 평균 점수가 비슷하게 나왔다. 그러나 수학에서는 남학생의 평균이 여학생보다 20점이나 앞서 있었다. 영어 시험 중에 여학생과 남학생은 모두 시험 시간이 넉넉했다. 하지만 수학 시험에서는 특히 여학생의 효율이 떨어졌다. "그들은 자신의 답을 지나치게 여러 번 검토하면서 확인을 거듭했다"라고 스틸이 말했다. 그들에게는 시험 시간이 부족했다. "뇌의 한쪽에서는 문제를 풀고 있고, 다른 쪽에서는 '다시 검토해야 해, 더 신중해야 해, 왜냐하면 여학생인 나한테는 수학을 못한다는 고정관념이 따라붙으니까'라는 생각을 하면서 멀티태스킹을 해야 했기 때문이다."[20]

스틸이 보기에 여학생들은 사실이 아닌 줄 알면서도 파괴적인 편견의 존재 자체에 약해지는 것처럼 보였다. 그는 다음과 같이 썼다. "여성의 수학 실력에 대한 세간의 부정적 고정관념 때문에, 여성은 어려운 수학 시험을 치르더라도 여성이기에 수학에 한계가 있을 것이라는 낙인이 찍힐 위험에 처한다." 이런 고정관념의 존재는 시험 시간에 풀이의 속도를 늦출 정도로 불안을 일으키고 집중하지 못하게 하여 낮은 성적으로 이어진다.

다음으로 스틸은 똑같이 잘 준비된 흑인과 백인 학생을 모집해 GRE 언어 영역을 풀게 했다.[21] 스틸에 따르면 이런 종류의 테스트에는 "흑인 학생이 속한 집단의 지적 능력이 떨어진다"라는 추한 고정관념이 있었다. 그 결과 "이런 어려운 시험에서 백인 학생이 흑인 학생보다 훨씬 좋은 점수를 받았다. 점수 차가 꽤 커서 GRE 시험 전 과목에서 그랬다면 간극이 제법 벌어졌을 것이다"[22]. 이런 차이에 대해 스틸은 흑인 학생이 자기가 시험을 잘 치지 못할 거라고 암시하는 고정관념을 인식하고 있었고, 그것이 성적을 망칠 정도로 스트레스를 주고 정신적 에너지를 요구했기 때문이라는 결론을 내렸다(이와 대조적으로 흑인 학생에게 이 테스트는 지적 능력을 평가하지 않는다는 사전 고지를 통해 고정관념을 덜 의식하게 했을 때는 그들도 백인 학생과 비슷한 점수를 받았다).

스틸과 동료들은 이러한 훼손 효과를 '고정관념 위협Stereotype threat'이라고 불렀다. 1990년대 후반에 처음으로 시도된 저 실험들 이후로 수백 건의 다른 연구에서 고정관념 위협의 존재가 확인되고 그 치명적인 효과가 조사되었다.[23] 자신에 대한 고정관념이 존재한다는 걸 아는 것만으로 우리가 행동하는 방식이 영향을 받는다. 흑인 학생들, 또는 고급 수학 강의를 듣는 여성들, 그리고 그 밖의 많은 사람들에게 "주위에 인종차별주의자가 없더라도, 사회에서 그들이 속한 정체성의 능력을 의심하는 고정관념을 의식하는 것만으로도 위협이 된다"라고 스틸이 말했다. 학생들의 주변에 편견을 가진 사람이 없어도 학생들은 자신에 대한 고정관념이 존재하고 그들의 성취도가 "결국 그 고정관념을 확인하는 빌미가 될 거라는" 생각에 의해 자신감이 떨어질 수 있다.[24]

물론 고정관념은 모든 사람을 둘러싸고 있다. 사실 로젠블룸과 다른 수많은 의사들이 자신의 조언을 거부하는 환자를 나쁘게 생각하게 하는 것도 종류가 다를 뿐, 고정관념인 것은 마찬가지다. 의사들로 하여금 자신이 통달했다고 생각하게 만드는 고정관념, 즉 의사는 전문가라는 사회적 고정관념이 있다. 반면에 의사는 부패한 정부의 권고를 등에 업고 활개 치는 잘난척쟁이라는 또 다른 고정관념 때문에 환자들은 담당 의사를 의심의 눈으로 보게 된다. 사회적 정체성은 비록 의도하지 않고, 심지어 원하지 않아도 우리의 행동 방식을 바꿀 수 있다. 이런 정체성이 짧은 시험 시간에 자꾸만 답을 확인하게 하거나, 또는 환자에게 거만하게 "제가 환자분보다는 잘 아니까요"라고 말하게 한다.

스틸과 다른 연구자들은 고정관념 위협을 상쇄할 방법을 발견했다.[25] 한 실험에서 그들은 여성 참가자들에게 시험지를 주면서 이 테스트는 성별의 차이가 반영되지 않게 특별히 고안되었다고 알렸고, 또 다른 실험에서는 흑인 학생들에게 이 테스트가 "한 사람의 지적 능력을 측정하는 것이 아니라, 사람들의 일반적인 문제 풀이 방식을 보는 것"이라고 말했다. 그 결과 고정관념 위협의 효과가 줄었다. "우리는 사전에 흑인 참가자들에게 이런 지침을 알려줌으로써 그들이 경험하는 낙인의 위협을 제거했다"라고 스틸이 자신의 책에서 썼다.

달리 말하면, 연구자들은 환경을 바꾸어 고정관념이 덜 두드러지게, 따라서 덜 위협이 되게 했다. "이런 방법은 수업 시간에도 적용할 수 있으며, 효과가 있다면 좋겠지요. 하지만 이런 고정관념이 존재한다는 걸 모두 알고 있는 사회에서는 쉽지 않습니다." 스틸이 내게 말했다.

2005년에 또 다른 남녀 학생들이 수학 시험을 치르기 위해 초대되었다. 이 연구는 텍사스 크리스천대학교 캠퍼스에서 여러 연구자들이 수정된 절차에 따라 시도했다.[26] 연구팀 수장인 데이나 그레스키 Dana Gresky는 모두의 마음속에 위협적인 고정관념이 도사린다는 것을 강조하기 위해 실험에 앞서 참가자들에게 이렇게 말했다. "저는 GRE를 연구하고 있습니다. 수학 영역에서 남성이 여성보다 대체로 성적이 뛰어나다는 잘 알려진 고정관념을 파헤치고 있지요." 과거 연구에서 보이기를 이런 식의 명백한 선언은 많은 여성에게 이 고정관념을 확실히 심어주고 시험에서 성적이 더 낮게 나오는 결과를 초래했다. 그런 다음 참가자들은 세 집단으로 나뉘어 각각 다른 방에 들어갔다. 첫 번째 집단은 별다른 지시 없이 곧바로 GRE 수학 영역의 시험을 치렀다. 두 번째 집단은 시험을 시작하기 전에 각자 자신을 짧게 묘사하는 시간을 가졌다. 그레스키에 따르면 이들은 자신의 정체성과 사회적 역할을 설명하는 도식을 그렸다. 그러나 시간이 많지 않았기 때문에 가장 기본적인 정보만을 적어야 했다. 그레스키는 학생들에게 자신이 그린 도식의 예를 보여주었다.

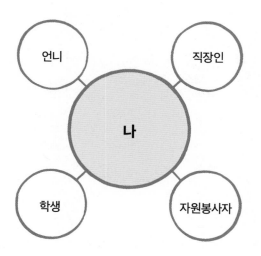

세 번째 집단에게도 시험에 들어가기 전에 자신이 보는 자기의 모습을 설명하게 했다. 그러나 이번에는 시간을 충분히 주고 "가능한 한 많이" 쓰게 하면서 자기가 속한 다양한 모임, 취미, 삶의 여러 방면에서 차지하는 수많은 정체성과 역할에 관해 정보를 제공하는 상세한 도식을 작성하라고 했다. 그들은 다음과 같은 예시를 받았다.

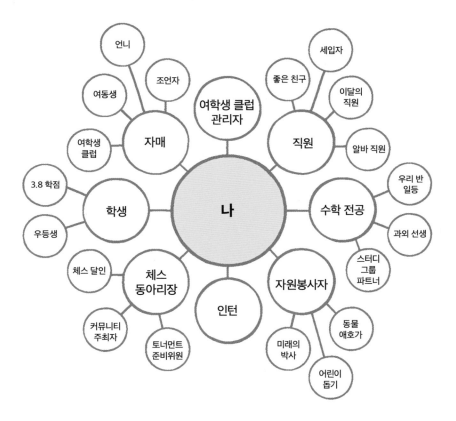

두 번째와 세 번째 집단은 이런 도식을 만들고 난 다음에 수학 시험을 치렀다.

연구자들은 "여성 참가자에게 자신의 다양한 역할과 정체성을 상기시켰을 때 고정관념 위협이 줄어드는지"를 보고 싶었다. "여대생은 전형적으로 자신을 성별, 인종, 민족성, 사회적 계층, 종교, 여학생 클럽, 학교 수업, 일, 운동팀, 동아리 회원, 가족 등으로 규정할 것이다." 이런 여러 정체성이 특별히 수학 실력과는 관계가 없더라도 여성이 아닌 자신의 다른 사회적 정체성을 떠올리는 것만으로 수학 성적을 올리는 데 도움이 될까? 연구자들은 수험자가 시험 전에 자신의 복잡한 정체성을 검토해보는 것이 앞서 그레스키가 GRE 성적에 대한 남녀 고정관념을 강조하는 바람에 하나의 정체성에만 집중하면서 유발된 불안을 없애도록 환경을 바꿀 수 있다는 가설을 세웠다.

시험 점수를 확인한 결과 첫 번째와 두 번째 집단의 여성들은 연구자들의 기대처럼 평균적으로 남성보다 성적이 낮았다. 사전에 이들에게 부정적인 고정관념을 심어준 것이 수행 능력을 약화시켰다. 자신의 정체성을 짧은 시간에 기술해야 했던 두 번째 집단에서도 마찬가지였다.

그러나 삶의 다양한 측면과 자신이 지닌 모든 정체성에 관해 충분히 숙고할 수 있었던 세 번째 집단의 여성들은 결국 남성들과 비슷한 결과를 냈다. 점수에 거의 차이가 없었다. 자신이 지닌 정체성의 다중성을 상기시켰더니 고정관념 위협이 상쇄된 것이다. 연구자들은 "항목이 많지 않은 자기 개념 지도를 그리는 것은 비효율적이었다. 반대로 최대한 많은 항목의 자기 개념 지도를 그렸을 때는 고정관념 위협에 놓인 여성이라도 훨씬 좋은 성과를 보였다"라고 썼다.

이런 종류의 연구를 접하면서 로젠블룸 박사는 자기가 겪는 문제에 하나의 해결책을 제시받은 것 같았다. 어떻게 하면 의사들의 머릿속에 들어 있는 "의사가 가장 잘 안다"라는 고정관념을 깨뜨릴 것인가. 로젠블룸은 흰 가운을 입고 일차원적으로 "의사 선생님"이 되는 기분을 만끽하는 것이 얼마나 쉬운지 알고 있었다. "하지만 자신을 부모로 보게 되면, 자식의 건강에 대한 선택을 내리는 것이 얼마나 겁나는 일인지 잘 알게 될 겁니다." 그가 내게 말했다. "또한 상대가 나의 이웃이라는 걸 떠올린다면, 이웃끼리는 '제가 당신보다 훨씬 더 잘 압니다' 따위의 말은 하지 않는다는 걸 알게 되겠지요."

사회적 정체성에 대한 대화에서 우리는 종종 하나의 정체성을 고수한다. 나는 너의 부모이다. 또는 나는 너의 선생이다. 또는 나는 당신의 상사이다. 그러나 그것이 결국은 자신의 시야를 제한하는데, 세상을 오로지 그 렌즈 하나만을 통해서 보게 되기 때문이다. 모든 사람에게 복잡한 면이 있다는 것을 잊게 되고, 또 의사가 아닌 부모의 입장에서는 낯선 사람이 내 아이에게 주사하려는 약물에 대해 얼마든지 의심에 찬 질문을 할 수 있다는 걸 잊는다. 질문하는 것은 좋은 부모가 당연히 해야 하는 행위임을 알고 있으면서도 말이다.

이런 교훈을 염두에 두고 로젠블룸은 새로운 방식을 도입했다. 환자의 부모를 만날 때마다 그는 일부러 시간을 내어 그들이 공유하는 정체성을 파악하려고 했다. "상대가 가족 이야기를 하면 저도 제 가족 이야기를 하고, 동네 얘기를 하면 저도 제가 살았던 곳의 이야기를 했습니다." 그가 내게 말했다. "보통 의사는 사적인 이야기를 잘 하지 않지만 저는 환자와의 연결 고리를 찾는 게 중요하다고 보았어요."

환자들이 보기에는 로젠블룸이 자신들을 편안하게 해주려고 애쓰는 것처럼 느꼈을지도 모른다. 그러나 그는 자신을 위해서도 그렇게 했다. "저도 제가 의사이기만 한 것은 아니라는 사실을 깨닫게 되었습니다." 그가 말했다. "그러자 환자가 백신은 커다란 음모라는 불합리한 말을 하더라도 짜증이 아닌 교감을 느끼게 되었어요. 왜냐하면 전문가에게 강요받는다는 게 어떤 느낌인지 알기 때문이죠. 저도 경험한 적이 있고요."

사회적 정체성에 대한 대화에서는 모든 사람에게 다중의 정체성이 있다는 점을 일깨우는 것이 매우 중요하다. 우리는 부모이자 누군가의 형제자매이다. 어떤 주제에서는 전문가이고, 어떤 주제에서는 문외한이다. 누군가의 친구이자 동료이며, 개는 좋아하지만 조깅은 싫어한다. 우리는 이 모든 정체성을 한 몸에 지니고 있으며 따라서 어떤 하나의 고정관념으로 규정할 수는 없다. 우리에게는 언젠가는 표출될 다중성이 있다.

그렇다면 사회적 정체성에 대한 대화는 이리저리 돌아다니며 탐색하는 과정이 되어야 한다. 또는 상대방의 삶에 좀 더 깊숙이 들어갈 수 있게 그 사람이 어디에서 왔고 자신을 어떻게 보고 있으며 그들이 마주하는 편견—인종차별, 성차별, 부모와 공동체의 기대 등—이 삶에 어떤 식으로 영향을 미쳤는지 이야기를 끌어낼 필요가 있다. "아들이 학교에 갈 때마다 이렇게 당부합니다. 시험이 어려우면 또 다른 너를 생각하라고." 연구자 그레스키가 말했다. "머릿속에 있는 다른 목소리들을 떠올리면 나쁜 목소리의 힘을 죽일 수 있어요."

다른 목소리가 소리를 내게 부추기는 것은 생각보다 간단하다. 사회적 정체성에 대한 대화를 시도하면서 상대의 배경과 소속과 공동체의 형성 과정을 묻는다("고향이 어디세요? 오, 정말요? 그곳에서 지낸 어린 시절은 어땠나요?"). 그런 다음 그 화답으로 자신의 정체성을 설명한다("잘 아시겠지만 남부 출신으로서 저는 이렇게 생각합니다…"). 그리고 대화가 진행되는 동안 여러 정체성을 떠올려 일차원적 함정에 빠지지 않게 노력한다. "변호사인 당신은 경찰을 지지하신다는 말씀이지요. 그렇다면 부모로서는 경찰이 아이들의 차를 세우는 것에 대해 어떤 부분을 염려하십니까?"

물론 이것도 사회적 정체성에 대한 대화의 일부일 뿐이다. 모든 사람에게 다중성이 있다는 것을 기억하면 서로를 좀 더 명확하게 볼 수 있다. 하지만 그렇다고 해서 백신을 거부하는 부모가 곧바로 의사를 신뢰하게 되는 건 아니다.

그렇게 되려면 서로 공유할 수 있는 정체성을 찾아야 한다.

우리는 모두 복잡한 존재다

2018년 봄, 이라크 카라코시에서 새로운 축구 리그가 창설된다는 내용의 전단지가 돌아다니기 시작했다.[27] 이건 의외의 사건이었는데, 당시 카라코시는 막 잔혹한 전쟁을 마치고 회복하는 중이었기 때문이다. 몇 년간 카라코시의 기독교인들이 이라크·레반트 이슬람 국가

ISIL에 의해 무자비한 공격을 받았다. 수백 명의 기독교인들이 목숨을 잃었고, 5만 명이 집에서 쫓겨났다.[28] 이슬람 국가 전투원들은 교회를 약탈하고, 기독교인이 소유한 사업체에 불을 지르고, 기독교인 여성들을 폭행했다.[29] 2016년에 이슬람 국가가 카라코시에서 철수하면서 마침내 집으로 돌아온 기독교인 난민들은 무슬림 이웃에게 배신감을 느꼈다. 2017년 한 인터뷰에서 60세 기독교 남성은 "우연히 마주치면 그들은 얼굴을 돌리고 가버립니다"라고 말했다. "자기들이 어떤 일을 했는지 아는 거죠. 잘못했다는 걸 알고 있어요."[30]

전쟁 이전에 카라코시에서는 아마추어 성인 축구팀들이 활발하게 활동했다. 그러나 대부분 기독교인 중심이었다. 기독교인과 무슬림이 함께 경기하는 일은 없었다. 사실 축구장 밖에서도 두 집단이 섞이는 일은 드물었다. 기독교인 전용 식당과 무슬림 전용 식당, 기독교인 전용 식료품점과 무슬림 전용 식료품점이 따로 있었고, 입구에서 고객의 종교가 적힌 신분증을 확인하는 사람이 상주했다.

카라코시에 기독교인 난민들이 돌아오면서 축구팀이 서서히 경기를 재개하기 시작했다. 그러던 어느 날 기독교인 동네에 새로운 리그의 창설 소식과 함께 선수들을 회의에 초대하는 전단지가 뿌려진 것이다. 반쯤 불에 탄 교회 안에 모인 사람들에게 주최 측은 대회를 후원하겠다고 했다. 참가비는 무료이고 참가 제한은 없으며 모든 참가자에게 이름이 새겨진 티셔츠를 제공한다. 모든 경기는 전문 심판이 판정을 보고, 골대와 축구공은 모두 새것이며, 우승팀에는 트로피가 수여된다. 다만 조건이 있었다. 기존에 운영 중인 팀만 참가할 수 있고, 지금까지 카라코시에서는 한 팀에 아홉 명의 선수가 출전하는 게 관례였지만 이 대회에서는 열두 명이 뛰어야 한다. 게다가 참가팀 중에서 절반은 누구를 추가 영입해도 상관없지만—아마도 모두 기독교인일 테고—나머지 절반의 팀들은 리그 주최 측이 선정한 무슬림 선수 세 명을 추가해야 한다.[31]

이 대회는 스탠퍼드대학교 박사과정 학생 살마 무사Salma Mousa의 아이디어였다.[32] 그녀는 '접촉 가설Contact hypothesis'을 시험하고 싶어 했다.[33] 접촉 가설이란 사회적 정체성이 서로 상충하는 사람들이 특수한 환경에서 함께 생활하면 과거의 혐오를 극복할 수 있다는 이론이다. 주민 대부분이 기독교인이고, 무슬림 이웃이 자신들을 배신했다고 믿는 카라코시 같은 곳에서 축구 대회 하나로 뿌리 깊은 적개심을 극복할 수도 있다는 발상은 가당치도 않은 것이었다. 첫 회의에서 전체 팀의 절반이 무슬림 선수를 받아야 한다는 말을 들었을 때 많은 코치와 선수가 자리를 박차고 나가버렸다. "그렇게 되면 팀이 엉망이될 거라고 했어요." 무사가 내게 말했다. "우리가 또 전쟁을 일으키려한다고 했죠."

그러나 전문 심판의 영입과 대형 트로피라는 미끼 덕분에 몇 개팀이 등록했다. 이어서 새 운동복이 도착하자 모두 참가하고 싶어 했고, 마침내 42개 팀이 리그에 등록했다. 무사와 연구팀 조교는 절반인 21개 팀에 무슬림 선수를 배정하고 일정을 알려준 다음 그때부터 상황을 지켜보았다.

첫 연습 날, 긴장이 가득했다. 일부 기독교인 선수는 무슬림 팀원에게 자신을 소개하지도 않았고 되도록 멀리 떨어져서 앉았다. "무슬림 선수들은 팀과 어울리려고 애를 썼습니다." 무사가 말했다. 그러나 기독교인 선수들은 대놓고 적대적이었다. 하지만 모든 팀원이 균일하게 경기에 참여해야 한다는 규칙이 있었기 때문에 벤치에서는 서로 어울리지 않더라도 연습과 경기에서는 협력할 수밖에 없었다.

거기서부터 변화가 시작되었다. 어떤 팀은 처음에 시리아어(중동에서 기독교인이 사용하는 언어로, 무슬림을 포함한 다른 이들은 사용하지 않는 말이다)를 사용하겠다고 고집했다. 그러나 경기장에서 소통이 되지 못하는 것은 뻔한 결과였다. 그중 두 팀의 코치가 선수들에게 무슬림과 기독교인이 모두 이해하는 아랍어로 말해야 한다는 규칙을 도입했다. 그 팀들이 경기에서 좋은 성과를 내자 다른 코치들도 따라 하기 시작했다.

일주일 뒤, 기독교인 선수들이 찾아와 무슬림 팀원들이 상습적으로 늦는 바람에 귀중한 연습 시간을 허비하게 된다고 불평했다. 무슬림 선수들은 도시 반대편에서 왔는데 버스 속도가 느린 데다가 검문소를 여러 개 거치기 때문에 어쩔 수 없었다. 이유를 알게 된 기독교인 선수들이 돈을 모아서 택시 비용을 댔다.

언제부턴가 무사는 경기장에서 기독교인과 무슬림을 구분할 수 없게 되었다. 그들은 벤치에 함께 앉았다. 골을 넣으면 함께 축하했다. 무슬림을 주장으로 뽑은 팀도 있었다. 전체가 기독교인으로 구성된 팀에서는 자기 팀에 무슬림이 없어서 손해라며 불평하기 시작했다. 무사가 선수들을 대상으로 설문했더니 혼합팀에 있는 선수 중에서 "다음 시즌에 또 혼합팀에 들어가도 상관없다고 말한 사람이 13퍼센트 더 많았고, (소속 팀이 아닌) 무슬림 선수에게 스포츠맨십 상을 투표하겠다고 한 사람이 26퍼센트 더 많았으며, 대회가 끝나고 6개월 후에도 무슬림과 함께 훈련하겠다고 답한 사람이 49퍼센트 더 많았다".[34] 물론 편견은 사라지지 않았다. 기독교인 선수들은 같은 팀원이 아닌 다른 무슬림은 여전히 믿지 못하겠다고 고백했다. 그러나 변화는 확실했다. 하루는 무사가 동료들과 카라코시 도심을 걸어가다가 몇몇 기독교인 선수들이 술집 안에서 바르셀로나와 레알 마드리드의 경기를 시청하고 있는 걸 보았다. 그들 옆에는 그들의 무슬림 팀원들이 있었다.

카라코시 대회 결승전은 카람레시 유스 대 니느웨 평원의 수호자의 경기였다. 경기 전에 선수들은 단체 사진을 찍었다. 두 팀 모두 무슬림과 기독교인이 섞인 팀이었고, 일부 선수는 전쟁 때 죽은 가족의 사진을 들고 있었다. "죽은 삼촌과 조카의 사진이었어요." 무사가 말했다. "그리고 그들 옆에는 무슬림 선수가 있었는데 서로 팔짱을 끼고 있었죠." 경기는 니느웨 평원의 수호자 팀이 이겼다. 경기 후 모든 팀이 MVP 선수를 투표했고 무슬림 선수가 선정되었다. 5개월 뒤에 실시한 설문 조사에서 기독교인 선수들은 계속해서 무슬림 선수와 경기했고, 한 선수의 말대로 "경기가 끝나면 승패에 상관없이 우리는 서로 껴안고 키스하며 축하했다. 연습이 없을 때도 동네에서 따로 만나거나 전화로 연락했고 집에 초대해 차나 커피를 마셨다". 무슬림 선수들은 "어느 지역 출신인지 따지지 않았고, 리그 관계자에게 앞으로는 지역의 모든 무슬림 팀을 초청하도록 제안했다"라고 말했다.[35]

실험의 결과는 무사의 기대를 훨씬 넘어섰다. "스포츠가 장벽을 무너뜨렸다고 말하는 사람들도 있었어요." 무사가 내게 말했다. "하지만 그것만이 아니에요. 차이를 만든 건 우리가 상황을 구성한 방식에 있어요."

사실 이 대회를 설계하면서 선수들이 유대감을 쌓을 수 있게 유도한 세 가지 환경의 변화가 있었다. 이건 성공적인 '사회적 정체성에 대한 대화'의 핵심에 있는 것과 같은 선택이다.

첫 번째는 수학과 상관없는 정체성을 떠올리게 하여 여학생들의 수학 점수를 올리는 데 일조한 심리학을 활용했다. 축구팀은 선수들에게 종교를 넘어서는 정체성을 생각하게 의도적으로 구성되었다. 어떤 선수는 무슬림이지만 동시에 골키퍼였고, 하프타임에 선수들의 스트레칭을 주도했다. 또 다른 선수는 기독교인이지만 음료수를 가져오는 일을 했고, 팀의 주장이었으며, 경기 전에 항상 선수들을 격려했다. "팀 자체적으로 선수마다 다른 정체성을 부여하려는 노력이 있었어요." 무사가 말했다. "그리고 그 정체성이 종교보다 더 중요해졌죠. 팀의 승리와 관련이 있었으니까요."

두 번째는 경기장에서 모든 선수가 동등해야 한다고 강조한 것이다. 카라코시에는 계층이 존재했다. 역사적으로 기독교인은 무슬림보다 부유했고 교육 수준도 높았다. 이슬람 국가의 침공으로 마을의 상류층이 쫓겨나면서 일시적으로 상황이 전복되었지만, 기독교인들이 돌아오자 과거의 사회 질서가 다시 나타났다. "그러나 경기장에서는 모두 같은 시간을 뛰어야 했기 때문에 모든 선수가 동등한 입장이었어요." 무사가 말했다. "힘의 차이가 없었지요." 적어도 경기 중에는 오래된 경쟁의식이나 원한처럼 한 집단을 다른 집단 우위에 두는 사회적 정체성을 옆으로 밀어두었다는 말이다.[36]

이 실험이 성공한 마지막 이유는 사회적 정체성에 대한 대화가 성공하는 것과 같은 요인으로, 선수들이 새로운 내집단을 형성하고 그 안에서 공통된 사회적 정체성을 확립하게 허락한 것이었다. 그 내집단은 선수들이 이미 소유한 정체성을 바탕으로 세워진 것이기 때문에 더 강력했다. 무슬림 선수와 기독교인 선수가 그토록 빨리 유대를 형성한 것이 외부인에게는 놀랍게 보일지 모르지만 무사에게는 그다지 놀라운 일이 아니었다. 무사는 그들에게 자신을 완전히 재정의하라고 요청한 것이 아니라 축구팀이라는 기존의 정체성을 좀 더 잘 보이게 만들어주었을 뿐이다. 그리고 그 결과 그들의 종교적 정체성의 목소리가 움츠러들었다.

이런 식의 환경적 변화가 사회적 정체성에 대한 대화의 성공에 필요한 요소를 가리킨다.

첫째, 대화 파트너의 다중적 정체성을 끌어내려고 노력한다. 모든 사람이 다중성을 지니고 있다는 걸 상기시키는 것은 중요하다. 우리 중에 일차원적인 인간은 한 사람도 없다. 대화 중에 상대의 복잡성을 인지하게 되면 머릿속 고정관념을 무너뜨리는 데 도움이 된다.

둘째, 모두 대등한 인간임을 확실히 한다. 청하지 않은 조언을 제시하거나 부와 인맥을 과시하지 않는다. 모든 사람이 어느 정도 경험했거나 관련 지식이 있는 주제, 또는 아예 모두 알지 못하는 주제를 찾는다. 조용한 사람이 입을 열도록 격려하고 말이 많은 사람이 듣게 하여 모두의 참여를 유도한다.

마지막으로, 이미 존재하는 사회적 유사성을 찾는다. 우리는 보통 새로운 사람을 처음 만나면 자연스럽게 공통 분모를 찾게 된다. 그러나 그런 연결 고리에서 한발 더 나아가 서로의 공통성을 더욱 부각하는 게 중요하다. 상대와의 유사성은 그것이 의미 있는 것일 때 더 강력한 힘을 발휘한다. 두 사람 모두 제임스와 아는 사이일 수 있으나 그와의 우정이 어떤 의미인지, 그가 두 사람의 삶에 어떤 큰 영향을 주었는지 말하기 전에는 그다지 강한 연결 고리가 되지 못한다. 상대와 내가 둘 다 로스앤젤레스 레이커스 농구팀 팬일 수는 있지만 어릴 적 부모님과 함께 경기 관람을 하러 가서 매직 존슨이 득점할 때 어떤 기분이었는지, 그 짜릿함을 나눌 때에만 힘이 생긴다.

사회적 대화는 더 깊은 이해와 의미 있는 연결로 이어지는 관문이다. 그러나 이 대화에 깊이를 더하고, 여러 정체성을 환기시키고, 공유하는 경험과 신념을 표현하도록 허용할 필요가 있다. 사회적 정체성에 대한 대화가 강력한 것은 서로의 공통된 부분에 의해 유대가 생길 뿐 아니라 진정한 자기 자신을 공유하게 하기 때문이다.

의사는 어떻게 백신 반대주의자를 설득했을까

2021년 봄, 로젠블룸은 제정신이 아니었다. 코로나19가 이미 전 세계에서 200만 명 이상의 사망자를 내었고, 수십억 인구를 봉쇄시켰다.[37] 백신 접종 운동이 시작되었으나 로젠블룸은 목표치에 이르지 못할 거라고 확신했다. "전문가들은 이렇게 말했죠. 백신의 안전성을 교육하고 그 사실을 증명하는 데이터를 보여준다면 사람들이 와서 백신을 맞을 거라고 말입니다. 하지만 이 환자들과 만나본 적이 있는 사람이라면 씨알도 먹히지 않는다는 것을 잘 알 거예요. 그들은 이미 데이터를 손에 들고 있어요! 아마 몇 날 며칠 온라인을 뒤져서 조사했을 겁니다. 그렇게 해서는 그 사람들의 마음을 바꿀 수 없어요."

로젠블룸은 새로운 접근법을 찾아 부스트 오리건Boost Oregon이라는 단체에서 자원봉사를 시작했다. 전 세계에서 백신 접종을 설득하기 위해 나선 의사, 사회과학자 네트워크가 우후죽순으로 생겨났다.[38] 이런 단체들에 속한 사람 중에는 이미 몇 년 전부터 백신 거부와 백신에 대한 망설임을 연구한 이들이 많이 있었고, 그 결과 가장 효율적인 방법은 '동기 강화 면담Motivational interviewing'이라는 결론을 내렸다.[39] 동기 강화 면담은 원래 1980년대에 음주 문제가 있는 사람들을 돕기 위해 개발된 방식이었다. 2012년에 발표된 논문에 따르면 동기 강화 면담에서 "상담자는 납득시키거나 설득하려고 하지 않는다. 대신 내담자가 변화를 찬성하거나 반대하는 자신만의 이유를 생각해보게 하고 말로 표현하도록 유도한다".[40] 동기 강화 면담은 한 사람의 믿음, 가치관, 사회적 정체성을 끌어내어 그 복잡성과 복잡한 신념이 탁자 위에 올려지면 예상치 못한 변화의 기회가 나타날지도 모른다는 희망에 기반한다.

10여 년 동안 미국 질병통제예방센터는 백신을 거부하는 환자들에게 동기 강화 면담 기술을 시도하도록 권장했다. 로젠블룸과 동료들에게는 코로나 백신에 대해 회의적인 사람들과 아주 구체적인 대화를 나눠야 한다는 뜻이다. 예를 들어 포틀랜드의 리마 채미Rima Chamie 박사의 병원에 한 나이 든 환자가 와서 아직 코로나 백신의 과학적 검증이 끝나지 않았다는 이야기를 들었다면서 백신을 맞지 않겠다고 했다. 의사는 그와 실랑이하는 대신 열린 질문들을 던졌다.

그는 은퇴한 경찰관으로 손주가 세 명 있었고 신앙이 깊었다. 교회는 그의 삶에서 가장 소중한 장소였다. "그래서 저는 예방접종이 필요하지 않습니다. 하느님이 저를 돌봐주실 겁니다. 저는 손을 자주 씻어요. 마스크도 쓰지요. 신이 모든 걸 대비해주실 겁니다. 그분은 제가 갈 길을 알고 계시니까요." 그가 의사에게 말했다.

채미는 자신감 있고 다정하고, 울음을 멈추지 않는 아기도 금세 진정시킬 수 있고, 공감의 미소로 긴장한 부모를 차분하게 만드는, 한마디로 모두가 원하는 의사이다. 그녀 자신도 엄마이고, 그녀의 아이들은 엄마의 조언을 무시하면 자기에게 손해라는 걸 알고 있다. 이민자와 아이들, 저소득층과 노숙자를 위해 일했으며, 전문 의료인이 된다는 것이 어떤 의미인지 잘 알고 있다. "의사의 흰 가운에는 힘이 있어요." 그녀가 내게 한 말이다.

하지만 이 환자에게는 코로나 백신이 안전하다는 데이터를 아무리 많이 보여주어도, 교황이 신자들에게 백신을 맞으라고 아무리 읍소해도 생각을 바꾸지 못할 거라는 걸 알았다. "그것들은 오히려 마음을 닫게 했어요." 그래서 채미는 다른 방법으로 접근하기로 했다. 그녀는 다시 코로나를 언급하지 않았다. "선생님의 신앙이 그렇게 큰 힘을 준다니 정말 대단합니다." 채미가 그에게 말했다. "정말 신 가까이 계시네요."

그런 다음 채미는 전혀 다른 정체성을 불러왔다. "선생님께는 손주들의 건강이 아마 제일 중요한 문제일 것 같군요." 그녀의 말에 그 환자는 인정하면서 자신이 할아버지가 되어 정말 좋다고 말했다.

"우리는 다른 주제로 넘어갔어요. 하지만 마지막에 이렇게 말했어요. '아시겠지만 저는 환자와 종교 이야기는 잘 하지 않습니다. 하지만 신께서 우리 인간에게 이렇게 뛰어난 머리와 백신을 만들 수 있는 능력, 그리고 실험실을 주신 것에 진심으로 감사하고 있어요. 아마 우리를 안전하게 지켜주시려고 백신을 만들게 하신 거겠죠?'" 그런 다음 진료를 마쳤다.

채미는 환자와 자신에게 여러 정체성이 있다는 것과 그중의 일부―깊은 신앙, 아이들에 대한 염려―가 서로 중첩된다는 것을 알려주고, '안전'에 대한 다른 관점을 제시한 것 말고는 아무것도 하지 않았다. 그리고 그렇게 얘기를 끝냈다.

그런데 30분 뒤에도 이 환자가 여전히 진료실에 있었다. 채미가 간호사를 붙잡고 물었다. "왜 아직 계시는 거예요?"

"백신을 맞으시겠대요." 간호사가 대답했다.

채미와 로젠블룸은 수백 명의 환자에게 동기 강화 면담을 시도했다. "물론 환자마다 접근법도 반응도 달라요." 채미가 말했다. "어떨 때는 종교, 어떨 때는 아이들에 관해 얘기합니다. 가끔은 제가 대놓고 묻지요. 백신을 얼마나 신뢰하는지 1부터 10 중에 하나로 답해달라고요. 3이라고 답하면 저는 다시 묻습니다. 왜 2가 아니죠? 왜 4가 아니죠? 정말 순수하게 왜 3인지 궁금한 것처럼요. 그러면 그 사람의 생각을 들을 수 있죠."

살마 무사의 축구 리그와 같은 방식으로 채미는 대화에서 자신과 환자를 동등한 입장에 두었다. 육아나 신의 뜻에 관해서는 절대적인 전문가는 없으니까. 그리고 기존의 사회적 정체성을 바탕으로 새로운 내집단을 형성한다. 우리는 모두 가족을 위해 옳은 일을 하려는 사람들이다. 다른 차이에도 불구하고 이것만큼은 똑같다는 걸 강조한다.

"두 아이와 함께 병원에 온 가족이 있었어요." 로젠블룸이 내게 얘기해주었다. "이 동네로 이사 온 지 얼마 안 되는 분들이었는데 중 상류층에 학력이 높았어요. 하지만 두 아이들 모두 예방접종을 전혀 하지 않았지요. 그 부모는 저에게 백신에 관한 무서운 정보를 들었다 고 했어요. 하지만 예전에 만난 의사들은 그들의 질문을 무시했다고 했죠."

그래서 로젠블룸은 그 부부와 한참 동안 이야기했다. 예전에는 어 디에 살았고 어느 학교에 보낼 생각인지, 주말에는 주로 무엇을 하는 지 물었다. 로젠블룸 역시 자기 이야기를 했고 공통적으로 좋아하는 식당과 공원을 발견했다. 그는 그 부모에게 백신의 어떤 점을 염려하 는지 물었고, 다른 걱정에 대해서도 질문했다. 아이들이 학교에서 잘 적응할지 염려되는지, 설탕이나 탄산음료에 대해서는 어떻게 생각 하는지 등등. 절대 백신을 강요하지 않았고 대신 질문을 하고 대답을 들으면 자기 생각을 공유했다. 대화가 끝날 무렵 그 부모는 아이들의 예방접종 일정을 잡고 싶다고 했다. "그들이 마음을 바꾼 건 자신들 의 이야기를 들어준다고 느꼈기 때문이에요." 로젠블룸이 내게 말했 다. "당신의 말을 상대가 듣길 바란다면 연결할 수 있는 방법을 찾아 야 해요."

사회적 정체성에 대한 대화는 우리가 원하지 않을 때조차 우리의 사회적 정체성이 우리가 무엇을 말하고 어떻게 듣고 무엇을 생각하 는지에 강력한 힘을 발휘하기 때문에 중요하다. 우리의 정체성은 사 람들과 공유하는 가치관을 찾게 도울 수도, 고정관념을 갖게 밀어붙일 수도 있다. 때로는 모든 이에게 다중적 정체성이 있다는 것을 상기시키는 것만으로도 말하고 듣는 방식이 달라질 수 있다. 사회적 정체성의 대화는 우리가 선택한 정체성과 사회가 부과한 정체성이 어떻게 우리 자신을 만들었는지 이해하는 길을 터준다.[*]

하지만 단순히 자신의 정체성에 관해 말하는 것이 위협적으로 느껴질 때는 어떻게 할까? 그런 순간에는 어떻게 말하고 듣는 법을 배울 수 있을까?

---

[*] 공통점을 찾는 걸로도 충분히 소통할 수 있다고 말하고 싶지만, 교감은 어떻게 차이가 우리를 형성하는지 이해하는 것에서도 온다. 다음 장에서 확인하면 된다.

나 자신을 온전히 드러내는
대화의 마법

●

넷플릭스의 커뮤니케이션 책임자가 해고된 이유[1]

만약 당신이 넷플릭스 직원들에게 언제부터 회사 내부에 문제가 생겼는지 묻는다면 많은 이들이 2018년 2월의 어느 오후를 떠올릴 것이다. 약 30명의 넷플릭스 홍보부 직원들이 로스앤젤레스 본사 회의실에 모였다. 당시 회사는 150억 달러의 수익과 1억 2400만 명의 구독자를 자랑하며 가장 성공적인 해를 맞이했다. 주간 업무 회의에 참석해 서로 근황을 나누는 중에 최고 커뮤니케이션 책임자 조너선 프리들랜드Jonathan Friedland가 입을 열었다.

프리들랜드는 스탠드업 코미디 쇼 〈톰 세구라: 내가 창피해?Tom Segura: Disgraceful〉라는 신규 콘텐츠 얘기로 회의를 시작했다. 회의실에 있던 사람 대부분이 이 프로그램 이름을 들어본 적이 없었고, 사실 시청자들도 마찬가지였다. 넷플릭스는 수만 개의 프로그램을 방영하며, 구독자들이 이 플랫폼에서 보내는 시간이 1년에 700억 시간이라고 추정된다. 이 프로그램도 아마 다른 많은 작품처럼 왔다가 사라질 것이다. 그런데 프리들랜드가 이 작품을 언급한 이유는 여기에 출연한 비정상적으로 불쾌한 코미디언 때문이었다. 이 코미디언은 그 프로그램에 나와 사람들이 '저능아' 같은 말을 아무렇지도 않게 쓰던 시절을 그리워하고, 다운증후군인 사람을 비웃고, '난쟁이'라는 말을 더는 쓰지 못한다고 불평했다.

몇몇 장애인 옹호 단체에서 문제를 제기하면서 회사는 앞으로 더 많은 비판에 대비해야 하는 상황이었다. 프리들랜드는 이런 상황을 심각하게 받아들여야 한다고 강조했다. 저능아와 같은 단어가 얼마나 상처를 주는 말인지 알아야 한다. 프리들랜드는 인지적으로 남다른 아이를 둔 부모에게 저런 단어는 치명타라고 말했다. 그리고 비유를 들기를, 마치 아프리카계 미국인이 '이 말'을 들었을 때와 같은 상황이라면서 인종 비하 단어N-word를 사용했다.[2]

순간 회의실에 있던 사람이 모두 침묵했다. 순식간에 분위기가 달라졌다. 정말 저 말을 한 게 맞아?

프리들랜드는 싸해진 분위기를 눈치채지 못하고 다른 주제로 넘어갔다. 회의가 끝나고 직원들은 자기 자리로 돌아갔다. 이 사건에 별 의미를 두지 않는 사람도 있었지만[3] 몇몇이 이 사실을 동료에게 말했고, 그들이 다시 다른 사람들에게 전하면서 소식이 퍼져나갔다. 직원 두 명이 프리들랜드에게 가서 그가 사용한 언어에 불만을 표시했고, 어떤 상황에서든 그 단어를 입에 올리는 것은 용납할 수 없다고 말했다. 회사의 최고 위치에 있는 임원으로부터 이런 말이 나왔다는 사실이 특별히 더 모욕적이었다. 프리들랜드는 실수를 인정하고 사과했으며, 인사과에 방금 일어난 일을 보고했다.

"그때부터 내전이 시작되었죠." 한 직원이 내게 말했다.

넷플릭스는 1997년에 리드 헤이스팅스Reed Hastings가 세운 기업이다.[4] 그는 "규칙은 적을수록 좋다"는 남다른 비즈니스 철학을 가진 사업가였다. 헤이스팅스는 관리자들의 간섭 때문에 기업이 발전하지 못한다고 믿었다. 관료주의는 모두가 망하는 지름길이다. 그는 자신의 신념을 125장짜리 파워포인트로 만들어 전 직원에게 공유했고 모든 신입 사원에게 의무적으로 읽게 했다. 인터넷에 공개된 '넷플릭스 컬처덱Netflix Culture Deck'은 수백만 회 이상 다운로드되었다.[5]

넷플릭스 컬처덱은 이렇게 말한다. "우리는 탁월함을 추구한다." 그 보상으로 직원들은 특별한 자유를 누린다. 직원들은 원하는 만큼 휴가를 다녀올 수 있고, 몇 시간이든 며칠이든 하고 싶은 만큼 일할 수 있으며, 이유가 분명하다면 사전 허가 없이도 비행기 일등석이든, 새로운 컴퓨터든, 100만 달러짜리 영화든 얼마든지 구입할 수 있었다.

다른 회사에서는 경쟁사에 지원하는 것이 반역죄로 취급되지만 넷플릭스 직원은 타 회사에 원서를 내는 것이 권장된다. 그리고 더 높은 연봉을 제안받는다면 넷플릭스는 그 액수를 맞춰주거나 이직을 장려한다.[6] 컬처덱 가라사대, 넷플릭스는 '놀라운 수준의 중요한 성과'를 기대하며 그것을 성취하는 과정에서 직원들은 더 높은 수익을 내거나 참신한 아이디어를 생각해낼 수만 있다면 거의 어떤 것이든 시도해도 된다.

최고 수준의 탁월함을 지속적으로 발휘하지 못하는 직원은 "그저 그런 성과는 후한 퇴직금을 받는다"라는 경고를 받는다. 그리고 누군가 해고되면―자주 있는 일이지만―넷플릭스만의 예식이 시작된다. 해고된 직원의 팀, 또는 부서, 때로는 회사 전체에 왜 이 사람이 회사를 떠나야 하는지 설명하는 메모가 전달된다.[7] 퇴사하는 직원의 실망스러운 업무 습관, 의문스러운 결정과 실수 등 모든 내용이 남아 있는 직원에게 낱낱이 보고된다. 한 현직 넷플릭스 직원이 내게 이렇게 말했다. "넷플릭스에 입사한 다음 날 '짐이 해고된 이유'라는 이메일을 받고 충격받았어요. 가차 없더라고요." 그는 여기 온 게 실수였을까? 내가 불구덩이에 뛰어든 건 아닐까? 하는 의문이 들었다고 했다. "하지만 이런 이메일을 받는 게 오히려 좋은 거라는 결론을 내렸어요. 그 내용을 읽다 보면 회사가 기대하는 게 뭔지 구체적으로 알게 되거든요. 모든 게 명확해지는 거죠."

하지만 회사가 확장하면서 통증도 커졌다. 2011년에 헤이스팅스는 별다른 내부 논의 없이 갑자기 회사를 둘로 쪼개겠다고 발표했다. 한 회사는 우편으로 DVD를 취급하고, 다른 회사는 온라인 스트리밍 서비스를 제공한다. 그 발표는 좋은 반응을 얻지 못했고 주식이 77퍼센트나 급락하면서 헤이스팅스는 즉시 결정을 철회해야 했다.

후에 최고 경영진은 이런 실책과 그로 인해 야기된 위기를 내부에서 회의적인 의견을 충분히 검토하지 않았기 때문이라고 판단했다.

경영진은 진작 헤이스팅스에게 반대 의사를 표현해야 했고, 좀 더 강하게 반발해야 했다. 사실 원칙적으로 이 회사에서는 모든 직원이 서로의 의사 결정에 좀 더 적극적으로 도전해야 했다. 컬처덱은 "조용한 반대는 용납하지 않는다"라고 수정되었다. 헤이스팅스는 직원들에게 "반대하는 아이디어에 대해 반대 의사를 표현하지 않는 것은 회사에 대한 불충"이며, 동료들 사이에서 "반대 의견을 육성"해야 한다고까지 말했다. 곧 회의는 남의 제안을 혹평하는 자리가 되었다. 각 부서는 "피드백 만찬" 일정을 정하고 모두 돌아가면서 동료의 능력에 대해 인정하는 점—그리고 인정하지 않는 점 대여섯 가지—을 말하게 했다.

이런 분위기를 즐기는 사람도 있었다. "팀의 관리자가 무슨 생각을 하는지, 그 관리자의 관리자는 무슨 생각을 하는지, 또 회사에서 무슨 일이 일어나고 있는지 감을 잡지 못해 불안하던 마음이 모두 사라졌어요." 한 직원이 내게 말했다. 다른 이들은 이런 공격적인 솔직함을 잔인하게 느꼈다. "사람들에게 야만성을 허락한 거예요." 또 다른 직원인 파커 샌체즈Parker Sanchez가 말했다. "언젠가는 저도 한 시간씩 울겠죠."

그러나 이런 문화에는 거의 모든 주제를 쉽게 토의할 수 있다는 장점이 있었다. 한 고위 간부가 내게 이렇게 말했다. "테이블 위에 올리지 못할 게 없습니다. 당신의 상사가 실수하고 있다고 생각합니까? 가서 말하세요. 회의를 운영하는 방식이 마음에 들지 않습니까? 그렇다고 말하세요. 아마 좌천될 확률보다는 승진할 가능성이 더 클 테니까요." 직원들은 헤이스팅스에게 그의 전략이나 그가 회의 중에 한 말을 비판하는 이메일을 주기적으로 보냈고 내부 게시판에 공공연하게 그를 비난하는 글을 올렸다. "그러면 리드는 공개적으로 그들에게 감사를 표시했습니다." 한 임원이 말했다. "이런 직장 문화는 본 적이 없어요. 정말 놀라웠습니다."

확실히 이 방식은 효과가 있었다. 넷플릭스의 주가는 회복됐고, 회사는 매년 성장했다. 이 특별한 사내 문화 덕분에 업계 최고의 소프트웨어 엔지니어, 방송 프로듀서, 기술 운영진, 영화 제작자를 영입할 수 있었다. 넷플릭스는 실리콘밸리와 할리우드에서 가장 선망받고 성공적인 기업의 하나로 빠르게 자리 잡았다. 《포춘》지는 헤이스팅스를 올해의 기업인으로 선정했다.[8]

그러던 중 조녀선 프리들랜드가 회의 중에 N 단어를 언급한 사건이 벌어진 것이다.

단어 하나로 위기에 빠진 넷플릭스

지난 5년 동안 수많은 회사가 사내 인종차별과 성차별 사례에 대한 보고, 조직 내에서 무시된 성추행에 관한 인식 변화, 평등과 포용을 부르짖는 사회 운동의 성장에 힘입어 좀 더 공정하고 정의로운 조직을 만드는 일에 집중했다. 수천 개 기업이 '포용 코치'를 고용하거나 다양성, 공평성, 포용성을 위한 교육 프로그램을 마련하여 인종차별, 성차별, 그 밖의 편견과 싸우는 방법에 관해 의미 있는 대화를 장려하고 있다. 오늘날 《포춘》지에서 선정한 1,000대 기업 거의 전부가 직원과 고객에게 부당하게 불이익을 줄 수 있는 편견 및 구조적 불평등 개선을 전담하는 고위 간부를 적어도 한 명씩 배치하고 있다.

이 프로그램들은 실제로 문제를 개선하려는 시도이면서, 피부색, 출신 국가, 그 밖에 경력과 무관한 정체성 때문에 원하는 직장을 얻지 못하고 적절한 월급과 합당한 존중을 받지 못하는 부당함을 상기시킨다.

그러나 이처럼 좋은 의도로 설치된 프로그램 대부분이 그다지 효율적으로 운영되지 못했다.[9] 프린스턴대학교, 컬럼비아대학교, 예루살렘 히브리대학교 연구팀이 선입견을 없애려고 시도한 400여 건의 연구를 조사한 결과 전체 사례의 76퍼센트에서 장기적인 영향이 "아직 불분명하다"라는 결론이 그나마 최선이었다.[10] 2021년 《하버드 비즈니스 리뷰》에 실린 한 기사에서는 8만 명을 대상으로 "잠재적 편견 없애기 훈련"을 시행했을 때 그런 "훈련으로는 편향된 행동이 바뀌지 않았다"고 보도했다.[11] 30년의 데이터를 조사한 또 다른 연구에서는 "다양성 훈련의 긍정적인 효과는 하루, 이틀을 넘기는 경우가 드물었고 (…) 편견을 활성화하거나 반감을 일으킬 수 있다"고 결론지었다.[12] 또 다른 연구에서는 잠재적 편견 없애기 훈련 후 "흑인 남녀가 조직에서 승진할 가능성이 오히려 감소했는데", 이는 훈련이 인종과 성별에 대한 고정관념을 더 부각시켰기 때문이다.[13] 2021년 「심리학 연례 리뷰Annual Review of Psychology」에 실린 한 초록에서는 "다양한 지표를 통해 선입견을 줄이려는 시도가 활발하게 일어나고 있지만, 선입견을 없애기 위한 목적으로 제시된 탄탄하고 증거에 기반한 권고 사항들이 결국에는 이론적으로나 경험적으로 잘못되었다는 결

론"에 이르렀다.[14]

그렇다고 불공평을 해결하고 선입견을 뿌리 뽑으려는 노력을 그만두어야 한다는 뜻은 결코 아니다. 또한 편견이나 구조적 불평등을 줄이는 것이 불가능하다는 뜻도 아니다. 앞서 고정관념 위협에서 보았듯이 역사적으로 소외된 사람들의 성공을 도울 진정한 방책이 존재한다. 이라크 카라코시 축구 경기장에서 일어났던 것처럼 차이의 간극에 다리를 놓는 개입이 있다.

그러나 불공평과 선입견을 마주하는 방법을 알아내는 것은 다양성 컨설턴트를 고용하거나 직원들에게 오후 교육에 참가하게 하는 것보다 훨씬 복잡한 일이다. 그리고 이런 복잡성은 사회적 정체성에 대한 대화에 위험성을 느끼는 사람이 많기 때문에 더 심각해진다. 인종 비방 용어가 용납되지 않는다는 사실은 모두 인지하는 부분이지만, 다른 종류의 대화에서는 무엇이 선을 넘는 것인지 알기가 쉽지 않다. 동료에게 출신 배경, 퇴근 후 생활, 신념, 정체성에 대해 선을 넘지 않고 어디까지 물을 수 있는가? 입 밖에 내지 말아야 할 사실을 말하고 눈치 없는 질문을 하는 바람에 우정이나 경력을 망치게 될 염려를 어떻게 극복하겠는가?

사회적 정체성에 대한 대화는 당연히 인종, 민족, 성별의 주제 밖에서도 가능하다. 가장 난해한 대화는 대부분 우리의 혈통과 무관한 사회적 정체성을 건드리기 때문에 어려운 것이다. 실적이 좋지 못한 직원을 비판하고, 배우자를 힐난하고, 상사에게 자신이 받을 만큼 주지 않는다고 말할 때, 그들의 자아나 능력, 판단을 싸잡아 비난하고 정체성을 공격하기가 쉽다.

어떻게 하면 가장 민감한 주제를 논의하면서도 '우린 누구인가?'를 더 잘 말할 수 있을까? 어떻게 하면 사람들의 차이를 다루면서도 분열하지 않고 하나로 모을 수 있을까? 어떻게 하면 민감한 대화가 종종 위험해지는 직장 같은 환경에서도 필요한 대화를 나눌 수 있을까?

프리들랜드가 N 단어를 입에 올린 지 며칠 만에 5,500명의 넷플릭스 전 직원이 이 사건을 알게 되었다.[15] 그리고 대부분 후속 조치에 대해 각자 확고한 의견이 있었다.

인사과에서 조사를 시작했다. 프리들랜드는 회의 참석자, 그의 팀 전체, 회사의 다른 부서에까지 모두 사과했다. 그는 간부들과 함께 외부 회의에 참석해 그날 일어난 일을 설명하고 자신이 무엇을 배웠는지를 말했다. 하지만 뉘우친다는 말을 하러 인사과에 갔다가 자초지종을 설명하는 중에 또다시 같은 단어를 사용하고 말았다. 곧 모든 사람이 그 사실까지 알게 되었다.

넷플릭스 전체 커뮤니티 안에서 일부 성난 직원이 내부 게시판에 회사가 그동안 인종 갈등을 무시해왔다는 글을 게시했다. 그 글에 대해 이번 일은 인종차별의 문제가 아니며, 넷플릭스의 활기찬 문화에 적합하지 못한 일부 직원이 지나치게 예민하게 반응하는 거라는 반박 글이 올라왔다. 넷플릭스의 유색 인종 직원이 승진 인사에서 배척되고 소외되고 불이익을 받는다고 느낀다는 결과를 보여준 직장 내 설문 조사가 있었다. "조용한 반대는 용납하지 않는다"는 모토에 힘입어 다른 이들은 승진 누락은 선입견 때문이 아니라 그들이 열심히 일하지 않았기 때문이라고 주장했다.[16]

이런 극단적인 견해 사이에는 프리들랜드가 부적절하고 모욕적인 행동을 하기는 했지만 용서받아야 한다고 생각하는 직원들도 많았다. "그래요, 조녀선이 실수를 저지른 것은 맞아요. 하지만 실수를 인정했고, 사과했고, 보상하려고 노력했어요." 한 임원이 내게 말했다. "그게 옳은 것 아닌가요? 사람이란 실수를 하고, 피드백을 받고, 거기에서 배워서 한 걸음 더 나아가는 존재예요. 하지만 그냥 그렇게 끝나게 두지 않을 사람들이 있습니다."

넷플릭스 최고 경영진이 모두 백인이고 거의 남성이라는 사실 때문에 문제가 더 복잡해졌다. "커뮤니케이션 책임자가 N 단어를 썼는데 그 행위에 결과가 따르지 않는다면 흑인 직원 입장에서는 2등 시민으로 강등된 것 같지 않겠습니까?"라고 한 직원이 내게 말했다. "저는 이 사건이 분수령이 될 수 있다고 봅니다. 어떤 사람들은 이곳이 완벽한 곳이라고 생각하지만 사실은 반대 의견을 장려하는 것으로도 해결할 수 없는 것들이 있었어요."

논란은 몇 주 동안 점점 더 커졌다. 마침내 몇 달 뒤 헤이스팅스는 프리들랜드에게 회사를 나가달라고 말했다. 그리고 회사 전체에 "왜 조녀선이 해고되었는가"라는 제목의 이메일을 전송하고, 프리들랜드가 "직장에서 N 단어를 두 번이나 사용한 것은 용납할 수 없는 수준의 낮은 인종 인식과 민감함을 보여준 행동이었다. 어떤 맥락에서도 그 단어 뒤에 있는 감정과 역사를 상쇄할 수는 없다"라고 설명했다. 헤이스팅스는 더 빨리 조처하지 못한 것을 후회한다고 썼다.*

이 소식에 어떤 직원은 환호했고, 어떤 직원은 분개했다. 하지만 무엇보다 이 결정은 혼돈을 불러왔다. 그때까지 넷플릭스 직원들은 거의 어떤 말이든 할 수 있는 문화에 자부심을 느껴왔다. 물론 인종 모욕은 선을 넘는 것이 맞다. 하지만 인종 비방이 나오는 쇼에 관해 이야기하던 중이었는데? 무엇이 적절하고 적절하지 않은지 논의하던 중이었다면 등장인물의 대사를 그대로 읊는 것은 괜찮지 않은가? 넷플릭스는 〈프라이빗 스쿨 니그로Private School Negro〉라는 인기 있는 코미디 쇼를 방영한다. 회의 중에 그 제목을 언급하는 것은 괜찮은가? 도대체 어떤 건 금지되고 어떤 건 허용되는가? 한 임원이 내게 말했다. "혼란스러울 수밖에 없었어요. 하지만 리드의 이메일은 그 점을 정확히 명시하지 않았어요. 그게 핵심인데도요."

한 해 전에 넷플릭스는 컬처덱에 '포용' 섹션을 추가하여 직원들에게 서로 차이가 없는 척하는 대신, "사람들의 서로 다른 배경이 직장에서 어떤 영향을 미치는지 호기심을 갖도록" 요청했다. 또한 "모든 사람에게 편견이 있음을 인지하고 그것을 넘어서는 노력을 하도록" 촉구했다. 회사는 직원들이 편견을 논의하고 "만약 누군가가 소외되고 있다면 개입할" 것을 독려했다. 모든 이가 동의할 수 있는 한 가지는, 이 기준에 따르면 지금 회사는 잘못 처신하고 있다는 것이었

◆ 넷플릭스에 합류하기 전에 이미 오랜 경력이 있는 프리들랜드는 나와의 인터뷰에서 반성하는 모습을 보였다. "제가 왜 해고되었는지 알고 있습니다." 그가 내게 말했다. "제가 바보였던 걸까요? 맞아요, 저는 그 단어가 다른 사람들에게 어떻게 들릴지 몰랐습니다. 그 말은 그냥 무조건 입 밖에 내서는 안 되는 거였어요. 하지만 진짜 고통스러운 건 그것이 제 긴 경력에서 하나의 작은 순간이었다는 겁니다. 그 한 번의 실수로 사람 전체를 판단하는 것이 정당한지는 잘 모르겠습니다."

다. 그래서 넷플릭스는 버나 마이어스Vernā Myers라는 여성을 포함한 새로운 경영진을 영입하여 공평과 다양성에 집중하는 신설 부서를 맡겼다. 이 부서의 목적은 대화를 조성하고 편견을 마주하며 넷플릭스를 빛나는 포용의 사례로 만드는 것이었다.

그러나 가차 없는 논쟁과 통렬한 반대가 규범인 문화에서, 잘못 표현된 질문이나 어설픈 의견 제시가 분노와 상처를 유발할 수 있는 민감한 주제를 어떻게 논의하겠는가?

왜 어떤 대화는 그토록 어려운 걸까?

2019년에 컬럼비아대학교와 UC 버클리의 두 연구자가 1,500명이 넘는 사람들에게 지난주에 있었던 가장 어려운 대화가 무엇이었는지 물었다.[17]

그들의 목표는 왜 인종, 젠더, 민족성 같은 주제가 그렇게 이야기하기 어려운지 알아내는 것이었다. 다양한 시각을 얻기 위해 이들은 각계각층에서 사람들을 모집했다. 참가자의 나이는 18세에서 73세, 고소득층과 저소득층이 섞여 있었다. 연구자들은 온라인 광고로 사람들을 모집했고, 그래서 어떤 측면에서는 대기업 내부에서 발견되는 종류의 다양성을 대표했다.

연구자들은 참가자에게 일련의 질문을 던졌다. 최근에 자신이 그곳에 어울리지 않는다는 생각이 드는 자리에서 대화한 적이 있습니까? 누군가 편견이 담긴 신념을 표현하는 자리에서 대화한 적이 있습니까? 누군가 당신에게 "당신 같은 사람들"이라는 농담을 하거나 당신이 말하는 흉내를 낸 적이 있습니까? 상대가 당신과 같은 민족이거나 동일한 성별이라서 친구라고 생각한 적이 있습니까?

참가자들의 답변을 확인한 결과, 일부 대화는 애초에 어느 정도 긴장이 예상되는 정치나 종교 같은 주제를 이야기했기 때문에 어려웠지만, 많은 경우 스포츠나 일, TV 쇼 등 상대적으로 무난한 주제로 이야기가 시작되었다가 누군가가 다른 사람을 불편하게 하거나 기분 나쁘게 하는 발언을 하면서 대화의 분위기가 악화된 것이 분명해졌다.

연구자들이 살펴보고 싶었던 것이 바로 사람들이 불편함을 느끼는 순간이었다. 정확히 어떤 말을 어떤 식으로 했을 때 듣는 사람이 불안하거나 화가 났을까? 무엇이 듣는 사람으로 하여금 움츠러들게 하고 자기를 방어하거나 또는 반발하게 만든 걸까?

연구자인 마이클 슬레피언Michael Slepian과 드루 저코비 상고르Drew Jacoby-Senghor는 대화가 안 좋은 방향으로 흘러가는 많은 요인을 발견했다.[18] 누군가 모욕적인 말을 했거나 무지한, 또는 잔인한 발언을 했을 수도 있다. 의도했든 안 했든 한 사람을 소외시켰을 수도 있다. 그러나 특별히 일관적으로 사람들을 불편하고 기분 나쁘게 만드는 한 가지 행동이 있었다. 화자가 청자의 의지와 상관없이 그 사람을 특정 집단으로 묶어버리는 말을 하면 대화가 악화될 가능성이 컸다.

때로 화자는 그들이 좋아하지 않는 집단과 청자를 한통속으로 취급한다. "넌 돈이 많잖아. 그러니까 부자들이 하나같이 속물이라는 걸 잘 알겠지." 그러면 듣는 사람은 자신이 속물이라는 암시에 불쾌해진다. 반대로, 특정 집단에서 상대를 제외할 때가 있다. "넌 로스쿨에 안 다녀봤으니 법이 실제로 어떻게 적용되는지 모르는 게 당연하지." 그러면 듣는 사람은 자기가 무지하다는 비난에 모욕감을 느낀다.

이런 식의 태도가 간접적으로 표현될 때도 있다. "물론 당신은 훌륭하지만 공화당원 대부분은 자기밖에 몰라." 또는 "너야 공부를 잘해서 그 대학에 들어갔겠지만 너 같은 사람 중에 사회적 배려 대상자로 들어간 경우도 있어." 자기의 말이 상대를 기분 나쁘게 할 수 있다는 걸 전혀 모르는 경우도 있다. "넌 애가 없으니까 아이가 저런 식으로 취급받았을 때 부모의 기분이 어떨지 모를 거야." 표현이 어떻든 결과는 같다. 분노와 소외. 대화는 실패한다.

이런 종류의 말을 듣고 빈정 상하는 것은 자기가 전혀 동일시하지 않는 집단(부유한 속물, 이기적인 공화당원, 자격 미달의 대학생)에 자기를 포함시키기 때문이다. 반대로 자신이 정당하게 속해 있다고 생각하는 집단에서 제외되는 경우도 있다(법이 어떻게 적용되는지 이해하는 사람, 아이의 상황에 공감하는 사람). 그래서 듣는 사람은 기분이 상하고 자아감, 즉 정체성이 공격받았다고 생각하기에 방어적이 된다.

심리학에서 이것은 '정체성 위협Identity threat'이라고 알려져 있으며 소통을 심각하게 저해한다. "누군가 당신이 어디에 속하지 않았다고 하거나 당신이 좋아하지 않는 집단에 당신을 포함시키면 심리학적으로 극도의 불편함을 느끼게 됩니다." 슬레피언이 내게 말했다. 정체성이 위협받는 상황에 처하면 혈압이 상승하고 몸에 스트레스 호르몬이 넘쳐나면서 도망치거나 맞서 싸우는 방식을 찾게 된다는 연구 결과가 있다.[19]

정체성 위협은 사회적 정체성에 대한 대화를 어렵게 만드는 한 가지 요인이다. 동료 넷플릭스 직원한테서 "지나치게 감상적"이라거나 "넷플릭스에 어울리지 않는다"라는 비난을 받으면 자신이 혐오하는 심통 맞은 불평꾼 집단에 강제로 소속되거나, 넷플릭스에서 성공할 준비가 된 사람이라는 바람직한 집단에서 배제된 기분이 든다. 그래서 상대에게 그런 말은 특권층 입에서나 나오는 거고 그 사람이 인종 문제에 무감각한 증거라고 반박하면 듣는 사람은 역시 자기가 인종차별주의자나 편견덩어리가 된 것 같아 방어적으로 반응하게 된다.

물론 정체성 위협이 직장에서만 발생하는 것은 아니고 파티, 술집, 버스 정류장에서 만난 낯선 사람과의 대화까지 어디에서나 나타나며 슬레피언과 저코비 상고르가 밝힌 것처럼 드물지도 않다. 연구에 참여한 1,500여 명 중에서 최근에 정체성 위협을 느낀 적이 없다고 대답한 사람은 1퍼센트에 불과했다. "참여자들은 지난주에 평균 11.38번의 정체성 위협을 경험했다"라고 「사회심리학과 인성 과학 Social Psychology and Personality Science」에 실린 2021년 논문에 쓰여 있다. "우리가 관찰한 사람 중 40퍼센트가 단일 정체성에 위협을 느꼈고, 60퍼센트는 여러 정체성에 위협을 받았다."[20]

이 연구의 참가자들은 자신이 어디에 사는지, 어디에서 일하는지, 누구와 결혼했고, 누구와 데이트하며, 어디에서 태어났고, 어떤 사투리를 쓰는지, 돈은 얼마나 버는지, 그리고 그 밖에 수십 가지 이유로 정체성 위협을 받았다고 보고했다.[21] 부유하든, 백인이든, 이성애자이든 기타 어떤 식으로든 사회적으로 유리한 상황에 있는 사람도 이런 위협에서 벗어날 수 없었다. 가난하거나, 흑인이거나, 다른 소수

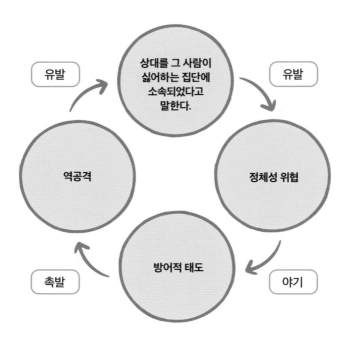

집단에 속해 있다면 거의 매일 정체성 위협을 받으며 살아간다는 뜻이다.

우리는 모두 어느 시점에 정체성을 공격받은 적이 있고 또는 상대의 기분을 상하게 할 생각은 없었지만 무신경한 말을 뱉은 적이 있다. 정체성 위협의 가능성만으로도 사람들은 사회적 정체성에 대한 대화를 중단해버린다. 2021년 실시된 한 연구에서 참가자 70퍼센트가 인종에 관해 대화하는 것은 상대가 친구라도 위험하다고 보았다.[22] "흑인 친구들은 자신의 백인 친구가 우정을 해치는 인종차별 발언을 (아마도 의도하지 않게) 할까 봐 걱정한다"라고 이 연구를 이끈 키아라 샌체즈Kiara Sanchez가 말했다. "한편 백인 친구들은 자신이 실수로 편견이 담긴 말을 하게 될까 봐 걱정한다. 따라서 양쪽 모두 불안해한다."

그러나 세상이 좀 더 포용적이고 공정하게 되길 바란다면, '우린 누구인가?'에 관해 이야기 나누는 것이 대단히 중요하다. "이론적으로 인종차별 문제는 올바른 정보, 투자, 전략, 실행이 이루어진다면 해결될 수 있다"라고 하버드대학교 사회심리학자 로버트 리빙스턴 Robert Livingston이 저서 『대화The Conversation』에서 언급했다.[23] "우리는 특히 자신의 사회적 집단 바깥에 있는 사람들과 이야기하기 시작해야 한다. 인종에 대해 정보가 바탕이 된 솔직한 대화를 나누고 공동체로서 함께 결정할 때까지는 아무것도 개선되지 않을 것이다."

사회의 변화를 희망한다면 우리가 누구이고, 누가 되고 싶은지에 관한 대화는 필수이다.

인종에 관한 대화는 가장 난도가 높기 때문에 연구자들에게는 어려운 대화 중에 나타나는 역학 관계를 연구하기 좋은 모델이다. 일례로 2020년의 한 연구에서는 인종과 민족에 관해 좀 더 솔직하고 열린 자세로 대화할 수 있는 방법을 모색하는 시도에서 친한 친구 100여 쌍을 모집해 인종과 인종차별에 대한 경험을 나누게 했다.[24] 연구자들의 목표는 어려운 주제를 좀 더 쉽게 이야기할 수 있도록 대화를 시작하기 전에 할 수 있는 방법을 찾는 것이었다.

연구에 참여한 팀은 두 가지 면에서 비슷했다. 한 사람은 흑인이고 다른 사람은 백인이었다. 그들은 이 실험에서 인종에 관해 이야기를 나누게 된다는 사전 공지를 받지 못했다.

실험을 시작하면서 팀의 일부는 대조군이 되어 평범한 지시문을 받았다. 두 사람은 "자신의 인종이나 민족과 관련해 최근에 경험한 일에 관해" 이야기해야 했다. 흑인 참가자가 먼저 얘기를 시작한다.[25] 두 사람은 이미 서로 아는 사이이므로 "되도록 전에 서로 이야기한 적 없는" 경험을 말하도록 권장했다. 대화는 약 10분 정도 지속될 예정이었다.

실험군인 나머지 참가자들도 "자신의 인종이나 민족성과 관련해 최근에 일어난 일이나 경험한 내용"을 말하라는 지시를 받았다.[26] 그러나 대화를 시작하기 전에 이 참가자들은 짧은 훈련을 받았다. 연구자들은 다음과 같이 말했다. "인종이 다른 친구와 인종에 관해 대화하는 것에 관해 지금까지 우리 연구진이 알게 된 사실 몇 가지를 공유하겠습니다. 인종에 관한 대화는 사람에 따라 아무렇지도 않게 느낄 수도 있고, 처음에는 어색하거나 불편하게 느낄 수도 있습니다. 사람들은 모두 다른 경험을 하기 때문에 당연히 그럴 수 있습니다. 어떤 기분이 들더라도 모두 정상이며 괜찮습니다." 그런 다음 참가자들은 "인종이 다른 친구와 인종에 관해 얘기했을 때 얻게 될 이점"에 대해 간단히 써보았다. 그리고 이런 질문을 받았다. "당신과 친구가 대화로 이런 이점을 얻는 데 방해가 되는 요소가 있다면 무엇이 있을까요?" 마지막으로 "이런 장애물을 극복하는 데 도움이 될" 만한 것들을 적었다.

이 대화가 어색할 수 있음을 인정하고, 장애물이 나타날 수 있다는 점을 인지하고, 그것을 극복하는 계획을 생각하는 연습은 몇 분밖에 걸리지 않았다. 그리고 이 연습은 참가자들이 서로 얼굴을 보고 대화를 나누기 전에 진행되었다. 연구팀은 참가자에게 대화 방식이나 절차를 따로 지시하지 않았고 주제에 제한을 두지도 않았다. 상대를 존중하거나 예의를 지키라고 따로 당부하지 않았고, 정체성 위협을 피하는 방법도 알려주지 않았다. 또한 참가자들은 이 사전 연습에서 쓴 답을 상대에게 공유하라는 지시도 받지 않았다. 하지만 원한다면 자기 생각을 적은 종이를 들고 갈 수 있었다.

그러면서도 연구팀은 인종이나 민족에 대한 대화가 불편할 수도 있다는 사실을 터놓고 인정하게 하는 것만으로도 불편함이 견디기 쉬워질 거라고 생각했다.[27] 그리고 대화의 구조―이 대화에서 무엇을 바라고, 어떤 식으로 긴장이 나타날 수 있으며 그걸 어떻게 다룰지―에 관해 생각하도록 압박함으로써 긴장 상황이 덜 발생하거나 덜 위협적이 될 거라고 가정했다.

다른 식으로 표현하면, 참가자들이 대화가 어떻게 전개될 것인지 대화 전에 미리 고민하면 정체성 위협의 강도가 약해진다는 말이다.

마침내 대화가 시작되었을 때 양쪽 집단의 양상은 비교적 비슷했다. 그러나 아무 훈련을 받지 않은 대조군에서는 대화를 시작하지 못해 애를 먹는 팀이 있었다. 이들은 대화에 뛰어들지 못하고 주저했으며 수업이나 운동처럼 안전한 주제로 피했다. 한 팀은 서로 가까운 친구였음에도 대화가 불편해 3분 만에 나가버렸다.[28]

그러나 실험군에서 대화는 훨씬 순탄하게 진행되었다. 어떤 팀은 오래 얘기했다. 이들은 주제에 깊이 들어갔고 서로에게 질문하고 경험을 나누었다. 인종과 인종차별에 대해 어떻게 느끼는지 이야기했고 어설픈 일반화 대신 일상에서 고통스러웠던, 또는 의미 있었던 순간을 구체적으로 설명했다. 대화는 전반적으로 잘 진행되었지만 실험군 중에 특히 진정한 교감이 일어나는 순간들이 있었다. 한 대화에서 흑인 친구가 백인 친구에게 가게에서 점원이 자기를 따라다닐 때의 기분을 이야기했다. "나를 지켜보면서 내가 뭘 만지는지 일일이 감시하는 기분이 들었어." 흑인 친구가 말했다. 두 사람은 대학 친구인데 서로 인종에 대해서 얘기해본 적은 없다고 했다. "미국에서 나란 사람이 누구인지 잊고 산 적이 없어. 난 흑인이야."[29]

그는 방금 다른 환경에서라면 정체성 위협이 가해질 수도 있는 상황에 노출되었다. 그의 백인 친구는 이 사건이 정말 인종차별의 문제인지를 확인하려고 들지도 모른다("그 점원이 그렇게 행동한 데는 다른 이유가 있을지도 몰라"). 또는 친구의 걱정을 대단치 않게 넘길 수도 있다("그래도 네 친구 중에는 인종차별주의자가 없잖아"). 친구를 위로하려는 잘못된 시도에서 그가 지나치게 예민하다거나 불필요한 걱정을 하고 있다고 암시함으로써 친구의 경험을 과소평가할지도 모른다. 그러면 그에 대응해 흑인 친구는 백인 친구가 인종차별이 존재한다는 걸 인정할 생각이 없고 백인우월주의에 사로잡혀 현실을 제대로 알고 있지 못하며 사실은 백인우월론자의 마인드셋을 장착하고 있다고 넌지시 말할지도 모른다. 그들 둘 다 의도치 않게 상대의 정체성을 위협하게 된다는 말이다.

그러나 실제로 이 팀에서는 흑인 참가자가 말을 멈추었을 때 백인 친구는 확실히 불편하기는 했지만 그가 들은 것을 인정하고 받아들였다. "우리 친구들 중에 네가 제일 덜 의심스러워." 그가 말했다. "널 그런 식으로 대하다니…." 그는 속상한 표정으로 말을 흐렸다. "사실 우리 모임에는 정말 다양한 인종의 친구들이 모여 있지만 이런 문제를 얘기한 적은 없는 것 같아." 백인 친구는 흑인 친구의 감정을 하찮게 취급하거나 무시하지 않았고, 내용에 의심을 품지도 않았다. 그는 해결책을 제시하지 않았다. 그저 친구가 말한 것을 인정했을 뿐이다.

"그렇게 말해줘서 고마워." 흑인 친구가 대답했다. 그는 백인이 주로 있는 환경에서 흑인으로 지낼 때 느껴지는 긴장이 있다고 말했다. "하지만 너희들과 함께 있을 때는 늘 좋았어. 그런 외부의 인종적 압박을 잊고 편하게 어울릴 수 있거든."

이 대화를 비롯해 몇몇 대화에 극적인 순간이나 중대한 폭로, 감정의 폭발이 있었다. 그러나 연구자들에게는 그게 핵심이었다. 이런 종류의 대화는 아주 정상적인 것처럼 보였기 때문에 주목할 만했다. 그들은 어려운 주제를 회피하는 대신 솔직하게 이야기 나누는 친구였다.

연구자들이 데이터를 집계했더니 이 대화를 마친 후 서로 더 가까워지고 인종에 대해 더 편하게 이야기 나눌 수 있게 되었다고 느낀 참가자가 많았다.[30] 특히 특별 훈련을 받았던 흑인 참가자들은 백인 친구 앞에서 좀 더 진실된 모습을 보일 수 있었다고 말했다.[31] 연구진의 한 사람인 다트머스대학교 키아라 샌체즈는 내게 이런 결과가 나타난 것은 "대화 중에 지지와 격려를 받았기 때문이에요. '정말 상처받았겠다.' '네가 그런 일을 겪어서 정말 유감이야.' '네가 차별을 받았다니 정말 끔찍하다.' 때로는 이렇게 경험과 기분을 인정해주는 것만으로도 엄청난 변화가 일어납니다"라고 말했다.

여기에 정체성의 문제를 넘어서 모든 종류의 어려운 대화에 대한 교훈이 있다. 첫째, 앞에서 보았듯이 대화를 시작하기 전에 준비하는 것, 즉 좀 더 생각하고 입을 여는 것이 엄청난 효과를 불러온다는 것이다. 장애물을 예상하고, 예상한 일이 벌어졌을 때의 계획을 짜고, 무엇을 말하고 싶은지 고민하고, 무엇이 다른 사람에게 중요할 수 있을지 생각해보는 것을 말한다. 어려운 대화를 시작하기에 앞서 무엇이 일어나길 바라고, 무엇이 잘못될 수 있으며, 그 일이 일어났을 때 어떻게 반응할지 잠시 생각하라.

둘째, 걱정한다고 해서 대화를 무작정 피할 수는 없다는 것이다. 친구에게 실망스러운 소식을 전해야 할 때, 상사에게 불만을 이야기할 때, 배우자와 불쾌한 일을 의논해야 할 때 주저하게 되는 것은 당연하다. 하지만 그럼에도 이 대화가 중요한 이유를 되새긴다면 긴장을 줄일 수 있고, 이 대화가 처음에는 어색하지만 점점 나아질 거라는 걸 인정함으로써 불안감을 줄일 수 있다.

셋째, 대화가 어떤 식으로 진행될지 생각해보는 것은 어떤 말을 하는지만큼 중요하다. 누가 먼저 말을 꺼낼 것인가? (연구에 따르면 가장 힘이 없는 사람이 이야기를 먼저 꺼내야 한다.) 어떤 종류의 감정이 유발될 것인가? (불편함과 긴장에 대해 준비한다면 버티기도 쉬울 것이다.)[32] 어떤 장애물을 예상해야 하는가? 문제가 생겼을 때는 어떻게 대처할 것인가?

가장 중요한 것은 이 대화에서 얻게 될 것이 무엇이며 그것이 위험을 감수할 가치가 있는지이다(대부분의 경우, 대답은 '예'이다. 샌체즈의 실험에 참여한 사람들 대부분이 이 실험에 참여하기로 한 것을 잘했다고 생각한다고 말했다).

대화를 시작하기 전에 스스로 물어야 할 것

- 대화가 어떻게 전개되길 바라는가?
- 이 대화를 어떻게 시작할 것인가?
- 어떤 장애가 예상되는가?
- 문제가 생겼을 경우 어떻게 극복할 계획인가?
- 마지막으로, 이 대화의 이점이 무엇인가?

여기에 마지막 교훈이 있다. 모든 껄끄러운 대화, 특히 사회적 정체성에 대한 대화에서는 일반화를 피하는 것이 현명하다. 대신 자기 경험과 감정을 이야기해야 한다. 정체성 위협은 대체로 일반화하려고 하기 때문에 발생한다. 우리는 사람들을 한통속으로 생각하거나("변호사들 중에 정직한 사람이 어딨어?"), 상대가 싫어하는 특성을 부여한다("이 작자한테 투표하는 사람은 죄다 인종차별주의자야"). 이런 식의 일반화는 우리를 일차원적으로 만들어서 사람들, 그리고 그들의 고유한 관점과 복잡한 정체성까지 모두 대화에서 쫓아버린다.[33]

그러나 우리가 (자신을 드러낼 만큼 안전하다고 느끼는 상황에서) 자기 경험과 감정, 반응을 설명할 때는 정체성 위협이 힘을 잃는다. 여기에는 노력이 필요한데, 일반화를 피하기 위해서는 자기에 대해 솔직하게 말해야 할 뿐 아니라 상대의 고통과 절망에 귀를 기울여야 하기 때문이다. 상대의 분투를 가벼이 여기는 유혹에 넘어가거나 그 사람이 힘들어하는 것을 보는 게 힘들다는 이유로 섣불리 문제를 해결하려고 나서면 안 된다. 또는 자기가 그런 고통을 경험한 적이 없다는 이유로 상대의 아픔이 진짜가 아니라는 식으로 암시해서도 안 된다.

대신 다른 사람이 세상과 그 안에서 자기 정체성을 보는 방식을 포용하면, 다른 면에서 일치하는 점이 많은 두 사람이 치안 유지, 육아, 연애 등 어떤 부분에서는 서로의 상이한 배경으로 인해 다른 생각을 가질 수 있다는 걸 이해하기 시작한다. 또 세상이 어떻게 각자의 가정환경, 인종, 민족, 젠더, 그 밖의 정체성에 의해 달리 결정될 수 있는지를 인정하게 된다. 더불어 사회적 정체성에 대한 대화가 얼마나 많은 걸 드러내는지를 알게 된다. 그리고 그렇게 연결되기 시작한다.

'규칙 금지'라는 규칙

조너선 프리들랜드가 해고되고 4개월 뒤 버나 마이어스가 포용성 전략팀 부사장으로 취임했을 때 회사는 여전히 혼란 상태였다. 넷플릭스의 모든 직원이 자신은 차별을 혐오하며 공정한 근무 환경을 열렬히 원한다고 말했다. 그렇다고 해서 모든 사람이 회사가 바뀌어야 한다고 확신한 건 아니었다. "자기가 인종차별을 싫어하고 평등을 믿는다면 그걸로 충분하다고 생각하는 착한 사람들이 많이 있었어요." 마이어스가 말했다. "하지만 일은 그런 식으로 돌아가지 않습니다."[34]

넷플릭스에 합류하기 전에 마이어스는 변호사였고 법률 회사 컨

소시엄 중역으로 일하면서 법조계에서 인종적 다양성을 높이는 데 앞장섰다. 이후 매사추세츠주 검찰총장 비서실 부실장이 되어 다양성 사업을 이끌었고 나중에는 포용적 기업을 지원하는 컨설팅 회사를 차렸다.[35] "아마 제가 만났던 사람 중에 가장 카리스마 넘치는 분일 겁니다." 이 회사에 다녔던 직원이 내게 말했다. "하지만 누구한테든 편안하게 대해줬어요." 마이어스는 넷플릭스가 프리들랜드 문제를 해결하기 위해 애쓰는 시기에 넷플릭스에 들어와 그 문화에 어느 정도 익숙했다. 무엇보다 그녀는 사람들이 입을 열기 전에 먼저 숙고하게 하는 법을 잘 알았다.

그러나 넷플릭스의 문제는 회사의 문화가 애초에 아이디어가 완전히 무르익기 전에 빨리 말하고 빨리 행동하도록 설계되었다는 데 있었다. 넷플릭스의 컬처덱은 "우리의 목표는 크고, 빠르고, 유연하게 되는 것", 그리고 "성장할수록 규칙을 최소화한다"라고 선언했다.[36] 직원들은 제약 없이, 또 체계 없이 무엇이든 도전하도록 장려되었다. "사전에 오류를 예방하는 것이 나중에 수리하는 것보다 싸게 먹힌다는 말을 들어봤겠지만 창의적인 환경에서는 그렇지 않다"라고 컬처덱에 쓰여 있다. 헤이스팅스가 자기 경험을 쓴 책에서 그는 독자들에게 "혼돈의 가장자리로 조금 더 가까이 움직이고", "조금 느슨하게 풀어주며 지속적인 변화를 반기라"라고 강조했다.

그러나 선입견과 편향 같은 가장 어렵고 민감한 주제에 관해서는 그런 제약 없는 혼돈의 문화가 큰 재앙을 불러올 수 있다. "이런 문제를 점잖게 논의할 줄 아는 넷플릭스 직원은 없었습니다." 한 직원이 내게 말했다. 그리고 프리들랜드가 해고된 이후 어느 수준까지 대화가 허용되는지에 대한 혼란이 있었다. '우린 누구인가?'를 논의할 때 과격하게 솔직해도 되는 것인가? 피하는 게 상책인 주제가 있는가? "어디에 선을 그어야 할지 누구도 알지 못했습니다." 경영진이 말했다. "그래서 다들 그 문제에 대해서는 아예 입을 닫기로 한 것이죠."

마이어스 팀은 이런 식의 침묵이 문제의 일부라고 판단했다. 어렵고 민감한 문제라도 앞에 꺼내놓고 이야기해서 동료가 무엇을 겪는지 이해하고, 회사와 세계 안에서 불평등과 씨름하고, 어떻게 자신이 의도치 않게 문제를 일으킬 수 있는지를 알아야 했다.

단, 그런 대화는 모두가 안전하다고 느끼는 환경에서 올바른 방식으로 진행되어야 한다. 사람들이 올바른 질문을 하게 하려면 넷플릭스의 가차 없는 정직성의 문화는 조금 바뀌어야 한다.

다시 말해, 넷플릭스에는 규칙이 필요했다.

물론 그것들을 규칙이라고 부를 수는 없었다. 규칙은 넷플릭스에서 금지된 항목이다. 그래서 마이어스 팀은 대신 '지침'이라고 불렀다. 그런 다음, 직원 워크숍을 열거나 다양한 부서와의 대화를 주최하거나 다양성과 포용에 관해 간부들을 훈련하는 자리에서 이 지침을 강조했다.[37] 그 골자는 다음과 같다. 정체성의 문제를 논의하는 자리에서는 누구도 상대방을 비난하거나 수치심을 주거나 공격하면 안 된다. 솔직하고 올바로 묻는 질문은 괜찮다.* 매 세션을 시작할 때 목표를 자세히 설명하고—"연민과 용기로 서로 이어지게 최선을 다한다", "불편감과 무지의 감각을 포용한다"—진행자는 대화 중에 "방금 말씀하신 부분에 대해 다들 주목하면 좋겠습니다" 또는 "일부 참석자가 이 사안에 대해 감정적으로 대응하고 계시는데, 모두 한번 심호흡을 하면 좋겠습니다"라는 식으로 환기한다.

다음으로, 이런 식의 대화는 어색할 수밖에 없고, 사람들은 실수하게 마련이라는 사실을 인정한다.[38] 실수해도 괜찮다. 대화 중에 사람들은 오직 자기 경험과 자기 이야기만 말한다. 일반화하지 않는다. 동료가 자신의 아픔을 이야기하면 잘 듣는다. 나서서 해결하거나 고통을 줄여주려고 하지 않는다. 그런 일이 일어나서 안타깝다고 말하고 상대의 아픔을 인정한다.

모두에게 말할 기회가 주어져야 하고, 인종, 민족, 성별, 그 밖의 다른 정체성의 표지가 어떻게 그들의 삶을 형성했는지 숙고하게 한다. 어떤 사람은 자기의 삶을 설명하는데, 다른 사람들은 지켜보기만 하는 것은 공정하지 않다. 모든 사람에게 인종과 민족 정체성이 있고, 성 정체성과 다중적 자아가 있다는 걸 직원들이 듣게 하는 것은 중요하다. 그래야 소외의 아픔을 인지할 수 있다.[39] 서로 갈라놓는 것보다 이런 공통성이 공감을 돕는다.[40]

◆　사회에서와 마찬가지로 넷플릭스 안에서도 질문에 대한 약간의 제한은 있다. 마이어스가 내게 다음과 같이 말했다. "특히 트랜스젠더나 논바이너리에게 하는 질문이 그렇죠. 사람들은 그들에게 특히 그들의 신체에 관해 많이 묻습니다만 그건 적절하지 않습니다. 시스젠더인 사람들에게 그런 질문은 하지 않지요. 그래서 우리는 묻기 전에 자신의 동기를 확인하라고 말합니다. 단순히 개인적인 호기심 때문에 묻는 것인지, 아니면 상대의 답변이 모두에게 도움이 되기 때문인지 자신에게 먼저 묻게 하는 것이죠."

전체적인 대화의 틀에 관한 이야기로 시작한다.
어떤 이야기는 괜찮고, 어떤 이야기는 선을 넘는 것인가?

불편할 수 있다는 걸 인정한다.
이 대화는 아마 쉽지 않을 것이고 불편한 마음이 들 수도 있다. 그래도 괜찮다.

우리는 실수할 것이다.
완벽함을 추구하는 대화가 아니라 호기심과 이해가 목적이다.

각자의 경험과 관점을 공유하는 것이 목표다.
상대가 마음을 바꾸게 설득하는 자리가 아니다.

비난하거나 수치심을 주거나 공격하지 않는다.

자기의 관점과 경험을 이야기하라.
다른 이들의 생각을 설명하는 데 시간을 잡아먹지 않는다.

비밀 유지가 중요하다.
안심하고 말할 수 있어야 한다. 이 대화에서 나온 말이 밖으로 새어 나가지 않아야 한다.

존중은 필수다.
의견이 서로 다르더라도 상대에게 말할 권리가 있다는 것을 존중한다.

가끔은 대화를 중지해야 한다.
어떤 대화는 상처를 다시 떠올리게 할 수 있다. 천천히 대화하고 잠시 대화를 중단하거나 한 발짝 물러나게 한다. 불편감은 예상할 수 있지만 고통과 트라우마가 시작된다면 그때는 멈춰야 한다.

마이어스는 보통 자신의 실수를 강조하면서 워크숍을 시작했다. 자기가 어떻게 사람들의 성별을 잘못 알았는지 이야기했다. 또 부끄럽지만 한 트랜스젠더 친구에게 제3의 성을 지칭하는 대명사로 'they'를 사용하자는 주장은 최선이 아닌 것 같다고 말한 적이 있다. 또 한 번은 "비행기를 탔는데 기장이 여성이었어요. 그런데 갑자기 난기류를 만나 비행기가 심하게 흔들린 거죠. 그때 저도 모르게 '그녀가 제대로 조종할 수 있기를' 하는 생각이 들었어요"라고 말했다. 그 즉시 마이어스는 기장이 남성일 때는 한 번도 실력을 의심해본 적이 없다는 걸 깨달았다. "제 머릿속에도 그런 편견이 있는 줄 몰랐던 것이죠." 그녀가 사람들에게 말했다. "하지만 분명히 있었습니다."

다음으로 그녀는 참가자들에게 자신이 배제되었다고 느낀 때를 이야기하게 한다.[41] 보통은 긴 침묵이 이어지다가 조금씩 조용한 대화가 시작된다. 마침내 마이어스는 강수를 두어 참가자 자신이 다른 사람을 배제했던 일과 자신의 행동을 후회하는 때를 말하게 한다. 그건 훨씬 더 두려운 일이다.[◆]

경영진을 대상으로 한 또 다른 워크숍에서 마이어스의 팀원인 웨이드 데이비스Wade Davis는 자신의 배경을 설명하면서 교육을 시작했다. 그는 루이지애나주와 콜로라도주에서 가난하게 자란 흑인 게이 남성이다. 한때 내셔널 풋볼 리그 코너백이었지만 여러 차례 방출되었고 결국 완전히 리그에서 나오게 되었다. 그런 식으로 거부당하는

◆　이 워크숍은 마이어스 팀이 넷플릭스에서 추진한 일의 일부분일 뿐이다. 다른 일들은 주를 확인하기 바란다.

것은 쓰라린 경험이었다. 하지만 자신도 평생 인종차별과 성차별에 관해 많은 실수를 저질렀다. 그는 무지한 추측을 했고 자신도 모르게 모욕적인 말을 했다.

그런 다음 데이비스는 사람들에게 특권과 배제에 관한 자기 경험을 되돌아보라고 요청했다. 그리고 관리자들과 넷플릭스의 고용 관행에 관해 많은 이야기를 나누었다. 많은 이들이 자신들은 다양한 후보자를 찾으려고 애쓴다고 말했지만 그는 넷플릭스에 지원한 일부, 특히 소외 집단에서 온 사람들은 결국 "기준 미달"로 합격하지 못했다는 걸 알고 있었다.

"그렇다면 넷플릭스의 기준이 뭘까요?" 데이비스가 물었다. "그리고 그 기준을 충족하는지 아닌지는 어떻게 판단할까요?"

방 안의 간부들은 자기가 직원을 고용할 때 무엇을 염두에 두는지 설명하기 시작했다. 한 중년 디자이너는 로드아일랜드 디자인 스쿨이나 파슨스 디자인 스쿨 출신에다가 애플이나 페이스북 같은 회사에서 근무한 경험이 있는 지원자를 찾는다고 했다. "다양성은 저에게 중요한 요소입니다." 그가 말했다. "하지만 가장 중요한 건 그 사람이 이곳에서 성공할 수 있는지 없는지를 보는 거예요."

그러더니 그가 갑자기 말을 멈추었다. "이럴 수가." 그가 말했다. "전 방금 제 목소리를 들었어요. 제가 저를 설명했네요. 제 자신의 배경을 설명하고 있었어요. 그러니까 저는 저 자신을 기준으로 삼고 있었던 거예요." 그가 주위를 돌아보았다. "안 좋은 거죠?"

데이비스가 내게 말하길, 이런 종류의 대화에서는 어떻게 자신이 자기도 모르게 불평등의 문제에 기여하고 있는지를 깨닫는 게 중요하다. 대화의 목적은 올바른 것만 말하는 것도, 완벽한 통찰에 이르는 것도 아니다. 완벽은 목표가 될 수 없다. "왜냐하면 완벽하게 말하려다 보면 진실을 말하지 못하게 되거든요." 그가 말했다. "목적은 대화를 계속 유지하고 학습할 공간을 찾고 서로를 지지하는 것입니다."

처음에 일부 넷플릭스 직원은 이런 워크숍을 경계했다. 그들은 참가하고 싶어 하지 않았다. 참가하더라도 말을 하고 싶어 하지 않았다. 말을 하더라도 먼저 말하고 싶어 하지 않았다. 사람들은 불쾌감을 주는 말을 할까 봐, 모욕적인 질문을 하게 될까 봐, 자신이 인종차별주의자 또는 성차별주의자가 될까 봐 두려워한다. 그러나 서서히 이 워크숍은 그들이 생각한 것만큼 위험하지 않다는 소문이 퍼졌다.[42] 사람들은 솔직할 수 있고, 또 질문할 수 있었다. 누구도 실수한 것으로 공격받지 않았다. 워크숍은 점점 커졌고 이런 주제를 토론하기가 쉬워지면서 마침내 수천 명의 직원이 참가했고 일부는 한 번 이상 참가했다. 그들은 진정한 이해로 이어질 수 있는 종류의 질문을 했다.[43] 트랜스젠더가 된다는 것이 어떤 의미입니까? 아이를 키우는 흑인 어머니로서 경찰에 대해 어떻게 생각합니까? 부모로서 당신은 일과 아버지 역할을 둘 다 해내는 것을 걱정합니까?* 그리고 이런 논의는 지침에 따라 진행되었기 때문에, 불편한 순간이 찾아올 것이고 누군가는 말실수할 수도 있지만 그런 불편함과 싸우고 자기의 말이

◆ 이런 질문을 장려하는 것과 더불어 사람들이 대답을 거부할 수 있게 하는 것도 매우 중요하다. 특히 소외 집단에 속한 사람들은 자기 인생을 남 앞에서 설명해야 하는 요구를 많이 받아왔기 때문이다.

다른 이에게 어떤 영향을 줄 수 있는지 보는 것이 이 대화의 핵심임을 모두가 이해했다.

사회적 정체성에 대한 대화 가운데 함께 축구 경기를 할 기회도 없고 백신 접종의 문제처럼 여러 가지 접근법을 실험할 수도 없는 난해한 상황에서는 무엇을 해야 할까? 잘못하면 우정에 금이 가고 커리어에 타격이 간다는 걸 알면서도 인종차별이나 성차별, 기타 민감한 주제에 관해 얘기하려면 어떻게 해야 할까?

넷플릭스의 접근이 한 가지 해결책을 제시한다. 지침을 설정하고 명확히 소통하게 하는 것. 모든 사람을 대화에 초대하여 목소리를 내게 하는 것. 자기 자신을 점검해야 한다고 알려주는 것. 소속감과 모두가 환영받는다는 기분을 조성하는 것. "만약 그 자리에서 당신은 편향되어 있고 본질적으로 선입견이 있다는 말을 제일 먼저 듣게 된다면 그곳은 편안하게 시작할 수 있는 장소가 아니다. 그런 곳에서는 위협을 느낀다."[44] 스탠퍼드대학교 심리학 교수인 그레그 월튼Greg Walton이 말했다. 그러나 다양성과 포용은 물론이고 모두를 위한 소속감을 만드는 데 대화의 초점을 맞춘다면, "사람들이 참여하고 배우며 상황을 개선할 책임감을 느끼게 이끌 수 있다".

이런 종류의 논의는 결코 완벽할 수 없다는 것에 주목해야 한다. 다시 말하지만 완벽은 목표가 아니다. 마이어스가 내게 말한 것처럼 이는 "자신, 그리고 자신과 타인의 문화를 인지하는 문제"로서 목표는 자신의 편견, "자기가 배제하거나 포용할 수 있는 사람"을 인식하는 것이다.

또는 키아라 샌체즈가 말한 것처럼 목적은 "불편감을 없애는 것이 아니라 사람들에게 불편감을 견딜 수 있는 틀을 마련하는 것이다. 그 둘은 약간의 차이가 있지만 그 바탕에는 불편감이 유용하다는 생각이 있다". 불편한 마음은 우리가 말하기 전에 생각하게 하고, 다른 사람들이 어떻게 나와 다르게 보고 듣는지를 이해하게 한다. 불편함은 그럼에도 도전할 가치가 있으므로 계속 나아가야 한다고 상기시킨다.

불편한 대화를 피하면 아무것도 얻지 못한다

2021년까지 거의 모든 넷플릭스 직원이 소속, 다양성, 포용의 개념에 관한 훈련을 받았다.[45] 흑인, 남아시아, 히스패닉, 미국 원주민, 트랜스젠더, 게이와 레즈비언 직원, 그리고 퇴역 군인, 부모, 혹은 신체 장애와 정신 건강의 영향을 받은 사람들을 위한 직원 자원 그룹이 있었다. 일부 선입견 완화 프로그램은 너무 간단하거나 모든 사람들을 끌어들이지 않았기 때문에 효과가 없었다는 연구가 있었지만, 넷플릭스에서는 장기적인 개입과 명확한 지침 덕분에 사람들이 자신의 사회적 정체성을 이야기하기 쉬운 환경을 만들었다.

마이어스가 고용된 지 3년 만에 넷플릭스는 소외 집단 고용률이 할리우드는 물론이고 실리콘밸리의 거의 모든 대기업을 능가해 여성이 넷플릭스 노동력의 52퍼센트, 고위 간부의 45퍼센트를 구성했다.[46] 넷플릭스 미국 직원의 절반이 적어도 역사적으로 배제되었던 민족이나 인종 집단 출신이고, 미국 직원의 19퍼센트가 흑인 또는 히스패닉이다.[47]

기술 산업 분야에서 이런 수치는 놀라운 것이다. 엔터테인먼트 산업 내에서도 흔하지 않다. 서던캘리포니아대학교 연구자들이 넷플릭스와 다른 엔터테인먼트 회사를 비교했을 때, 넷플릭스에는 웬만한 스튜디오보다 여성 작가가 더 많았고, 흑인과 기타 소수집단에 속한 영화 제작자, 배우, 프로듀서의 수가 이례적으로 많았다.[48] 넷플릭스 직원들은 마침내 자기 회사가 과거 조너선 프리들랜드가 인종 비방 언어를 사용했던 회사와는 다르다고 느끼게 되었다.

그러던 중 2021년 10월에 넷플릭스에서 데이브 샤펠Dave Chappelle의 새로운 스탠드업 코미디 쇼 〈더 클로저The Closer〉를 공개했다. 샤펠은 세계적으로 인기 있는 코미디언인데 인종, 젠더, 섹슈얼리티에 대한 신랄한 비평으로 유명하다. 〈더 클로저〉에서 그는 트랜스젠더 여성을 보고 "속아서" 아름답다고 말했다는 농담을 했다. 그는 "젠더는 팩트이다"―트랜스젠더 커뮤니티를 비합법화한다고 여겨지는 발언―라고 말했고, 성폭행 생존자를 풍자했다. 또한 한 남성을 살해한 후에도 여론의 동정을 받았다가 동성애 혐오 발언으로 버림받은 래퍼 다베이비DaBaby를 대하는 대중의 태도에 한탄했다.

미디어에서 성소수자 커뮤니티에 대한 부정적 편견을 감시하는 단체인 GLAAD는 이 쇼가 "트랜스젠더와 기타 소외 집단을 조롱하고 있다"고 말했다. 한 넷플릭스 직원이 트위터에 그 쇼는 "트랜스젠더 커뮤니티와 성전환의 타당성을 공격한다"라고 비난했다. 이어서 외부 집단의 시위가 계획되고 거부 운동 조짐이 보였다.

이런 격렬한 항의에 넷플릭스 공동 CEO인 테드 서랜도스Ted Sarandos는 공개적으로 이 프로그램을 옹호하면서 전 직원에게 이메일로 "우리는 화면 속 콘텐츠가 현실 세계의 직접적인 피해로 옮겨지지는 않는다고 강하게 믿는다"라고 주장했다. 그는 〈더 클로저〉가 "가장 많은 사람들이 시청했고, 지금까지 가장 인기 있고 많은 상을 받은 스탠드업 쇼"라는 것에 주목했다. 이런 발언이 비판을 더욱 부추겼다. 웹사이트와 신문이 논쟁에 뛰어들어 두 달 만에 2,000건의 기사가 실렸다. 시위자들이 샤펠의 쇼에 항의하며 로스앤젤레스의 넷플릭스 본사로 행진할 때 반대 시위자들이 나타나면서 몸싸움이 벌어졌다.

바깥에서 볼 때는 넷플릭스가 다시 한번 내부 전쟁에 돌입한 것처럼 보였다. 그러나 회사 내에서 직원들은 상황을 다르게 인식했다. 피켓을 든 사람들 중에서 넷플릭스 직원은 소수에 불과했다.[49] "우리는 굳이 그럴 필요가 없었다"라고 샤펠 쇼에 관해 임원진에게 공식적으로 불만을 제기한 한 직원이 말했다. 직원들이 불만과 분노를 표출할 타운홀 미팅이 내부에서 여러 차례 열렸다. 경영진은 질문을 받았고, 개혁을 제안하는 청원이 돌았다. 내부 비판은 널리 공유되었고, 회사는 듣고 응답하는 절차가 갖춰져 있었다. "우리는 어떻게 의견을 전달할지 알고 있었습니다." 그 직원이 내게 말했다. "우리의 기분을 모든 사람이 알게 하는 시스템이 있었지요."

물론 의견 차이는 계속 존재했다. 회사의 트랜스젠더 직원 자원 그룹은 경영진에게 이 프로그램에 대한 경고를 넣거나 불쾌한 부분을 편집하라고 촉구했지만 경영진은 비록 불쾌감을 주더라도 예술적 표현에 충실하겠다고 대답했다. 경영진의 대응에 실망한 몇몇 직원은 회사를 떠났다.

그러나 이 프로그램에 대해 불만을 제기한 직원들은 긴장된 회의 중에도 사람들이 대체로 공감하는 어조를 유지했고, 모든 사람이 목소리를 낼 수 있는 구조였다고 내게 말했다. 그 프로그램을 공개적으로 옹호하고 며칠 뒤 서랜도스는 《더 할리우드 리포터》와의 인터뷰에서 자신을 탓했다. "제가 다 망쳤어요." 그가 말했다. 그는 직원들의 우려를 듣지 못했다고 인정했다. "저는 제가 보낸 이메일 때문에 우리 직원이 고통받고 정말로 상처를 받을 거라는 점을 가장 먼저 알았어야 했습니다. 비인간적인 이메일이었어요." 그 이후로 그는 "동료의 이야기에 귀를 기울이고 그들의 감정을 듣는 것"에 계속 집중했다.

샤펠 쇼에 대한 내부 청원 조직에 참여한 직원 한 사람이 내게 말했다. "이런 종류의 대화는 항상 감정이 과열되게 마련이에요." 그러나 넷플릭스는 그런 상황에서도 대화하는 방법을 배웠다. "이 일을 시작하면서 대규모 타운홀 미팅을 열었어요. 규칙은 처음부터 명확했습니다. 모든 사람이 발언할 수 있다. 그러나 상대에게 수치심을 주거나 비난하거나 공격하는 것은 금지한다. 말하기 전에 먼저 생각한다. 비판하기보다 기여한다." 이 회의에서 사람들은 직접 얼굴을 마주하고 회사의 리더십에 대해 비판했다. "트랜스젠더 직원들은 회사에서 경험한 것들을 이야기하면서 바뀌어야 할 부분을 지적했습니다." 그 직원이 말했다. "그리고 많은 사람이 이렇게 말했어요. '모든 점에서 동의하는 것은 아니지만, 말씀을 듣고 당신이 상처받았다는 것을 알게 되었습니다. 앞으로 계속 이런 대화를 이어나가겠습니다.' 대화다운 대화였어요."

회사 안에서는 사회처럼 언제나 의견 충돌이 있을 수밖에 없다. 타협이 늘 가능한 것도 아니고 때로는 목표를 세우는 것조차 불가능하다. 그럴 때 우리가 바라야 하는 것은 이해하는 것이다. 공동체와 민주주의는 이해와 대화를 통해서 번영한다. 서로 부딪히는 신념을 이야기할 자리를 마련한다면 진정한 소통의 가능성은 더욱 커진다.

물론 넷플릭스는 인종차별이나 편견 같은 문제를 해결하지 못했다. 마이어스가 말한 대로, "그것들은 아주 커다란 구조적 문제이고 단번에 해결할 묘책은 없다". 진정한 변화가 일어나려면 넷플릭스가 직원을 고용하고 승진시키고 지원하는 방식뿐 아니라 사회 전체가 변화해야 한다.[50] "하지만 사람들에게 이런 종류의 대화를 어떻게 하는지 가르치지 않으면 서로의 말을 들을 기회조차 주지 못하게 됩니다." 마이어스가 말했다. "그러니까 그건 해결책은 아니지만, 해결로 가는 첫 단계인 셈이지요."[51]

'우린 누구인가?'를 나누는 대화는 어려울 수 있지만 없어서는 안 되는 것이기도 하다. "당장 차이를 없애지는 못하겠지만 적어도 세상에 다양성을 위한 안전한 공간을 만드는 데 보탬이 될 수는 있습니다." 1963년에 존 F. 케네디가 암살당하기 5개월 전 아메리칸대학교에서 학생들에게 한 말이다. "최종적으로 우리를 하나로 연결하는 가장 기본적인 고리가 있다면 그건 우리가 모두 이 작은 행성 위에 살고 있다는 점입니다. 우리는 모두 같은 공기를 마시고 있으며, 모두 우리 아이들의 미래를 소중히 생각합니다. 그리고 우리는 모두 언젠가 죽습니다."

공통점은 우리가 서로를 배우게 하고 차이를 좁히고, 함께 말하고 이해하고 일하게 하는 시작점이다. 정체성에 대한 대화야말로 이런 연결 고리를 드러내고 자신을 온전히 공유하게 하는 것이다.

사회적 정체성에 대한 대화

시도하기 어려운 대화는 늘 있게 마련이다. 대체로 인종이나 민족성, 젠더 같은 주제를 다루는 대화가 어렵다. 하지만 직원에게 실적 문제로 솔직한 피드백을 주어야 할 때, 사장에게 월급을 너무 덜 주고 있다는 걸 설명해야 할 때, 부부 관계를 위해 배우자에게 변화를 요구할 때, 삼촌이 평소 술을 너무 많이 마셔서 걱정될 때처럼 다른 민감한 주제를 다루는 대화도 많다.

이런 종류의 대화는 상대의 자아에 상처를 줄 수 있기 때문에 쉽게 꺼낼 수 없다. 직원의 성과에 대한 이야기가 그 사람의 직업의식, 지능, 성격을 깎아내리는 것처럼 들릴 수도 있다. 사장에게 보수를 더 받아야 한다고 말하는 것이 상대에게 경우를 모른다고 비난하는 것처럼 들릴 수도 있다. 배우자에게 어떤 습관을 바꿔달라고 요청하는 것은 그 사람 자체에 대한 공격으로 여겨질 수도 있다. 삼촌의 음주 습관에 대한 걱정은 그가 살아가는 방식을 비판하는 것으로 보일 수도 있다.

하지만 이런 대화는 중요할 뿐 아니라 피할 수 없는 것이다. 알아가는 대화의 마지막 규칙이 중요한 것도 그래서이다.

규칙4
이 대화에서 정체성이 중요한지 살핀다.

이 규칙은 대화를 시작하기 전에, 대화를 시작하면서, 대화가 진행될 때, 이렇게 세 단계에서 행동을 점검하도록 지시한다.

대화를 시작하기 전

사회적 정체성에 대한 대화를 처음 시작하기 전에 몇 가지 문제를 고려해야 한다. 이 연습의 목적은 대화가 어떻게 전개되길 원하고, 무슨 말을 하고 싶은지 생각해보는 것이다.

자신에게 묻기

- 이 대화에서 무엇을 성취하고 싶은가? 어떤 이야기를 가장 하고 싶은

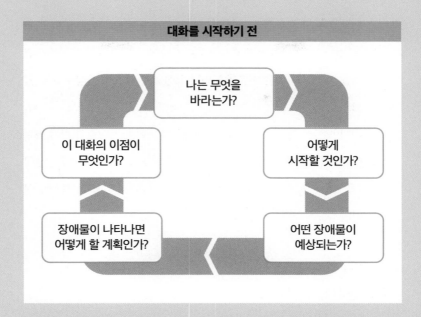

대화를 시작하기 전

나는 무엇을
바라는가?

이 대화의 이점이
무엇인가?

어떻게
시작할 것인가?

장애물이 나타나면
어떻게 할 계획인가?

어떤 장애물이
예상되는가?

가? 무엇을 알고 싶은가? 상대가 무엇을 얘기하고, 무엇을 알고 싶어 한다고 생각하는가? 대화를 시작하기 전에 목적을 명확하게 설정하면 그대로 이루어질 가능성도 커진다.

- 이 대화를 어떻게 시작할 것인가? 모두가 목소리를 낼 수 있고 대화에 참여할 수 있다고 느끼게 하려면 어떻게 해야 하는가? 모든 사람을 대화에 끌어들이려면 무엇을 해야 하는가?

- 어떤 장애물이 예상되는가? 사람들이 화를 낼 것 같은가? 아니면 움츠러들면서 피하겠는가? 껄끄러운 부분에 대해 주저하는 바람에 필요한 말을 하지 못하게 될까? 어떻게 하면 모든 사람이 자기 생각을 좀 더 안전하게 말할 수 있을까?

- 장애물이 나타나면 어떻게 할 것인가? 연구에 따르면 불안하거나 두

려움을 느낄 상황을 사전에 인지하면 우려가 현실이 되었을 때 타격을 덜 받는다. 대화에 긴장이 흐르면 어떻게 자기를 비롯한 사람들의 마음을 진정시킬까? 어떻게 하면 조용한 사람의 참여를 유도할 수 있을까?

● 마지막으로, 이 대화의 이점은 무엇인가? 위험을 감내할 가치가 있는 대화인가? (대답은 대개 '예'이다.) 사람들이 화가 났거나 기분이 상했을 때, 또는 그냥 나가버리는 것이 더 쉬운 상황에서 어떻게 하면 이 대화가 중요하다고 알려줄 수 있을까?

대화를 시작하면서

까다로운 대화는 종종 불확실한 상태로 시작된다. 특히 '우린 누구인가?'를 논의하는 자리에서는 말실수할까 봐 불안해하고 어떤 말을 듣게 될지 몰라 긴장한다.

몇 가지를 해결하면 그런 불안을 줄일 수 있다.

대화를 시작할 때

● 첫째, 지침을 설정한다. 대화의 규칙을 정하는 것이 도움이 된다. 예를 들어 상대를 비난하거나 수치심을 주거나 공격하지 않는다. 대화의 목적은 감정을 공유하는 것이지 잘잘못을 따지는 것이 아니다. 또한 질문해도 괜찮은지 확인하고, 예컨대 아주 개인적인 주제나 특별히 민감한 문제에 관해 사전에 조율할 상황이 있는지 확인하는 것도

도움이 된다. 대화에 참가한 모든 사람이 자기 목소리를 내도록 격려하고, 대화에서 소외되는 사람이 없게 한다. 모두에게 기회가 돌아가도록 진행자를 정하는 것도 한 방법이다. 마지막으로 사람들이 자기 경험과 개인적인 이야기를 말하도록 요청한다. 상황을 일반화하지 않는다. 상대가 직접 도움을 청하는 때가 아니라면 다른 사람의 문제를 해결하거나 덜어주려고 먼저 나서지 않는다. 동료가 마음 아픈 이야기를 꺼내면 그저 듣고, 그런 일이 일어나서 안타깝다고 말한다. 상대의 감정을 있는 그대로 인정한다.

- 둘째, 모든 사람이 목적을 말하게 한다. 자기 목적을 상대와 공유한다. 그리고 상대에게도 이 대화에서 무엇을 원하는지 묻는다. 감정적인 목적("우리가 계속 친구로 지냈으면 좋겠어" 또는 "내 속에 있는 말을 해야 할 것 같아"), 현실적인 목적("이 자리에서 꼭 계획을 마무리 지었으면 좋겠습니다"), 집단의 목적("저에게는 모두가 서로 공감하는 게 중요합니다")을 구분한다.

- 마지막으로, 불편한 감정은 당연하고 또 유용한 것임을 계속 인정한다. 우리는 말실수를 할 수도 있고, 눈치 없는 질문을 할 수도 있고, 의도치 않게 말로 상처를 줄 수도 있다. 이런 불편함이 생기더라도 대화를 차단하는 대신 배우는 기회로 삼아야 한다.

대화가 진행되는 동안

어려운 대화를 시작할 준비가 되고 지침과 목적까지 정하고 나면 대화 중에 다음을 기억한다.

지침을 설정한다
{
- 규칙이 무엇인가?
- 비난하거나 수치심을 주거나 공격하지 않기
- 질문해도 될까요?

진행자는 대화를 이렇게 이끈다
{
- 모두가 목소리를 내도록
- 사람들이 자기 이야기를 하도록
- 타인의 문제를 해결하려고 나서지 않도록
- 모든 사람이 다른 이의 말을 듣도록

모든 사람이 목적을 말하게 한다
{
- 감정적 목적
- 현실적인 목적
- 일시적인 목적

이런 상황이 편치 않을 수 있다는 것을 인정한다
{
- 말실수를 할 수 있다.
- 눈치 없는 질문을 할 수 있다.
- 불편한 상황이 되었을 때 대화를 차단하지 않고 배움의 기회로 삼는다.

- 다중적 정체성을 드러내게 한다. 사람들에게 배경과 소속된 지역 사회, 단체, 지지하는 신념, 고향 등을 묻고 자신의 정체성도 공유한다. 모든 사람이 여러 개의 자아를 지닌다. 일차원적인 사람은 한 사람도 없다. 이 점을 짚고 넘어가는 것이 도움이 된다.

- 모든 사람이 동등한 입장에 서 있게 한다. 사회적 정체성에 대한 대화는 모든 사람이 동등한 목소리로 말할 수 있을 때 가장 성공적이다. 각자의 관점을 환대하는 데 초점을 둔다. 부와 인맥과 특권, 연장자 또는 상급자의 지위, 전문성을 과시하지 않는다. 모두가 잘 알거나 반대로 모두가 모르는 주제로 대화를 한정한다. (대화에서 경험을 나누는 것이 강력한 이유도 여기에 있다. 자신이 보고 느낀 것에 대해서는 누구나 전문가이기 때문이다)

- 사람들의 경험을 존중하고 진실된 유사성을 찾는다. 사람들에게 각자의 정체성에 관해 묻고 자기와의 공통점을 찾아 대화를 시작한다. ("밸리 고등학교 나오셨어요? 어머, 저도예요!) 그러나 이 점을 잊지 말자. 유사성은 진실해야 한다. 그리고 그 유사성을 서로 더 잘 이해하는 데 사용할 때 상대와의 관계가 의미 있어진다. ("고등학교 생활이 저한테는 좀 힘들었어요. 어떠셨어요?") 공통점이 없더라도 상대의 이야기를 잘 듣고 있다는 걸 보여주고, 상대의 경험을 존중하는 것만으로도 일체감을 느낄 수 있다.

- 대화의 환경을 관리한다. 사회적 정체성은 대화가 일어나는 환경에 따라 힘을 얻기도 하고 잃기도 한다. 때로 집단 환경에서 좀 더 개인적인 장소로 이동하기, 직장에서 벗어난 곳에서 이야기하기, 사업 이야기를 꺼내기 전에 주말에 관한 이야기로 회의를 시작하는 것 같은

다중적 정체성을 이야기한다.

"어디에서 자라셨어요? 그곳에서의 생활은 어땠나요?"

모든 사람을 동등한 자리에 둔다.

"저도 차에 대해서 아는 게 없어요."

내집단을 형성하기 위해 유사성을 찾는다.

"변호사세요? 저도예요!"

대화의 환경을 관리한다.

"좀 더 조용한 곳으로 자리를 옮길까요?"

단순한 전환으로도 안전한 기분과 환영받는 기분을 줄 수 있다. (그리고 같은 이유로 환경이 소외감을 느끼게 하면 안전하다는 느낌을 훼손할 수 있다)

이 과정이 번거로워 보일 수 있다. 또한 어려운 대화는 아무리 꼼꼼하고 신중하게 계획해도 예상치 못한 방향으로 흘러갈 수 있다. 그러나 정체성 위협이나 고정관념 위협 같은 해로운 영향을 인지하고, 장애에 대처할 계획이 있으며, 상황이 불편해질 수 있고 그래도 괜찮다는 것을 알고 있다면 어려운 주제를 논의하는 것이 조금은 할 만해질 것이다.

에필로그

1937년 봄, 빌리 그랜트Billy Grant라는 체인점 거물이 하버드대학교를 찾아와 한 가지 제안을 했다. 그랜트는 수십 년 전에 고등학교를 중퇴했으나 '25센트 스토어'를 열고 주방용품과 생활용품을 팔아 성공했고 전국에 지점이 있었다. 예순한 살이 된 그는 거액을 기부하여 사회에 환원하고 싶다고 했다. 그러면서 추가로 좀 더 현실적인 조건을 제시했다. 당시 그는 자신의 성장하는 제국을 감독하며 계속해서 직원을 고용하고 있었다. 본사 임원진은 각 지점을 운영할 최고의 관리자와 영리한 직원을 선별하여 뽑을 수 있는 연구, 데이터, 과학적 결과를 요구했다. 그랜트는 하버드 학자들이 이 문제에 조언하는 조건으로 대학의 일반적인 연구에 필요한 자금을 대겠다고 제안한 것이다.[1]

하버드 행정가들은 이 요구가 조금 터무니없다고 생각했으나 어쨌든 큰돈이 굴러 들어오는 일이었고 이미 그 돈을 어떻게 쓸지 알고 있었으므로 제안을 수락했다. 마침 수년 전부터 의과대학 교수진은 '건강한 젊은이'를 대상으로 장기적인 종단 연구를 시도하고 싶어 했다. 특히 수백 명의 하버드 학부생을 모집해 이들의 삶을 수십 년 동안 추적하며 "천성 대 양육 문제, 성격과 건강 사이의 연관성, 정신 및 육체 건강을 예측할 수 있는지, 타고난 체질이 어떻게 직업 선택에 영향을 주는지" 등의 문제를 조사할 계획이었다. 이 프로젝트는 그랜트의 돈으로 주걱과 국자를 잘 팔아줄 사람을 찾음과 동시에 사람들의 건강, 가족, 학력, 일, 감정적 충동, 신체적 특징에 대한 데이터를 수집하는 일이 되었다. 연구 참가자들은 교내에서 광범위한 건강 검진과 심리 면접을 거쳐 평생 우편으로 전달될 상세한 설문 조사에 참여하고 연구자들의 가정 방문을 받게 될 것이었다. 데이터가 쌓이면 연구자들은 그 안에서 패턴을 찾아 왜 어떤 참가자들은 괜찮은 일자리를 얻고 건강한 성인이 되어 행복하게 살고, 어떤 이들은 그렇지 못한지를 설명할 계획이었다.

이 프로젝트는 '그랜트 연구'로 출범해 시간이 지나면서 점차 확장되었다. 사우스보스턴 빈민 지역 공동주택의 10대들이 연구 대상에 추가되었고, 참가자들이 결혼을 하고 아기를 낳으면서 배우자와 자식도 연구에 포함되었다. 총 2,000여 명의 남녀를 조사, 추적하고, 인터뷰하면서 심리학적으로 분석했다. 하버드 성인 발달 연구는 세계에서 가장 규모가 크고, 장기적이며, 잘 알려진 연구가 되었다.

최초의 참가자 가운데 제2차 세계대전 전에 하버드대학교에 진학한 두 청년이 있었다. 한 사람은 학부생이었는데, 나중에 연구자들이 신경성 건강염려증 환자라는 별칭으로 불렀다. 한 연구자의 (그다지 친절하지 않은) 표현에 따르면 고드프리 카미유Godfrey Camille는 "파탄 그 자체"였다.² 어려서 부모가 아들의 몸 상태를 "병리학적으로 의심했기" 때문에 그는 가족이나 다른 아이들과 떨어져서 자랐다. 카미유의 어머니를 만나본 한 연구자는 "지금까지 만난 사람 중 가장 걱정이 많다"고 적었고, 한 심리학자는 카미유가 "지금까지 본 사람 중 가장 암울한 유년 시절"을 보냈다고 분석했다. 카미유는 1938년에 하버드대학교에 입학했는데, 들어가자마자 엄청난 심리적 압박을 받으며 힘들어했다. 학교 보건실에 주기적으로 방문해 정체를 알 수 없는 병증을 호소했고, 급기야 한 의사는 그의 파일에 "이 학생은 정신신경증 환자가 되어가고 있음"이라고 적었다. 그는 말랐고, 몸이 약했으며, 친구를 사귀지 못해 힘들어했다. 미국이 참전을 선언했을 때 다른 하버드 학생처럼 입대했지만, 동급생들이 장교로 승진하여 훈장을 달고 귀향할 때 카미유는 별다른 업적 없이 일병으로 제대했다. 이후 의대에 진학했으나 졸업 직후 자살을 시도했고 그 바람에 보스턴 의료계에서 따돌림을 받았다. 가족과 거의 왕래하지 않았기 때문에 누나와 어머니가 세상을 떠났을 때 정기 조사에서 이 사실을 언급하지도 않았다. 서른다섯 살에 폐결핵으로 14개월 동안 입원했는데, 나중에 연구진에게 "전 아파서 좋았습니다. 1년간 잘 수 있었어요"라고 말했다.

같은 시기에 다른 청년은 전혀 다른 삶을 살았다. 존 마스든John Marsden은 뛰어난 학생이었고 클리블랜드에서 직물 판매 체인점을 운영하는 부유하고 이름난 가문에서 태어났다. 마스든도 제2차 세계대전에 자원하여 용맹하게 복무를 마쳤고, 이후 가업을 잇길 바라는 아

버지의 소망과 달리 자신의 열정에 따라 시카고대학교 법학 대학원
에 진학하여 수석으로 졸업했다. 그는 공익 변호사가 되었고, 결혼했
으며, 개인 사무실을 차려 성공적으로 일을 시작했다.

그랜트 연구는 객관성을 유지하도록 설계되었다. 연구자들은 참
가자의 삶을 두고 앞으로 승승장구할지 또는 비틀거릴지 함부로 예
측하지 않았는데, 그런 사전 판단이 데이터를 오염시킬 수 있다고 보
았기 때문이었다. 그러나 카미유와 마스든의 경우는 예상을 피할 수
가 없었다. 모두가 카미유는 우울하고 외로운 삶을 살 것이고 어쩌면
그러다가 스스로 세상을 등지게 될지도 모른다고 생각했다. "다들 그
는 실패한 삶을 살게 될 거라고 예측했다." 한 연구자의 기록이다. 반
면에 마스든은 지역사회의 지도자가 되어 가문의 또 다른 자랑스러
운 유산이 될 거라고 보았다. 마스든은 "이 연구에서 직업적으로 가
장 성공한 사례의 하나"라고 언급됐다.

그러다가 연구가 시작된 지 16년 만인 1954년에 연구비가 바닥났
다. 빌리 그랜트는 그때까지 오늘날의 화폐가치로 700만 달러를 기
부했지만, 이 연구가 능력 있는 점포 관리자를 선별하는 데 별 도움이
되지 못해 답답해했다. 게다가 하버드대학교에서는 이 연구로 논문을
발표하면서 후원자인 그를 제대로 언급하지도 않았다. 그랜트는 더
이상 돈을 내놓지 않겠다고 했다. 연구자들은 다른 자금원을 찾아다
녔다. 한번은 담배 회사에 이 연구로 흡연이 "긍정적인 이유"가 밝혀
질지도 모른다면서 후원을 부탁한 적도 있었다. 그러나 마침내 모든
지원이 끊겼다. 최종 보고서가 작성되었고, 모든 참가자에게 작별 인
사를 해야 했다. 일부 참가자와는 간헐적으로 연락하기도 했으나 모

든 자료는 상자 안에 정리되어 의과대학 지하실에 보관되었다.

여기까지가 이 이야기의 결말이다. 1970년대 초, 일단의 젊은 정신의학과 교수들이 그 상자를 들추어 조사 내용을 들여다보게 되었다는 점만 빼면 말이다. 이 희귀한 장기 연구에 흥미를 느낀 학자들은 참가자들을 다시 추적하기 시작했고, 새로운 설문지를 보내고 후속 인터뷰 일정을 잡았다. 연구자들은 참가자 대부분이 20여 년 전 연구 종료 당시와 비슷한 궤적을 따라 살아가고 있을 거라고 생각했다. 그러나 카미유와 마스든을 만난 그들은 그 가정이 완전히 틀렸다는 걸 알게 되었다.

그 사이에 카미유는 전혀 다른 사람이 되어 있었다. 그는 이제 50대였고, 결혼했으며, 교회에서 지도자 역할을 맡고 있었다. 또한 알레르기 치료를 전문으로 하는 대형 병원을 설립해 보스턴 의료계를 장악했다. 그는 전국에서 인정받는 천식 전문가였고, 여러 심포지엄에서 초청 연사로 강연했으며, 텔레비전에도 나와 인터뷰했다. 성인이 된 그의 딸들은 카미유를 "모범적인 아버지"라고 말했다. "남에게 주는 것이 몸에 밴 분이세요. 다섯 살짜리 아이들과도 즐겁게 놀아주시죠."

연구자들은 이 연구의 과거 절차를 그대로 따라 2년마다 후속 연구를 진행했다. 조사 때마다 카미유는 전보다 더 행복해지는 것 같았다. "역기능 가정dysfunctional family이라는 용어가 있기 전부터 나는 그런 가정에서 자랐다." 1994년에 일흔다섯이 된 카미유가 쓴 문장이다. 그러나 그는 불행의 유산에서 벗어났고, "편안하고 즐겁고 사람들과 가깝게 지내고 효율적인 사람이 되도록 꾸준히 자신을 바꿔나갔다." 여든 살 생일에 카미유는 포트럭 파티를 열었는데, 300명 이상이 참석했다. 그리고 얼마 후에 연구자들에게 친구들과 스위스 알프스에 등반하러 갈 계획이라고 알렸다. 그는 그 여행에서 심장마비로 사망했는데, 그때가 82세였다. 장례식이 열린 교회는 추모하는 이들로 가득 찼다. 교회 장로는 "깊고 거룩한 진실성을 갖춘 분이었습니다"라고 그를 칭송했다. 카미유의 아들은 장례식에 모인 사람들에게 "아버지는 아주 검소하게 살았으나 아주 부자였습니다"라고 말했다. 후에 하버드 연구자들은 카미유를 행복, 건강, 삶과 일의 만족도 측면에서 참가자 가운데 최고—아마 최고 중에서도 최고—로 분류했다. 한 연구자는 이렇게 썼다. "그가 행복하고 베풀며 사랑받는 사람으로 이 세상을 떠나게 될 줄 누가 알았겠는가?"

한편 잘나가는 변호사였던 마스든은 연구자들이 다시 찾아갔을 때 비참한 상태였다. 50대인 그는 이혼했고 아이들이나 다른 가족과 연락을 끊고 클리블랜드에서 혼자 지냈다. 그의 변호사 사무실은 문제없이 운영되고 있었지만 그는 친구도 없이 거의 혼자서 생활했다. 마스든은 자신이 분노하고 외롭고 실망스러운 삶을 살고 있다고 말했다. 이후 그는 재혼했지만 몇 년 지나지 않아 설문지에 "애정 없는 관계"라고 답했다. "속상하거나 화가 나는 일이 있을 때 아내를 찾은 적이 있습니까?"라는 질문에 마스든은 이렇게 썼다. "아니, 그런 적은 절대 없다. 어차피 공감해주지 않을 것이다. 내가 못나서 그렇다는 말만 들을 것이다." 어려운 일이 닥치면 어떻게 해결하느냐고 물었을 때 그는 이렇게 답했다. "마음에 쌓아둡니다. 참고 견뎌야죠." 한 연구자가 개입 불가의 원칙을 깨고 마스든에게 부부 관계 전문 상담사를 소개했다. 마스든과 아내는 한 번 가본 뒤 상담을 포기했다. "자포자기한 사람 같았어요." 연구자 로버트 월딩거Robert Waldinger가 내게 말했다. 결국 마스든은 인터뷰 요청에도 응답하지 않았다. 연구자들은 조사지가 개봉되지도 않은 채 돌아오는 이유를 알게 되었다. 반송된 봉투에는 수취인 사망이라고 적혀 있었다. 그가 살던 집에 이사 온 사람은 그에게 가까운 친척이 있는지 알지 못했다.

연구자들은 어떻게 두 남성의 삶이 이처럼 예상 밖으로 흘러가게 되었는지 궁금했다. 카미유나 마스든만 그런 것이 아니었다. 연구자들이 다른 참가자의 삶을 그들이 청소년기였을 때 묘사한 계획이나 포부와 비교해보니 밝은 미래가 예견되고 성공적인 삶이 보장된 것 같던 많은 이들이 외롭고 우울한 성인이 되어 스스로 만족하지 못하는 인생을 살고 있었다. 반면에 정신적 문제나 빈곤 같은 심각한 장애물을 겪어야 했던 이들 중에 많은 이들이 가족과 친구와 함께 행복하고 성공적인 노년을 맞이했다.

연구진은 70년간 쌓인 데이터를 파헤쳤다. 그들은 참가자의 유전적 특징과 유년 시절을 조사했고, 알코올 의존증이나 조현병 성향을 살폈으며, 몇 시간씩 일하고 몇 명의 자녀를 키웠는지 조사하며 삶의 후반기를 예측할 수 있는 믿을 만한 변수를 찾았다. 그 결과 몇 가지 상관관계를 발견했다. 자식을 사랑하는 부모를 둔 경우 성인이 되어 행복한 경우가 많았다. 충분한 운동, 건강한 식사와 마찬가지로 신체적 강인함이나 장수와 관련된 유전자를 지닌 것도 도움이 되었다. 어린 시절의 교육과 평생 배움을 놓지 않는 자세 역시 유리한 조건이었다.

그러나 이런 요인들만큼이나 중요해 보이는 것 한 가지가 있었다.

그들이 수십 년에 걸쳐 인터뷰를 하면서 너무나 자명했던 부분이었다. 한 사람이 건강하고 행복한 삶을 살게 될지, 비참하고 병든 삶을 살게 될지 결정하는 가장 중요한 변수는 바로 '인간관계에서의 만족감'이었다. 한 연구자는 "쉰의 나이에 자신의 인간관계에 만족하는 사람이 여든이 되었을 때 정신적, 육체적으로 가장 건강했다"라고 썼다.

어떤 연구자는 좀 더 직접적으로 표현했다. "지금까지 보았을 때, 사람이 풍성한 삶을 꾸려나가는 데 가장 큰 영향을 미치는 것은 사랑이다." 여기서 사랑이란 로맨틱한 사랑을 말하는 것이 아니라 가족이나 친구, 동료, 이웃, 주변 사람들과 깊이 연결된 상태를 말한다. "인생 초년의 사랑은 미래의 사랑뿐 아니라 명성, 심지어 높은 수입과 같은 성공의 다른 요소까지도 발달시킨다. 또한 친밀감을 저해하는 방식이 아니라 촉진하는 방식이 발달하게 부추긴다."

행복한 결말을 맞이한 참가자들 모두 성인이 되었을 때 많은 사람과 "따뜻한 인간관계"를 맺고 있었다. 그들은 행복한 결혼을 했고, 아이들과 가까웠으며, 우정을 돈독히 하는 데 투자했다. 한 연구자는 이렇게 말했다. "건강하게 잘 살아가는 사람들은 사랑을 찾았고, 그것은 그들이 잘 살아가는 이유이기도 했다."

한편 관계에 투자하지 않는 사람들(가족이나 친구보다 직업적 성공을 우선시하거나 다른 이유로 타인과의 진실한 관계에 어려움을 겪는 사람들)은 대부분 불행했다. 존 마스든을 예로 들어보자. 그가 자기에게 주어진 삶의 절반을 넘긴 43세가 되었을 때, 연구자들이 그에게 자신에 대해 자주 생각하는 것들을 설명해달라고 요청했다. 그는 이렇게 썼다.

1. 나는 나이가 들어가고 있다. 처음으로 죽음을 실감한다.

2. 내가 원했던 것을 성취하지 못할 거라는 기분이 든다.

3. 자식 키우는 법을 알고 있는 건지 잘 모르겠다. 예전에는 안다고 생각했다.

4. 직장에서 받는 스트레스가 너무 심하다.

마스든은 다른 사람이나 관계에 대해 대개 부정적으로 말했다. 우울할 때 그는 함께 있을 사람을 찾는 대신 사무실에 돌아가 업무를 보면서 생각을 분산시켰다. 아내나 아이들과 다투게 되면 해결책이 나오거나 적어도 이해하게 될 때까지 얘기하는 대신 성을 내며 자리를 뜨거나 피해버렸다. 현재 하버드 프로젝트를 이끌고 있는 월딩거는 말했다. "그는 대단히 자기 비판적인 사람이었습니다. 그는 자기를 강하게 몰아붙이고 가혹하게 대했어요. 그 덕분에 직업적으로는 성공했지요. 하지만 그만큼 다른 사람에게도 비판의 잣대를 들이댔을 것이고, 그래서 사람들과 소원해졌을 겁니다." 마스든을 조사한 한 요약 보고서에는 다음과 같이 적혀 있었다. "그는 타인에 대한 경계심을 키웠고 습관적으로 세상에 부정적으로 대처했다. 다른 사람과 가까워지는 것을 힘들어했고, 어려움이 닥치면 본능적으로 자기와 가장 가까운 사람들로부터 거리를 두었다. 두 번 결혼했지만 진정으로 사랑받고 있다고 느낀 적은 없었다."

이를 의사인 카미유와 비교해보자. 결핵에 걸려 입원해 있는 동안, 카미유는 다른 환자들과 관계를 맺기 시작했다. 그는 성경 공부 모임과 카드 게임 모임에서 사람들을 만났고 간호사, 병원 직원들과도 가까워졌다. 그는 연구자들에게 병원에 있는 동안 자신이 다시 태어난 것 같았다고 말했다. "대문자 S로 시작하는 한 사람이 특별히 신경 써서 나를 살펴주었다." 그는 한 설문지에 썼다. "그해를 지나고는 그렇게 힘든 일이 없었다." 퇴원한 뒤 그는 교회를 다니기 시작했고, 운영 위원회, 포트럭 파티, 교회 학교 등에서 활동하며 여러 사람을 만났다. 서른 살까지 카미유는 굳건한 우정을 나누는 친구가 하나도 없었지만, 10년 뒤에는 연구 대상 중에서 사회적으로 가장 활발한 사람이었고 인간관계가 확장되면서 일도 잘 풀렸다. "내 직업과 일은 나쁘지 않았다. 아니, 아주 훌륭했다. 하지만 나는 서서히 변해가는 내 모습에서 진정으로 만족을 느꼈다." 그는 75세에 설문지에 이렇게 썼다. "우리 삶에 소속감은 반드시 필요하다. (…) 우리는 대단히 굳건하고도 유연한 존재이고, 사회라는 틀 안에는 선의의 창고가 숨어 있다." 그는 다른 사람과 이야기하고, 관계를 맺고, 그들과 기쁨과 슬픔을 나누면서 삶이 변했다고 말했다. "제가 뭘 배웠는지 아세요?" 그가 면담 중에 말했다. "사랑을 배웠답니다."

수십 년에 걸쳐 수많은 연구에서 비슷한 결과가 계속 나타났다. 다른 사람에게 주기적으로 전화하고, 점심이나 저녁 약속을 잡고, 친구에게 자랑스럽다고 말하는 메시지를 보내고, 슬픈 일이 있을 때는 어깨를 빌려주고 싶어 하는 이들이 가장 행복했다. 무엇보다, 행복한 참가자들은 다른 사람과 가까워지는 대화를 오랜 세월 동안 많이 나누었다. 2023년 하버드 자료 요약에는 "이 사람들의 삶을 긴 세월 동안 연구하면서 한 가지 요인이 일관되게 부각되어 나타났는데, 그 요인은 신체적 건강, 정신적 건강, 장수와 연관되어 있다"라고 쓰여 있다. "좋은 인간관계는 우리를 더 건강하고 행복하게 만든다." 그리고 많은 경우에 그런 관계는 길고 친밀한 대화를 통해 형성되고 유지되었다.

이 핵심적인 발견은 지난 몇십 년 동안 행해진 수백 건의 다른 연구에서도 되풀이되었다. 2018년, 「심리학 연례 리뷰」에 실린 한 논문에 따르면 "이제 우리는 사회적으로 바람직한 관계를 형성한다는 것이 장수에 강력한 영향을 준다는 탄탄한 증거를 갖게 되었다. 좋은 관계를 많이 맺는 것은 보호와 연관이 있으며, 반대로 관계를 적게 맺는 것, 그리고 나쁜 관계는 위험과 연관이 있다."[3] 2016년에 발표된 또 다른 연구에 따르면, 수십 가지 생물학적 건강 지표를 조사한 결과 "높은 수준의 사회적 융합이 인생의 모든 단계에서 낮은 질병 발병률, 사망 위험성과 관련되어 있다." 연구자들에 따르면 사회적 격리가 당뇨병이나 다른 많은 만성 질환보다 훨씬 더 위험하다.[4]

다시 말하면 다른 사람과 좋은 관계를 형성하는 것이 더 건강하고 행복하고 만족스러운 삶을 선사한다는 것이다. 다른 사람과의 대화는 우리의 뇌와 몸을 바꾸고, 우리가 세상을 경험하는 방식을 바꾼다.

이리하여 나는 프롤로그에서 했던 고백으로 되돌아온다. 여러 면에서 나는 자신을 위해 이 책을 썼다. 직장에서 관리자로서 실패하고, 다른 사람이 보내는 신호를 읽지 못하고 그 사람의 말을 제대로 듣지 못하는 사람이 된 원인을 생각하면서, 내가 다른 사람과 소통하는 방식을 다시 평가해야 할지도 모르겠다는 생각이 들었다. 좀 이상하게 들릴지는 모르겠지만 그래서 하루는 책상 앞에 앉아 내가 지난 1년 동안 망쳤던 대화를 기억나는 대로 모두 적어보았다. 아내의 말을 흘려들었던 것, 동료들이 내게 한 가치 있는 말에 공감하지 못했던 것, 다른 좋은 발상을 무시하고 내 생각대로 밀고 나갔던 것, 상대에 대해서는 묻지 않고 나 혼자 떠들어댔던 식사 자리, 말하기도 부끄럽지만 아이들한테 아빠 일해야 하니까 제발 질문 좀 그만하라고 했던 순간들까지. 아마 다른 사람들도 지금 머릿속에서 이 중 몇 가지는 공감할 거라고 생각한다. 그러나 직접 종이에 써보면서 몇 가지 어려운 질문을 마주하게 되었다. 왜 상대가 나에게 말하려고 하는 것을 듣기가 그렇게 힘들었을까? 왜 나는 재빨리 방어 자세를 취하고, 상대방이 나와 감정을 나누려고 한다는 걸 뻔히 알면서도 모른 척했을까? 왜 그렇게 많이 말하고 적게 들었을까? 왜 나는 친구에게 조언이 아닌 위로가 필요하다는 걸 몰랐을까? 왜 아이들이 나와 함께 있고 싶어 하는 줄 알면서도 그 일을 뒤로 미루었을까? 왜 내 머릿속에 있는 생각을 제대로 설명하지 못해 애를 먹었을까?

이것들은 탐색할 가치가 있는 의미 있는 질문으로 다가왔고 나는 그 답을 알고 싶었다. 그래서 신경학자, 심리학자, 사회학자, 기타 전문가들에게 연락해 나처럼 평생 다른 사람과 소통하며 살아온 사람도 이렇게 잘못할 수 있는지를 물었고, 이 책은 그 여정의 결과물이다. 사람들을 만나고, 연구 자료를 읽고, 데이터를 들여다본 끝에 알게 된 것들은 정말 가치 있었다. 그 덕분에 나는 더 좋은 관계를 맺게 되었고, 다른 이가 개인적인 얘기를 털어놓았을 때 더 신경 써서 들게 되었고, 의사 결정을 위한 대화든 감정을 나누는 대화든 사회적 정체성에 대한 대화든 언제 어디서나 대화가 진행 중이라는 사실을 알게 되었고, 각자 원하고 필요한 게 무엇인지 제대로 파악하기 전에는 서로 교감할 수 없다는 것을 깨닫게 되었다. 무엇보다 나는 알아가는 대화의 중요성을 확신하게 되었다. 알아가는 대화 속에서 내 목표는 상대와 내가 어떤 유형의 대화를 하고 있으며, 이 대화에서 내 목적이 무엇인지 알아내고, 다른 사람의 감정을 묻고 내 감정을 공유하며, 자신의 정체성이 우리가 말하고 듣는 것에 영향을 주는지 탐구하는 것이다.

나는 내 삶의 모든 부분에서 알아가는 대화를 시도하기 시작했다. 그러면서 전보다 더 잘 들을 수 있게 되었다(확실히 더 나아지고는 있지만, 지난주에 아내는 내게 저녁 시간에 혼자서 횡설수설한 일도 이 책에 조언으로 적었느냐고 물었다). 나는 사람들이 나와의 대화에서 무엇을 원하는지 알기 위해, 그리고 상대와의 진정한 교감이 일어날 수 있는 삶의 깊고 의미 있고 감정적인 부분을 찾아내기 위해 더 많이 물으려고 노력한다. 만약 상대방의 행복과 슬픔, 고백과 취약성을 듣게 된다면 거기에 화답하여 좀 더 자유롭게 내 자신의 실수와 감정, 그리고 내가 누구인지를 말하려고 한다. 그 결과 주변 사람들과 좀 더 가까워진 기분이 들었고, 내 가족, 친구, 동료와도 좀 더 통하고 있다는 생각이 들었다. 그리고 무엇보다 이런 관계에 더 깊이 감사하게 되었다(나는 독자와도 이런 관계를 유지하고 싶다. 만약 누구든 charles@charlesduhigg.com로 이메일을 보내면 꼭 답장하겠다고 약속한다).

다른 사람과 가까워지는 방법에 정답이 한 가지만 있는 것은 아니다. 대화를 쉽고 덜 어색하게 하는 기술들은 많다. 자신의 동반자를 더 잘 이해하고 그들이 말하려고 하는 것을 더 잘 들을 수 있도록 하는 팁들도 있다. 이러한 대화 전략들은 주변 환경에 따라, 또 어떤 유형의 대화를 나누고 있는지에 따라, 원하는 관계의 종류에 따라 효력이 강할 때도 있고 약할 때도 있다. 그곳까지 도달할 때도 있고, 그렇지 못할 때도 있다.

그러나 중요한 것은 가까워지길 '원한다는 것', 이해하길 '원한다는 것', 깊은 대화를 나누길 '원한다는 것'이다. 어렵고 두렵더라도, 그냥 돌아서 가버리는 게 더 쉽더라도 말이다. 우리가 갈망하는 교감을 만족시킬 기술과 혜안이 분명 존재한다. 그것들은 배워서 연습하고 실행할 가치가 있다. 그걸 사랑이라 부르든 우정이라 부르든 아니면 그냥 잠시 기분 좋은 대화를 나눈 것이었든, 진실되고 의미 있는 관계가 된다는 것은 인생에서 가장 중요한 일이기 때문이다.

주

프롤로그

1 펠릭스 시갈라는 익명 보장을 조건으로 인터뷰했다. 이름과 구체적인 경력은 신원 노출을 막기 위해 변경되었다. 사실 확인 요청을 받은 FBI는 그들의 언론 정책에 따라 일반적인 사항을 확인하는 것 이외의 언급은 거절했다.

2 여느 유명한 명언처럼 이 인용구의 출처도 다소 모호하지만, 통상 조지 버나드 쇼가 한 말이라고 알려져 있다.

1
대화는 세상에서 가장 강력한 도구다

1 짐 롤러는 CIA에서 공작관으로 25년을 근무했고 여전히 기밀 유지 서약을 지킬 의무가 있다. 그는 장시간 인터뷰 중에도 기밀 정보를 유출한 적이 한 번도 없었다. 롤러는 인터뷰 중에 일반적인 용어로만 설명했으며, 일부 세부적인 사항은 수정되었다. 야스민은 가명이다. 롤러는 야스민의 국적을 말하지 않았고 "미국에 적대적인 석유 부국"이라고만 언급했다. 롤러는 그가 작전을 수행했던 국가에 대해서도 "유럽 산간지대의 국가"라고만 했다. 롤러의 경험에 대해 더 알고 싶다면 그의 훌륭한 스파이 소설 『Living Lies』와 『In the Twinkling of an Eye』를 추천한다.

2 Randy Burkett, "An Alternative Framework for Agent Recruitment: From MICE to RASCLS," *Studies in Intelligence* 57, no. 1 (2013): 7–17.

3 Marta Zaraska, "All Together Now," *Scientific American* 323 (October 2020): 4, 64–69; Lars Riecke et al., "Neural Entrainment to Speech Modulates Speech Intelligibility," *Current Biology* 28, no. 2 (2018): 161–69; Andrea Antal and Christoph S. Herrmann, "Transcranial Alternating Current and Random Noise Stimulation: Possible Mechanisms," *Neural Plasticity* 2016 (2016): 3616807; L. Whitsel et al., "Stability of Rapidly Adapting Afferent Entrainment vs. Responsivity," *Somatosensory & Motor Research* 17, no. 1 (2000): 13–31; Nina G. Jablonski, *Skin: A Natural History* (Berkeley: University of California Press, 2006).

4 Thalia Wheatley et al., "From Mind Perception to Mental Connection: Synchrony as a Mechanism for Social Understanding," *Social and Personality Psychology Compass* 6, no. 8 (2012): 589–606.

5 위틀리는 작가 마이클 도리스Michael Dorris를 인용했다.

6 Ulman Lindenberger et al., "Brains Swinging in Concert: Cortical Phase Synchronization While Playing Guitar," *BMC Neuroscience* 10 (2009): 1–12; Johanna Sänger, Viktor Müller, and Ulman Lindenberger, "Intra-and Interbrain Synchronization and Network Properties When Playing Guitar in Duets," *Frontiers in Human Neuroscience* (2012): 312; Viktor Müller, Johanna Sänger, and Ulman Lindenberger, "Hyperbrain Network Properties of Guitarists Playing in Quartet," *Annals of the New York Academy of Sciences* 1423, no. 1 (2018): 198–210.

7 Daniel C. Richardson, Rick Dale, and Natasha Z. Kirkham, "The Art of Conversation Is Coordination," *Psychological Science* 18, no. 5 (2007): 407–13. 사실 확인 요청에 대한 답변에서 이 연구의 저자인 대니얼 리처드슨Daniel Richardson 은 이런 유형의 신체적 효과가 과학자들에 의해 기록된 바 있지만, "우리 실험실에서 증명한 것은 아닙니다. 저는 이런 효과를 리뷰 논문이나 관련 실험 논문(예를 들어 안구 운동이나 신체 운동 조정에 관한)의 서론에서 다루었습니다"라고 말했다. 시버스는 협업 활동에서 이런 식의 일치를 볼 수 있었지만 연구자들은 인과관계의 방향을 확신하지 못한다고 언급했다.

8 Ayaka Tsuchiya et al., "Body Movement Synchrony Predicts Degrees of Information Exchange in a Natural Conversation," *Frontiers in Psychology* 11 (2020): 817; Scott S. Wiltermuth and Chip Heath, "Synchrony and Cooperation," *Psychological Science* 20, no. 1 (2009): 1–5; Michael J. Richardson et al., "Rocking Together: Dynamics of Intentional and Unintentional Interpersonal Coordination," *Human Movement Science* 26, no. 6 (2007): 867–91; Naoyuki Osaka et al., "How

Two Brains Make One Synchronized Mind in the Inferior Frontal Cortex: fNIRS-Based Hyperscanning During Cooperative Singing," *Frontiers in Psychology* 6 (2015): 1811; Alejandro Pérez, Manuel Carreiras, and Jon Andoni Duñabeitia, "Brain-to-Brain Entrainment: EEG Interbrain Synchronization While Speaking and Listening," *Scientific Reports* 7, no. 1 (2017): 1–12.

9   Greg J. Stephens, Lauren J. Silbert, and Uri Hasson, "Speaker–Listener Neural Coupling Underlies Successful Communication," *Proceedings of the National Academy of Sciences* 107, no. 32 (2010): 14425–30; Lauren J. Silbert et al., "Coupled Neural Systems Underlie the Production and Comprehension of Naturalistic Narrative Speech," *Proceedings of the National Academy of Sciences* 111, no. 43 (2014): E4687–96.

10   Greg J. Stephens, Lauren J. Silbert, and Uri Hasson, "Speaker–Listener Neural Coupling Underlies Successful Communication," *Proceedings of the National Academy of Sciences* 107, no. 32 (2010): 14425–30.

11   J. M. Ackerman and J. A. Bargh, "Two to Tango: Automatic Social Coordination and the Role of Felt Effort," in *Effortless Attention: A New Perspective in the Cognitive Science of Attention and Action*, ed. Brian Bruya (Cambridge, Mass.: MIT Press Scholarship Online, 2010); Sangtae Ahn et al., "Interbrain Phase Synchronization During Turn-Taking Verbal Interaction—A Hyperscanning Study Using Simultaneous EEG/MEG," *Human Brain Mapping* 39, no. 1 (2018): 171–88; Laura Astolfi et al., "Cortical Activity and Functional Hyperconnectivity by Simultaneous EEG Recordings from Interacting Couples of Professional Pilots," 2012 *Annual International Conference of the IEEE Engineering in Medicine and Biology Society*, 4752–55; Jing Jiang et al., "Leader Emergence Through Interpersonal Neural Synchronization," *Proceedings of the National Academy of Sciences* 112, no. 14 (2015): 4274–79; Reneeta Mogan, Ronald Fischer, and Joseph A. Bulbulia, "To Be in Synchrony or Not? A Meta-Analysis of Synchrony's Effects on Behavior, Perception, Cognition and Affect," *Journal of Experimental Social Psychology* 72 (2017): 13–20; Uri Hasson et al., "Brain-to-Brain Coupling: A Mechanism for Creating and Sharing a Social World," *Trends in Cognitive Sciences* 16, no. 2 (2012): 114–21; Uri Hasson, "I Can Make Your Brain Look Like Mine," *Harvard Business Review* 88, no. 12 (2010): 32–33; Maya Rossignac-Milon et al., "Merged Minds: Generalized Shared Reality in Dyadic Relationships," *Journal of Personality and Social Psychology* 120, no. 4 (2021):

882.

12 사실 확인 질문에 시버스는 이해와 신경의 일치에 맥박, 표정, 정서적 경험의 생리
학적 동조가 수반될 수 있지만 늘 그런 것은 아니라고 답했다. "상대의 이야기를 듣
고 또 이해하면서도 생리학적으로 동조하지 않을 수 있다는 말입니다. (…) 대화와
음악이 의미 있는 것은 사람들이 상호작용하면서 서로 일치하거나 일치하지 못하는
방식, 또는 조종하거나 조종받는 방식에 변화가 일어나기 때문입니다."

13 Laura Menenti, Martin J. Pickering, and Simon C. Garrod, "Toward a Neural
Basis of Interactive Alignment in Conversation," *Frontiers in Human Neuroscience*
6 (2012); Sivan Kinreich et al., "Brain-to-Brain Synchrony During Naturalistic
Social Interactions," *Scientific Reports* 7, no. 1 (2017): 17060; Lyle Kingsbury
and Weizhe Hong, "A Multi-Brain Framework for Social Interaction," *Trends
in Neurosciences* 43, no. 9 (2020): 651–66; Thalia Wheatley et al., "Beyond the
Isolated Brain: The Promise and Challenge of Interacting Minds," *Neuron* 103, no.
2 (2019): 186–88; Miriam Rennung and Anja S. Göritz, "Prosocial Consequences
of Interpersonal Synchrony," *Zeitschrift für Psychologie* (2016); Ivana Konvalinka
and Andreas Roepstorff, "The Two-Brain Approach: How Can Mutually
Interacting Brains Teach Us Something About Social Interaction?" *Frontiers in
Human Neuroscience* 6 (2012): 215; Caroline Szymanski et al., "Teams on the
Same Wavelength Perform Better: Inter-brain Phase Synchronization Constitutes a
Neural Substrate for Social Facilitation," *Neuroimage* 152 (2017): 425–36.

14 시버스는 대화가 현재의 일치 상태와 별개로 어떻게 미래의 일치를 만들어내는
지를 중점으로 연구한다고 썼다. 더 나아가 그는 박사과정에서 음악과 동작에서
의 감정 지각에 관해 연구했다. B. Sievers et al., "Music and Movement Share a
Dynamic Structure That Supports Universal Expressions of Emotion," *Proceedings
of the National Academy of Sciences* 110, no. 1 (2012): 70–75; B. Sievers et al.,
"A Multi-sensory Code for Emotional Arousal," *Proceedings of the Royal Society
B* 286 (2019): 20190513; B. Sievers et al., "Visual and Auditory Brain Areas Share
a Representational Structure That Supports Emotion Perception," *Current Biology*
31, no. 23 (2021): 5192–203.

15 이 연구에서 시버스는 "누가 더 설득력 있게 공감대를 형성하는지에 관심이 있었습
니다"라고 답했다. "저는 그 이유를 찾고, 왜 어떤 사람의 말은 유난히 설득력이 높
고 어떤 사람은 그렇지 않은지, 왜 어떤 사람은 무리가 결집하는 데 더 일조하고 어
떤 사람은 그렇지 않은지에 대한 과학적, 신경생물학적 토대를 찾아내고 싶습니다.
(…) 슈퍼 커뮤니케이터 같은 것을 생각한 건 아니었습니다만 이런 면에서 남들보

다 훨씬 뛰어나고 능숙한 사람들이 있다고 생각합니다. 사람들이 더 잘 소통할 방법이 있는지 과학적으로 연구할 필요가 있습니다."

16 Beau Sievers et al., "How Consensus-Building Conversation Changes Our Minds and Aligns Our Brains," *PsyArXiv*, July 12, 2020.

17 시버스는 이렇게 썼다. "사회적 지위가 높다고 여겨지는 사람들이 모인 집단에서 사람들 간의 신경 활동이 덜 일치되었다. 높은 지위에 있는 사람들은 말을 더 많이 하고, 다른 이들에게 명령하거나 다른 이들의 생각을 은근히 거부하는 등 사용하는 대화 전략이 달랐다. D 모둠의 4번 참가자는 사회적 지위가 높다고 평가되었고, 이 모둠에서 대화는 크게 공감대를 일으키지 못했으므로 좋은 예시로 여겨졌다. 그러나 통계 분석 자료에서는 한 사람을 따로 '확대해서' 볼 수 없으므로 4번 참가자가 불일치의 원인인지는 확실히 알 수 없다. 다른 요인이 작용했을 가능성도 있다."

18 이 장에서 모든 연구 참가자의 대화는 필요에 따라 간결함과 명료함을 위해서 편집 및 압축되었다. 이 연구에서 개별 참가자는 코드 기호로 언급되고 녹취록에서는 "구심적 참가자"라고 부르지 않았다.

19 시버스는 "모둠 안에서 합의를 쉽게 만드는 구심적 참가자들은 다른 사람과 비교해 말을 많이 하지 않는 편이고 주의를 다른 화자에게로 돌렸다. 또한 사회적 지위가 높은 사람에 비해 그런 행위의 빈도가 더 높았다. 상대에게 명료한 설명을 더 자주 요청했고 (…) 집단의 다른 이들로부터 영향력이 있다는 평가를 받지 못하는 편이며 신경 영향을 받기 더 쉬웠다. (…) 이는 사람들이 자기 감시 성향이라고 부르는 형질과 밀접한 관련이 있다. (…) 자신이 속한 집단에 맞춰서 행동하는 경향이 있다. 우리 연구에서는 그런 형질을 별도로 측정하지 않았지만, 측정했었어야 했다"라고 썼다.

20 이 부분도 간결함과 명확성을 위해 편집 및 압축되었다.

21 Sievers, "How Consensus-Building Conversation Changes Our Minds."

22 시버스는 이 연구에서 공동체 리더십을 살핀 것이 아니라고 강조했다. 그러므로 "그렇다고 제안될 수는 있지만, 과학적으로 증명된 것은 아니다. (…) 사람들은 요트를 소유했다거나 하는 등의 다른 이유로 자기가 속한 사회적 네트워크 안에서 중심을 차지하고 그것 때문에 다른 사람들이 그들과 얘기하려는 것일 수도 있다."

23 시버스는 "뇌 기능의 국지화, 즉 뇌의 어떤 영역이 특정 행동이나 사고에 관여한다는 개념은 신경과학에서 가장 많은 논쟁의 대상이 되는 부분"이라는 점에 주목했다. "하지만 일반적으로 뇌의 각 영역과 네트워크는 여러 기능을 수행하는 것으로 보인다(Suárez et al., 2020). 이는 신경 네트워크에서 개별 뉴런까지 뇌 전체에 적용되는 사실로 보인다(Rigotti et al., 2013). 그래서 여기에서 식별된 마인드셋은 오랜 시간 함께 조율된 여러 두뇌 네트워크가 함께 관장할 가능성이 크다. 간단히 말하면 뇌는

아주 복잡하므로 뇌의 단일 네트워크, 또는 한 부분이 특정 행동이나 사고, 또는 특정 마인드셋을 지배한다는 주장은 지나친 단순화가 될 수밖에 없다."

24 Piercarlo Valdesolo and David DeSteno, "Synchrony and the Social Tuning of Compassion," *Emotion* 11, no. 2 (2011): 262.

25 Matthew D. Lieberman, *Social: Why Our Brains Are Wired to Connect* (Oxford: Oxford University Press, 2013). 디폴트 모드 네트워크는 내측 전두두정 네트워크를 포함한다. 시버스는 "과학자 중에는 내측 전두두정 네트워크가 사회적 자극에 한정된다는 이론을 내세우는 이들이 있지만(예: Schilbach et al., 2008), 이 네트워크의 기능이 좀 더 일반적이라는 강한 증거도 있다. 내측 전두두정 네트워크는 기억 회수(Buckner & DiNicola, 2019)와 창의력(Beaty et al., 2016; Beaty et al., 2021)에 관련되었을 가능성이 있다. 또한 정보가 즉각적인 감각 입력과 단절되었을 때 내부에서 정보를 생성하거나(Buckner & DiNicola, 2019) 감각 정보를 그 정보와 통합하는 일을 할 수도 있다(Yeshurun, Nguyen and Hasson, 2021). 게다가 내측 전두두정 네트워크 바깥에서 사회적 인지에 중요한 역할을 하는 뇌의 다른 영역이 있다. 얼굴을 인지하는 방추이랑이나 표정에 담긴 감정을 인지하는 편도체를 그 예로 들 수 있다. 따라서 다양한 사회적 과제에 내측 전두두정 네트워크가 동원되지만, 이 네트워크의 활성화가 반드시 사회적 인지를 의미하는 것은 아니다."

26 두뇌의 작용 방식을 지나치게 단순화한 말이기는 해도 설명의 목적에서는 유용하다. 보통 우리 뇌는 많은 영역이 동시에 작용하고, 뇌에서 이런 부분의 구별은 명확하지 않을 수 있다.

27 보 시버스가 쓴 것처럼 "사람들이 동일한 두뇌 네트워크를 사용한다고 해서 그들이 같은 마인드셋 상태라거나 또는 반대로 동일한 마인드셋 상태라고 해서 같은 두뇌 네트워크를 사용한다고 보장할 수 없다는 강한 증거가 있다." 시버스는 특정 신경 네트워크가 활성화된다는 생각에 의존하기보다 "특정한 단일 두뇌 네트워크를 사용할 필요가 없는 마인드셋의 개념을 사용하는 것"이 가장 좋다고 말한다. "특정 유형의 정보가 제시되었을 때 마인드셋이 뇌 전체를 특정한 방식으로 사용하는 것일 수도 있다. 그렇다면 한 마인드셋 상태의 뇌는 어느 한 교향곡을 연주하는 오케스트라에 비유할 수 있다. 오케스트라는 여러 교향곡을 연주할 수 있지만 한 번에 한 곡씩밖에 연주하지 못한다."

28 Caleb Kealoha, "We Are (Not) in Sync: Inter-brain Synchrony During Interpersonal Conflict" (honors thesis, University of California, Los Angeles, 2020).

29 John M. Gottman, "Emotional Responsiveness in Marital Conversations," *Journal of Communication* 32, no. 3 (1982): 108–20. 부부 관계에 갈등과 긴장이 일어나

는 이유는 여러 가지이며 극복하는 방식도 다양하다. 일부는 여기와 5장에서 다루었다. 한편 결혼 생활의 어려움을 진단하고 해결하는 접근법도 무수히 많다. 가트먼 자신은 소통 중에 관계를 해칠 수 있는 비난, 경멸, 방어, 비협조의 '네 기사(Four Knight)'에 관해 글을 썼다. 사실 확인 요청에서 가터만은 "관계의 '장인'에게서 찾을 수 있는 여러 특징이 있다. 신뢰와 의무를 다하고, 다투는 중에도 긍정적인 말과 부정적인 말의 비율이 5대 5에서 5대 1을 유지하며, 비난, 경멸, 방어, 비협조의 네 기사를 동원하지 않고, 서로 연결되는 쪽으로 유도되는 대화가 적어도 86퍼센트 이상이며, 사랑의 지도(상대의 심리학적 내면세계를 알아가는 것)를 사용하고, 애정과 존중을 표현하며, 부드럽게 시작하고, 갈등 중에도 효율적으로 치유하고 심리적 완화를 끌어내며, 정체된 갈등의 실존적 부분을 다루는 능력이 있다"라고 썼다.

30 Adela C. Timmons, Gayla Margolin, and Darby E. Saxbe, "Physiological Linkage in Couples and Its Implications for Individual and Interpersonal Functioning: A Literature Review," *Journal of Family Psychology* 29, no. 5 (2015): 720.

31 롤러는 사장이 전화를 받는 중에 아이와 놀아주었던 것 또한 서로 가까워지는 것을 도왔다고 생각한다. "그게 마음을 움직였던 것 같습니다." 그가 내게 말했다. "당시 저는 물건을 팔려고 한 게 아니라 그저 그게 좋은 일이라고 생각해서 아이와 놀아주었거든요."

32 Randy Burkett, "An Alternative Framework for Agent Recruitment: From MICE to RASCLS," *Studies in Intelligence* 57, no. 1 (2013): 7-17.

알아가는 대화의 4가지 규칙

1 기밀 유지를 조건으로 참가자들이 이 프로젝트에 대해 설명해주었다.

2
모든 대화는 협상이다

1 위스콘신 대 리로이 리드의 배심원 숙의 과정은 방송사에서 촬영했고, 그 기록의 일부가 "배심원실 안에서"라는 제목으로 PBS 방송사 프로그램 〈프론트라인Frontline〉에서 방영되었다. 이 재판과 숙의 과정에 대한 정보는 더글러스 메이너드Douglas Maynard가 제공해주었다. 그는 감사하게도 숙의 과정 전체의 녹취록을 공유해주었다(〈프론트라인〉에서는 배심원의 대화 중 일부만 방영했다). 또한 이 에피소드를 제작한

〈프론트라인〉 제작진에게도 감사를 전한다. 불필요한 대화 내용을 편집하긴 했지만 그 외에는 대화 내용을 거의 그대로 실었다. 또한 1996년 7월 5일, 멕시코시티에서 "그는 그것이 총인 줄 알았는가?"라는 제목으로 열린 국제화용론연합 학회가 제공한 정보에 많이 도움받았고, 그 밖에도 다음 문헌을 참고했다. "Truth, But Not the Whole Truth," *The Wall Street Journal*, April 14, 1986; Douglas W. Maynard and John F. Manzo, "On the Sociology of Justice: Theoretical Notes from an Actual Jury Deliberation," *Sociological Theory* (1993): 171-93.

2   Taken from Wis JI-Criminal 460, Wisconsin Criminal Jury Instructions.

3   에데 박사와 맬호트라의 연구에 대한 자세한 내용은 다음을 참조하라. "Negotiation Strategies for Doctors—and Hospitals," *Harvard Business Review*, October 21, 2013; "Bargaining Over How to Treat Cancer," *The Wall Street Journal*, September 2, 2017; Behfar Ehdaie et al., "A Systematic Approach to Discussing Active Surveillance with Patients with Low-Risk Prostate Cancer," *European Urology* 71, no. 6 (2017): 866-71; Deepak Malhotra, *Negotiating the Impossible: How to Break Deadlocks and Resolve Ugly Conflicts (Without Money or Muscle)* (Oakland, Calif.: Berrett-Koehler, 2016). 사실 확인 요청에서 에데는 자기의 말을 환자들이 듣고 있다고 생각했으나 사실은 전립선암의 위험도를 효과적으로 전달하지 못했다고 밝혔다.

4   Laurence Klotz, "Active Surveillance for Prostate Cancer: For Whom?" *Journal of Clinical Oncology* 23, no. 32 (2005): 8165-69; Marc A. Dall'Era et al., "Active Surveillance for Prostate Cancer: A Systematic Review of the Literature," *European Urology* 62, no. 6 (2012): 976-83.

5   에데는 "적극적 감시는 전립선암을 치료할 수 있는 범위 안에서 면밀히 암을 관찰하고 개입하는 것이 목적입니다. (…) 전립선암으로 사망하는 사례는 고령이거나 이미 건강하지 못한 경우에 해당합니다. (…) 우리가 젊은 전립선암 환자에게 적극적 감시를 권하는 이유는, 이런 환자의 경우 암을 세심하게 감시하고 치료 범위 안에서 개입하더라도 암이 낮은 위험 상태로 평생 유지되고, 아니면 아예 치료를 필요로 하지 않아, 초기에 수술을 받거나 방사선 치료를 받은 환자들만큼 잘 이겨낸다는 증거가 있기 때문입니다"라고 설명했다.

6   에데는 적극적 감시와 연관된 위험성은 3퍼센트의 사망률과 동일하지 않고, 사실 "연구에 따르면 저위험 질병에 대한 즉각적 치료와 적극적 감시 사이에서 생존율에는 큰 차이가 없었다"라고 강조했다.

7   미국 암 협회에 따르면, 가장 최신 데이터를 기준으로 1년에 약 26만 8,000명이 전립선암을 진단받는다. 이 중에서 대략 절반이 저위험군이고 적극적 감시를 선택하

는 비율이 약 60퍼센트라면(에데 박사가 제공한 수치이다) 1년에 5만 3,000명이 불필요한 수술을 선택한다는 계산이 나온다.

8 Matthew R. Cooperberg, William Meeks, Raymond Fang, Franklin D. Gaylis, William J. Catalona, and Danil V. Makarov, "Time Trends and Variation in the Use of Active Surveillance for Management of Low-Risk Prostate Cancer in the US," *JAMA network open* 6, no. 3 (2023): e231439- e231439.

9 The Colombia Negotiations Initiative, Harvard Law School.

10 Deepak Malhotra and M.A.L.Y. Hout, "Negotiating on Thin Ice: The 2004-2005 NHL Dispute (A)," *Harvard Business School Cases* 1 (2006).

11 사실 확인 요청에 맬호트라는 이렇게 답변했다. "저는 오랫동안 많은 종류의 다양한 협상을 진행해왔습니다. 그리고 소위 '공식적인' 협상에만 관여한 것은 아닙니다. 에데 박사의 상황은 대부분의 사람들이 '협상'이라고 바로 인지하지 못하는 사례인데, 그런 경우를 처음 다뤄본 것은 아니었습니다."

12 "Ask Better Negotiation Questions: Use Negotiation Questions to Gather Information That Will Expand the Possibilities," Harvard Law School, August 8, 2022; Edward W. Miles, "Developing Strategies for Asking Questions in Negotiation," *Negotiation Journal* 29, no. 4 (2013): 383-412.

13 환자의 개인 정보 비밀 유지를 위해 이 사례는 일반적인 용어로만 설명했고, 일부 세부 사항은 환자의 사생활 보호를 위해 수정했다.

14 이 장에서 묘사된 개입과 별도로 에데와 맬호트라는 추가로 이런 식의 대화를 격려하는 기법을 개발했다. 자세한 내용은 다음을 참조하라. "Negotiation Strategies for Doctors—and Hospitals"; "Bargaining Over How to Treat Cancer"; and Malhotra's *Negotiating the Impossible*.

15 에데는 자신이 노력해온 과정을 이렇게 설명했다. "우리는 맬호트라 박사와 함께 협상 이론에서 빌려 온 모든 소통 수단을 사용해 체계적인 접근법을 개발했습니다. 사람들은 누군가 자신이 지각하는 편견에 반대되는 것을 권할 때 신뢰를 느낍니다. 이런 경우 저는 제가 무턱대고 적극적 감시를 권하는 의사가 아닌 실제 수술을 집도하는 외과의사이고 필요하다면 반드시 수술해야 한다고 생각한다는 것을 환자들이 알게 하고 싶었습니다. 그렇지만 저위험군 전립선암에 걸린 환자에게는 적극적 감시가 올바른 선택이라고 믿고 있죠. (…) 이런 방식으로 수술을 30퍼센트 감소시켰습니다. 우리는 이런 방법을 사용한 체계적 접근이 환자와 위험도에 대해 더 잘 소통하고, 환자가 자율적으로 결정할 수 있게 하며, 여러 분야의 정보를 바탕으로 의학적 결정을 돕는다고 믿습니다."

16 2018년(신뢰할 만한 통계치가 있는 마지막 해)에 연방 범죄에서 배심제를 선택한

사람 가운데 14퍼센트만 무죄 선고를 받았다. 리로이 리드는 연방이 아닌 주 법원에서 재판받았지만 경향성은 비슷하다. 다음 문헌을 참고하라. John Gramlich, "Only 2% of Federal Criminal Defendants Go to Trial, and Most Who Do Are Found Guilty," Pew Research Center, June 11, 2019.

17   이 부분을 포함해 배심원 숙의 과정의 녹취록은 명확한 전달을 위해 편집, 압축되었다.

18   "History of the Harvard Negotiation Project," Harvard Law School.

19   Roger Fisher (1922 – 2012), Harvard Law School, August 27, 2012.

20   피셔와 함께 일했던 하버드 법학대학원 실라 힌은 사실 확인 이메일에 대한 답변으로 "협상의 양 당사자가 어떤 합의에 동의하려면 각자의 이해가 충족되어야 하는데, 공동의 난제에서 해결책에 이르려면 자신의 이익은 물론이고 상대의 이익까지 이해하고 충족시킬 방법을 찾아야 한다고 피셔는 지적했습니다"라고 말했다.

21   비용과 편익의 논리, 그리고 유사성의 논리는 결과의 논리, 적절성의 논리라고도 언급된다. 추가적인 내용은 다음 문헌을 참고하라. Long Wang, Chen-Bo Zhong, and J. Keith Murnighan, "The Social and Ethical Consequences of a Calculative Mindset," *Organizational Behavior and Human Decision Processes* 125, no. 1 (2014): 39 – 49; J. Mark Weber, Shirli Kopelman, and David M. Messick, "A Conceptual Review of Decision Making in Social Dilemmas: Applying a Logic of Appropriateness," *Personality and Social Psychology Review* 8, no. 3 (2004): 281 – 307; Johan P. Olsen and James G. March, *The Logic of Appropriateness* (Norway: ARENA, 2004); Daniel A. Newark and Markus C. Becker, "Bringing the Logic of Appropriateness into the Lab: An Experimental Study of Behavior and Cognition," in *Carnegie Goes to California: Advancing and Celebrating the Work of James G. March* (United Kingdom: Emerald Publishing, 2021); Jason C. Coronel et al., "Evaluating Didactic and Exemplar Information: Noninvasive Brain Stimulation Reveals Message-Processing Mechanisms," *Communication Research* 49, no. 2 (2022): 268 – 95; Tim Althoff, Cristian Danescu-Niculescu-Mizil, and Dan Jurafsky, "How to Ask for a Favor: A Case Study on the Success of Altruistic Requests," *Proceedings of the International AAAI Conference on Web and Social Media* 8, no. 1 (2014): 12 – 21.

22   이 투표의 결과를 나타내는 장면에는 모호한 측면이 있다. 한 표는 소리 내 발표하지 않았지만 이어지는 대화로 미루어 3명은 유죄, 9명은 무죄에 투표한 것으로 보인다.

23   이 말은 배심원 숙의 녹취록이 아닌 배심원 제임스 페퍼James Pepper와의 인터뷰에서

인용한 것이다.

의사 결정을 위한 대화

1 Michael Yeomans and Alison Wood Brooks, "Topic Preference Detection: A Novel Approach to Understand Perspective Taking in Conversation," Harvard Business School Working Paper No. 20-077, February 2020.

2 위의 책, Anna Goldfarb, "Have an Upbeat Conversation," *New York Times*, May 19, 2020.

3
나의 이야기를 털어놓을 때 생기는 변화

1 니컬러스 에플리의 멋진 연구에 대해서 더 알고 싶은 독자에게 다음 책을 권한다. 『*Mindwise: Why We Misunderstand What Others Think, Believe, Feel, and Want*』(New York: Vintage, 2015).

2 질문하기에 대한 더 많은 연구에 대해서는 다음 문헌을 권한다. Alison Wood Brooks and Leslie K. John, "The Surprising Power of Questions," *Harvard Business Review* 96, no. 3 (2018): 60–67; Karen Huang et al., "It Doesn't Hurt to Ask: Question-Asking Increases Liking," *Journal of Personality and Social Psychology* 113, no. 3 (2017): 430; Einav Hart, Eric M. VanEpps, and Maurice E. Schweitzer, "The (Better Than Expected) Consequences of Asking Sensitive Questions," *Organizational Behavior and Human Decision Processes* 162 (2021): 136–54.

3 에플리는 두 번째 음주 운전 이후에 부모님과도 아주 강도 높은 대화를 나눴다고 내게 말했다. "정말로 인생을 망칠 수도 있겠다는 생각이 들면서 뒤통수를 크게 맞은 것 같았습니다. 그때 바로 술을 끊고 대학 때는 물론이고 그 이후로 한 번도 술을 마시지 않았습니다."

4 Rachel A. Ryskin et al., "Perspective-Taking in Comprehension, Production, and Memory: An Individual Differences Approach," *Journal of Experimental Psychology: General* 144, no. 5 (2015): 898.

5 Roderick M. Kramer and Todd L. Pittinsky, eds., *Restoring Trust in Organizations and Leaders: Enduring Challenges and Emerging Answers* (New York: Oxford

University Press, 2012).

6   Sandra Pineda De Forsberg and Roland Reichenbach, Conflict, Negotiation and Perspective Taking (United Kingdom: Cambridge Scholars Publishing, 2021).

7   에플리는 "'조망 수용'은 너무 뻔한 내용이라 사람들이 특별하게 받아들이지 않습니다"라고 말했다.

8   Tal Eyal, Mary Steffel, and Nicholas Epley, "Perspective Mistaking: Accurately Understanding the Mind of Another Requires Getting Perspective, Not Taking Perspective," *Journal of Personality and Social Psychology* 114, no. 4 (2018): 547; Haotian Zhou, Elizabeth A. Majka, and Nicholas Epley, "Inferring Perspective Versus Getting Perspective: Underestimating the Value of Being in Another Person's Shoes," *Psychological Science* 28, no. 4 (2017): 482–93. 에플리는 이렇게 말했다. "조망 수용을 통해 다른 사람의 마음속에 있는 것을 상상하고, 그들의 입장이 되고, 그들의 관점에서 상황을 본다. '조망 묻기'는 실제로 그들의 마음속에 무엇이 있고 그들의 관점이 무엇인지를 묻고 대답을 듣는 것이다. '조망 수용'이라는 용어를 과학적으로 사용하면서 심리학자가 실험 참가자들에게 요구하는 것은 누군가의 관점을 취해 그 사람의 관점에서 상황을 보도록 상상하라는 것이다. 그것은 머릿속 정신 체조이다. 조망 묻기는 X, Y, Z에 관해서 무슨 생각을 하는지 상대에게 직접 묻고 대답을 듣는 것이다. 상대에게서 그 사람의 관점을 직접 '얻는다'. 그것이 둘의 차이점이다."

9   Arthur Aron et al., "The Experimental Generation of Interpersonal Closeness: A Procedure and Some Preliminary Findings," *Personality and Social Psychology Bulletin* 23, no. 4 (1997): 363–77. 아서 애런이 사실 확인 요청에서 답변한 것처럼, 이 실험에서 학생들이 데이터 수집을 도왔다.

10   그의 말 전체를 인용하자면 다음과 같다. "연구팀은 여러 가지를 고려하여 파트너를 선정했습니다. 과거 연구 결과를 바탕으로, 당신과 당신의 파트너가 서로 호감을 느낄 거라고 기대합니다. 즉, 우리의 예측에 따라 당신이 좋아하고 또 당신을 좋아할 사람이 당신의 파트너로 선정되었습니다."

11   '빨리 친구가 되는 법'의 질문은 간략하게 편집되었다. 36개 질문 전체는 다음과 같다. 1. 이 세상에서 누구라도 초대할 수 있다면 당신은 누구와 저녁을 먹겠습니까? 2. 유명해지고 싶습니까? 그렇다면 어떤 방식으로? 3. 평소 전화를 걸기 전에 무슨 말을 할지 미리 연습합니까? 이유가 뭔가요? 4. 당신이 생각하는 '완벽한' 하루에는 어떤 요소가 들어갈까요? 5. 언제 마지막으로 혼자서 노래했습니까? 마지막으로 다른 사람에게 노래를 불러준 적은 언제입니까? 6. 만약 당신의 수명이 90세이고 30세부터는 몸과 마음 중 하나는 30세 상태로 죽을 때까지 계속 유지할 수 있다면 둘

중 어느 것을 선택하겠습니까? 7. 자신이 어떻게 죽게 될 것 같다는 비밀스러운 감이 있습니까? 8. 당신과 상대방에게 공통점이 있다면 무엇일까요? 9. 살면서 언제 가장 감사하다는 생각이 들었습니까? 10. 어려서 당신이 양육된 방식 중에서 어느 것이든 바꿀 수 있다면 무엇을 바꾸겠습니까? 11. 지금부터 4분 동안 상대에게 자신의 삶에 대해 최대한 많이 말하세요. 12. 만약 내일 아침에 눈을 떴는데 어떤 능력이나 특징을 새로 얻게 된다면 그게 무엇이었으면 좋겠습니까? 13. 당신 자신에 대한 진실, 당신의 삶, 미래 또는 그 어느 것이든 말해주는 수정 구슬이 있다면 무엇을 물어보겠습니까? 14. 아주 오랜 시간 꿈꿔온 것이 있습니까? 왜 아직 그 꿈을 이루지 못했나요? 15. 살면서 성취한 가장 큰 일이 무엇인가요? 16. 친구와의 우정에서 가장 가치 있게 여기는 것이 무엇입니까? 17. 가장 소중한 추억이 무엇입니까? 18. 가장 끔찍한 기억은 무엇입니까? 19. 만약 당신이 1년 안에 갑자기 죽게 된다면 당신은 지금까지 살아온 방식을 바꾸겠습니까? 그 이유는요? 20. 당신에게 우정은 어떤 의미입니까? 21. 당신의 삶에서 사랑과 애정은 어떤 역할을 합니까? 22. 파트너의 긍정적인 특징이라고 생각하는 점을 서로 번갈아 얘기하세요. 총 다섯 가지를 얘기하면 됩니다. 23. 당신은 가족과 얼마나 가까운 관계입니까? 24. 당신은 어머니와 어떤 관계입니까? 25. 각각 '우리'가 들어가는 참인 문장을 만드세요. 예를 들어 "우리는 둘 다 이 방에서 (   ) 한 기분입니다." 26. 다음 문장을 완성하세요. "나는 내가 (   ) 을 나눌 수 있는 사람이 있었으면 좋겠다." 27. 만약 당신이 상대방과 가까운 친구가 되고 싶다면 상대가 알아야 할 중요한 점을 이야기하세요. 28. 상대방의 어떤 점이 마음에 드는지 말하세요. 평소 방금 만난 사람에게는 말하지 않을 것들을 솔직하게 말하세요. 29. 살면서 부끄러웠던 순간에 대해 상대방과 이야기를 나누세요. 30. 다른 사람 앞에서 마지막으로 운 적이 언제입니까? 혼자 울었을 때는 언제입니까? 31. 상대방에 대해 '이미' 마음에 드는 점을 말하세요. 32. 농담으로 넘기기에 너무 심각한 얘기가 있다면 무엇이 있을까요? 33. 만약 당신이 오늘 저녁에 죽을 예정이고 그 전에 누구와도 소통할 기회가 없다면 누군가에게 미처 말하지 못해 후회스러운 것은 무엇이 있을까요? 왜 아직 말하지 못했습니까? 34. 당신이 소유한 모든 것이 들어 있는 집에 불이 났고, 다행히 사람과 반려동물이 모두 안전하게 대피한 상황입니다. 이제 당신에게는 마지막으로 한 번 더 집에 들어가 딱 한 가지를 들고 나올 수 있습니다. 그것이 무엇일까요? 그 이유는? 35. 당신 가족 중에서 누구의 죽음이 가장 괴로울까요? 그 이유는 무엇입니까? 36. 개인적인 고민을 털어놓고 상대에게 자신이라면 어떻게 하겠는지 조언을 구하세요. 또한 그 문제에 대해서 당신이 어떻게 느낄 거라고 생각하는지 물어보세요.

12 이 질문들은 '대인관계 친밀감의 실험적 세대: 절차 및 조사 결과'라는 첫 번째 연구에서 사용되었다. 이 연구는 스몰 토크의 조건을 세우는 데 초점을 두었다.

13 누군가에게 취약성을 드러내는 것에는 몇 가지 단점이 있음을 염두에 두어야 한다. 예일대학교 심리학과 교수인 마거릿 클라크가 말한 것처럼, "자신의 취약한 부분, 또는 필요나 감정 등을 드러내지 않으면 상대방으로부터 공감을 얻거나 필요한 지지를 받기 힘든 것이 많은 경우에 절대적 사실이다. 상대를 지지하고 응원하려면 그것이 필요한 요소이기 때문이다. 단, 나를 진정으로 아끼는 친구 앞에서는 취약한 모습을 보여도 좋지만 그렇게 하는 것이 현명하지 않은 상황도 있다. 가장 대표적인 것은 상대방이 나를 염려하거나 지지하는 대신 그 정보를 악용하려는 경우이다. 따라서 상대가 나를 진심으로 좋아하고 아끼는지 읽을 수 있어야 한다. 인간관계의 초기 단계에서 취약성은 서로 가까워질 수 있는 좋은 방법이지만, 너무 성급하게 많은 것을 드러내면 잘못될 수도 있기 때문에 속도 조절이 필요하다. 관계를 발전시킬 때는 취약성을 보이는 동시에 자신을 보호해야 한다."

14 Kavadi Teja Sree, "Emotional Contagion in Teenag-ers and Women," *International Journal of Scientific Research and Engineering Trends* 7, no. 2 (2021): 917–24.

15 Elaine Hatfield, John T. Cacioppo, and Richard L. Rapson, "Primitive Emotional Contagion" in *Emotion and Social Behavior*, ed. M. S. Clark (Newbury Park, Calif.: Sage, 1992), 151–77.

16 여기에서 언급한 연구는 애런 부부가 수행한 것이 아니다. 사실 확인 토의에서 아서 애런은 후속 연구로 두 가지가 밝혀졌다고 말했다. 첫째, 사람이 서로 가까워지는 가장 큰 요인 중 하나는 상대가 자신에게 호감이 있다는 믿음이다. 둘째, 자기 폭로뿐 아니라 호응과 상호성이 친밀감을 형성하는 지배적인 요인이다. 애런은 내게 이렇게 말했다. "상대방이 나에게 반응한다고 느끼는 것은 아주 큰 요인입니다."

17 아서 애런은 다음과 같이 썼다. "현재 우리는 이것이 서로에게 의미 있는 호응을 제공하는 기회가 된다는 사실이 얼마나 중요한지 알고 있습니다."

18 예일대학교 클라크는 다음과 같이 자세히 설명했다. "예전에 제 남편이 크게 아픈 적이 있었는데 사촌이 많은 도움을 주었어요. 그때 사촌이 자신의 문제는 전혀 언급하지 않았지요. 몇 년 뒤, 사촌의 아내가 병에 걸렸을 때 저에게 전화해서 속상한 마음을 털어놓았어요. 그리고 그때 저는 그를 도왔습니다. 2년 뒤에요. 상호성은 즉시 발휘되어야 하는 것이 아니고, 서로의 필요에 따라 반응하며 양방향으로 움직입니다."

19 Jacqueline S. Smith, Victoria L. Brescoll, and Erin L. Thomas, "Constrained by Emotion: Women, Leadership, and Expressing Emotion in the Workplace," in *Handbook on Well-Being of Working Women* (Netherlands: Springer, 2016), 209–24.

20 Huang et al., "It Doesn't Hurt to Ask," 430. 사실 확인 질문에 대한 답변으로 이

연구에 참여한 연구자 마이클 여맨스는 다음과 같이 말했다. "후속 질문, 즉 해당 주제를 바탕으로 더 깊이 들어가는 과정에 대한 논문이었습니다." 대화를 시작하는 주제에 관한 상세한 내용은 다음을 참고하라. Hart, VanEpps, and Schweitzer, "(Better Than Expected) Consequences of Asking Sensitive Questions," 136–54.

21 심도 있는 질문을 통해 일부 고정관념을 약화시킬 수 있지만 직장 내에서 이중 잣대를 없애려면 지속적인 노력과 편견의 구조적 원인을 조사해야 한다. 헤일먼은 사람들에게 어떤 유형의 질문을 하라고 가르치는 것만으로는 충분하지 않다고 강조한다. 편견과 고정관념을 약화하는 방법에 대해서는 6장과 7장을 참고하라.

22 마이클 여맨스는 현재 임페리얼칼리지 런던 소속이다.

23 이 질문들은 간략하게 편집되었다. 전체 질문 목록은 다음 문헌을 참고하라. Michael Kardas, Amit Kumar, and Nicholas Epley, "Overly Shallow?: Miscalibrated Expectations Create a Barrier to Deeper Conversation," *Journal of Personality and Social Psychology* 122, no. 3 (2022): 367. 이 실험에서 나온 질문은 다음과 같다. 1. 인생에서 가장 감사하게 생각하는 것은 어떤 부분입니까? 상대에게 그 이야기를 들려주세요. 2. 당신 자신, 당신의 삶, 당신의 미래 등 무엇이든 말해주는 수정 구슬이 있다면 무엇을 물어보겠습니까? 3. 다른 사람 앞에서 울었던 경험을 설명해주시겠습니까?

24 에플리는 다음과 같이 자세히 설명했다. "우리가 수집한 데이터에 따르면 의미 있는 질문으로 바로 뛰어드는 것이 생각보다 훨씬 힘들 수 있습니다. (…) 상대를 가까운 친구라고 생각하는 것, 그게 이 연구에서 취한 발견적 방법입니다."

25 에플리는 다음과 같이 강조했다. "가설을 테스트하기 위해서 실험을 설계하지, 뭔가를 '보여주거나', '증명하기' 위해서 실험하는 것은 아닙니다. 결과를 '보여주기' 위해, 또는 신념을 '증명하기' 위해서 실험을 설계하는 것은 선전propaganda이나 마찬가지이지요. 저는 이렇게 말하겠습니다. 깊은 대화는 사람들이 기대하는 것보다 더 긍정적인 결과를 불러온다는 가설을 데이터를 통해 테스트하고 싶었다고요." 또한 그는, 비록 감정 전염은 심도 있는 대화에 힘을 실어주는 한 메커니즘이지만, 훨씬 더 영향력이 큰 다른 메커니즘도 있다고 썼다. "이를테면 서로 간에 장시간 쌓아온 신뢰가 있습니다. 그것 또한 대화를 통해 상대에 관한 의미 있는 사실들을 배워가기 때문이지요. 그렇게 진정으로 서로 통하게 되는 것입니다."

26 Kardas, Kumar, and Epley, "Overly Shallow?," 367.

27 Huang et al., "It Doesn't Hurt to Ask," 430; Nora Cate Schaeffer and Stanley Presser, "The Science of Asking Questions," *Annual Review of Sociology* 29, no. 1 (2003): 65–88; Norbert Schwarz et al., "The Psychology of Asking Questions," *International Handbook of Survey Methodology* (2012): 18–34; Edward L.

Baker and Roderick Gilkey, "Asking Better Questions—A Core Leadership Skill," *Journal of Public Health Management and Practice* 26, no. 6 (2020): 632–33; Patti Williams, Gavan J. Fitzsimons, and Lauren G. Block, "When Consumers Do Not Recognize 'Benign' Intention Questions as Persuasion Attempts," *Journal of Consumer Research* 31, no. 3 (2004): 540–50; Richard E. Petty, John T. Cacioppo, and Martin Heesacker, "Effects of Rhetorical Questions on Persuasion: A Cognitive Response Analysis," *Journal of Personality and Social Psychology* 40, no. 3 (1981): 432.

28 "The Case for Asking Sensitive Questions," *Harvard Business Review, November 24,* 2020.

4
상대가 말하지 않은 것을 듣는 기술

1 사실 확인 질문에 대한 이메일 답변에서 프레디는 이 상황을 좀 더 자세히 설명했다. "구체적으로 말하면 이렇습니다. 그는 머릿속에서 10진법 수를 16진법으로 바꿀 수 있는 수학 천재예요. 하지만 '서비스의 질'이라는 문구를 쉽게 처리하지 못하죠. 통상 팁은 '서비스의 질'에 따라 15~20퍼센트 정도를 주는 게 공식이잖아요. 이 친구는 수학적 역량은 뛰어나지만 '서비스의 질'이라는 인간적 요인을 평가하지 못합니다. 한번은 그에게 차라리 항상 중간값인 17.5퍼센트를 주라고 권한 적이 있습니다. 그랬더니 서비스가 '정확히 중간 수준'일 확률은 지극히 낮기 때문에 17.5퍼센트는 준다는 건 거의 항상 넘치거나 모자라게 팁을 주게 되는 거라고 하더군요."

2 사실 확인 질문에 대해 프레디는 다음과 같이 답했다. "주인공을 컴퓨터 프로그래머로 설정하지 않은 이유는 두 가지예요. 첫째, 제가 소프트웨어 업계에서 일할 때 이 분야는 차고에서 시작한 스타트업 회사가 마이크로소프트 규모의 대기업으로 성장하곤 했는데, 우리는 주인공이 사업에 관여하는 걸 원치 않았거든요. 둘째, 프로그래밍이라는 작업의 특성상 주로 화면을 보면서 키보드를 치기 때문에 텔레비전에서 묘사하기가 어렵고 시청자를 지루하게 만들 수 있기 때문입니다." 프레디는 프로그래밍이라는 직업 자체가 지루한 건 아니라고 힘주어 말했다. "전혀 그렇지 않습니다. 프로그래밍은 아주 신나는 작업입니다."

3 〈빅뱅 이론〉에 대한 배경지식에 대해서는 다음 문헌이 큰 도움이 되었다. Jessica Radloff, *The Big Bang Theory: The Definitive, Inside Story of the Epic Hit Series* (New York: Grand Central Publishing, 2022); "There's a Science to CBS' *Big*

Bang Theory," USA Today, April 11, 2007; "Why the Big Bang Theory Stars Took Surprising Pay Cuts," Hollywood Reporter, March 29, 2017; "TV Fact-Checker: Dropping Science on The Big Bang Theory," Wired, September 22, 2011; Dave Goetsch, "Collaboration—Lessons from The Big Bang Theory," True WELLth, podcast, June 4, 2019; "The Big Bang Theory: 'We Didn't Appreciate How Protective the Audience Would Feel About Our Guys,' " Variety, May 5, 2009; "Yes, It's a Big Bang," Deseret Morning News, September 22, 2007.

4   The Big Bang Theory, season 3, episode 1, "The Electric Can Opener Fluctuation," aired September 21, 2009.

5   Daniel Goleman, "Emotional Intelligence: Why It Can Matter More than IQ," Learning 24, no. 6 (1996): 49–50.

6   "The Big Bang Theory Creators Bill Prady and Chuck Lorre Discuss the Series— And the Pilot You Didn't See," Entertainment Weekly, September 23, 2022.

7   프레디는 이렇게 말했다. "방청객들이 셸던과 레너드를 지켜주고 싶어 한다는 생각이 들었어요. 그들 주변의 캐릭터, 특히 케이티가 위험한 존재라고 생각했죠. 이 시험 방송에서 사람들이 레너드와 셸던을 보호하려는 성향을 강하게 나타내는 것을 보고 놀랐습니다."

8   Judith A. Hall, Terrence G. Horgan, and Nora A. Murphy, "Nonverbal Communication," Annual Review of Psychology 70 (2019): 271–94; Albert Mehrabian, Nonverbal Communication (United Kingdom: Routledge, 2017); Robert G. Harper, Arthur N. Wiens, and Joseph D. Matarazzo, Nonverbal Communication: The State of the Art (New York: John Wiley and Sons, 1978); Starkey Duncan, Jr., "Nonverbal Communication," Psychological Bulletin 72, no. 2 (1969): 118; Michael Eaves and Dale G. Leathers, Successful Nonverbal Communication: Principles and Applications (United Kingdom: Routledge, 2017); Martin S. Remland, Nonverbal Communication in Everyday Life (Los Angeles: Sage, 2016); Jessica L. Tracy, Daniel Randles, and Conor M. Steckler, "The Nonverbal Communication of Emotions," Current Opinion in Behavioral Sciences 3 (2015): 25–30.

9   사실 확인 질문에 대한 노스웨스턴대학교 주디스 홀Judith Hall 교수의 답에 따르면, 비언어적 신호를 '간과'하는 것은 복잡한 과정인데, 그건 "많은 비언어적 신호와 누출이 무의식적으로 뇌를 뚫고 들어가기 때문입니다. 우리는 신호가 실제로 무의식적 수준에서 등록되더라도 '무시하기'를 선택할 수 있어요. 물론 신호를 아예 놓치는 경우도 있습니다."

10 나는 2017년에 테런스 맥과이어와 인터뷰한 적이 있다. 맥과이어가 2022년에 세상을 떠나 이 장에 나오는 내용을 직접 확인할 수 없었으므로 해당 내용을 나사와 공유했고 일부 사실을 확인받았다. 그러나 나사는 후보 인터뷰에 관한 구체적인 내용에 대해서는 답변을 거절했다. 나는 또한 맥과이어의 딸인 베서니 섹스턴Bethany Sexton에게 맥과이어의 후보 분석 방법을 포함해 이 장에 나오는 상세한 내용을 확인받았다. 추가로 맥과이어와 함께 일했던 많은 사람들과 우주비행사 후보 선별 과정에 나사와 협업한 다른 사람들과 이야기했다. 또한 다음 문헌을 참조했다. "This Is How NASA Used to Hire Its Astronauts 20 Years Ago—And It Still Works Today," Quartz, August 27, 2015; "The History of the Process Communication Model in Astronaut Selection," SSCA, December, 2000; T. F. McGuire, *Astronauts: Reflections on Current Selection Methodology, Astronaut Personality, and the Space Station* (Houston: NASA, 1987); Terence McGuire, "PCM Under Cover," Kahler Communications Oceania.

11 소련의 우주비행사는 훨씬 긴 임무를 수행했다.

12 "History and Timeline of the ISS," ISS National Laboratory.

13 McGuire, *Astronauts*.

14 Peter Salovey and John D. Mayer, "Emotional Intelligence," *Imagination, Cognition and Personality* 9, no. 3 (1990): 185–211.

15 "It's Not Rocket Science: The Importance of Psychology in Space Travel," *The Independent*, February 17, 2021.

16 임무 전에 월리 시라는 자신이 은퇴할 예정이라고 했다. 우주여행 역사가 앤드루 체이킨Andrew Chaikin에게 사실 확인을 요청했을 때 그는 이렇게 말했다. "시라는 우주에서 통제권은 지상의 통제실이 아닌 임무 사령관인 자신에게 있다는 생각이 확고했습니다."

17 Robert R. Provine, *Laughter: A Scientific Investigation* (New York: Penguin, 2001); Chiara Mazzocconi, Ye Tian, and Jonathan Ginzburg, "What's Your Laughter Doing There? A Taxonomy of the Pragmatic Functions of Laughter," *IEEE Transactions on Affective Computing* 13, no. 3 (2020): 1302–21; Robert R. Provine, "Laughing, Tickling, and the Evolution of Speech and Self," *Current Directions in Psychological Science* 13, no. 6 (2004): 215–18; Christopher Oveis et al., "Laughter Conveys Status," *Journal of Experimental Social Psychology* 65 (2016): 109–15; Michael J. Owren and Jo-Anne Bachorowski, "Reconsidering the Evolution of Nonlinguistic Communication: The Case of Laughter," *Journal of Nonverbal Behavior* 27 (2003): 183–200; Jo-Anne Bachorowski and Michael

J. Owren, "Not All Laughs Are Alike: Voiced but Not Unvoiced Laughter Readily Elicits Positive Affect," *Psychological Science* 12, no. 3 (2001): 252–57; Robert R. Provine and Kenneth R. Fischer, "Laughing, Smiling, and Talking: Relation to Sleeping and Social Context in Humans," *Ethology* 83, no. 4 (1989): 295–305.

18   Robert R. Provine, "Laughter," *American Scientist* 84, no. 1 (1996): 38–45.

19   Provine, *Laughter: A Scientific Investigation*.

20   Gregory A. Bryant, "Evolution, Structure, and Functions of Human Laughter," in *The Handbook of Communication Science and Biology* (United Kingdom: Routledge, 2020), 63–77. 사실 확인 요청에 대한 답변으로 브라이언트는 이렇게 말했다. "피험자는 친구들이 함께 웃는 웃음과 낯선 사람이 함께 웃는 웃음을 구분할 수 있었습니다. (…) 사람들이 어떤 면에서 일치를 감지한다는 것이 합리적 추측이기는 해도 엄밀히 말해 이 과제는 친구와 낯선 사람을 감지하는 것이었습니다. 우리는 낯선 이들 사이에서는 낮은 에너지의 의도적 웃음이 더 흔하지만, 친구끼리는 대화 중에 좀 더 활력이 높아지며 그것이 순수한 웃음으로 반영된다는 좀 더 일반적인 해석을 내렸습니다. 피험자들은 이 점을 아주 민감하게 잘 파악합니다. 사람들이 상대와 연결을 시도하는 증거를 찾고 있다는 게 재밌어요."

21   이러한 맥락에서 사용된 '기분'과 '에너지'라는 단어는 사전의 정의를 따르고 있기는 해도 연구 심리학자가 때때로 사용하는 방식과 완전히 일치하지는 않는다. 노스이스턴대학교 심리학과 교수 리사 펠드먼 배럿은 이렇게 설명한다. "'기분'은 정서가라는 특성으로 기술된다. 기분은 정서가와 동의어가 아니다. 우리는 감정적이든 아니든 의식의 특성을 의미할 때 '정서affect'라는 말을 사용한다. 우리는 '정서'를 '기분'과 동의어로 사용한다. 어떤 과학자들은 감정이 아닌 느낌의 순간을 언급할 때 '기분'이라는 말을 사용하는데, 그것은 이 세상에서의 사건과 연관되지 않은 것으로 정의된다. 이건 옳지 않다고 본다. 뇌는 언제나 내적인 감각을 처리하고 있고 그것은 세상에서 오는 감각 데이터와 함께 느낌을 불러오기 때문이다." 더 자세한 내용은 다음을 참고하라. James A. Russell, "A Circumplex Model of Affect," *Journal of Personality and Social Psychology* 39, no. 6 (1980): 1161; James A. Russell and Lisa Feldman Barrett, "Core Affect, Prototypical Emotional Episodes, and Other Things Called Emotion: Dissecting the Elephant," Journal of Personality and Social Psychology 76, no. 5 (1999): 805; Elizabeth A. Kensinger, "Remembering Emotional Experiences: The Contribution of Valence and Arousal," *Reviews in the Neurosciences* 15, no. 4 (2004): 241–52; Elizabeth A. Kensinger and Suzanne Corkin, "Two Routes to Emotional Memory: Distinct Neural Processes for Valence and Arousal," *Proceedings of the National Academy* *of Sciences* 101, no. 9 (2004): 3310 - 15.

22 일부 심리학자는 이런 맥락에서 긍정적 또는 부정적이라는 단어를 사용하지만, 배
    럿은 좀 더 적절한 표현은 "'유쾌한-불쾌한'이다. (…) '긍정적' 또는 '부정적'은 기
    술적技術的('나는 기분이 좋아'처럼)이거나 평가('내가 이런 기분이 드는 건 좋은 것
    이다'처럼)가 될 수 있다. (…) 따라서 실제로는 '유쾌한', 또는 '불쾌한'이 옳다"라
    고 말했다.

23 Dacher Keltner et al., "Emotional Expression: Advances in Basic Emotion Theory,"
    Journal of Nonverbal Behavior 43 (2019): 133 - 60; Alan S. Cowen et al., "Mapping
    24 Emotions Conveyed by Brief Human Vocalization," *American Psychologist* 74,
    no. 6 (2019): 698; Emiliana R. Simon-Thomas et al., "The Voice Conveys Specific
    Emotions: Evidence from Vocal Burst Displays," *Emotion* 9, no. 6 (2009): 838;
    Ursula Hess and Agneta Fischer, "Emotional Mimicry as Social Regulation,"
    Personality and Social Psychology Review 17, no. 2 (2013): 142 - 57; Jean-Julien
    Aucouturier et al., "Covert Digital Manipulation of Vocal Emotion Alter Speakers'
    Emotional States in a Congruent Direction," *Proceedings of the National Academy
    of Sciences* 113, no. 4 (2016): 948 - 53.

24 배럿은 대화 상대자가 도구적 지지instrumental support를 원하는 상황에서 미러링
    mirroring은 역효과를 낼 수 있다고 말한다. "아주 오래전에 치료사 훈련을 받은 적
    이 있어요. 슈퍼 커뮤니케이터라면 상대가 공감을 원하는지, 도구적 지지를 원하는
    지를 파악합니다. 상대가 공감을 원한다면 거울에 비친 것처럼 그대로 따라 합니
    다. 상대가 도구적 지지를 원하면 그들에게 일어나고 있는 일에 반대로 행동합니다.
    (…) 만약 제 딸이 공감을 원하는데 제가 딸의 마음을 진정시키려고 시도한다면 그
    결과는 별로 좋지 못합니다. 반면 도구적 지지가 필요한 사람에게 공감을 해버리면
    그때는 상황이 더 악화됩니다. (…) 따라서 슈퍼 커뮤니케이터는 상대가 공감을 원
    하는 상황인지, 아니면 도구적 지지가 필요한 상황인지를 알아내려고 합니다. (…)
    전문용어로는 '맞추기pacing'와 '이끌기leading'라고 합니다. 제가 치료사였을 때 저는
    먼저 상대에게 맞추면서 시작했습니다. 실제로 그들과 호흡을 일치시킵니다. 그러
    고 나서 제 호흡을 늦춰요. 그러면 상대도 호흡을 늦춥니다. 처음에는 제가 그들에
    게 동조하고 그런 다음 제 자신의 신호를 조종하고 그들도 자신의 신호를 조종합니
    다. 그때쯤 그들은 이미 저에게 동기화가 되어 있기 때문이지요."

25 맥과이어의 접근법이 프로세스 커뮤니케이션 모델Process Communication Model에 대한
    관심에서 시작되었다는 것에 주목할 필요가 있다. 프로세스 커뮤니케이션 모델은
    타인과 소통하는 방식을 조사해 성격을 식별하는 방식이다. 사실 확인 요청에 대한
    답변으로 맥과이어의 딸 베서니 섹스턴은 이 장에서 설명된 접근법에 대해 이렇게

설명했다. "아버지는 이 방식을 우주비행사 선별만이 아니라 수십 년 동안 진료에서도 사용했습니다. 추가로 아버지는 동료 심리학자 타이비 칼러Taibi Kahler와 아주 밀접한 관계였는데, 당시 칼러 박사는 교류 분석을 연구하고 있었고, 프로세스 커뮤니케이션이라는 심리학적이고 행동적인 모델을 개발했습니다. 아버지가 칼러 박사의 연구를 접하게 되면서 두 사람은 서로 가까운 친구가 되었어요. 아버지는 우주비행사 분석에 칼러의 모델을 적용했어요 (…) 이 모델은 아주 강력해서 단어 선택, 무의식적인 버릇, 표현의 방식만 보고도 몇 분 안에 한 우주비행사 후보를 평가할 수 있었습니다." 맥과이어가 면접 때 후보자에게 했던 이야기의 일부는 실제와 달랐다. 예를 들어 그에게는 누나나 여동생이 없다.

26 "90-006: 1990 Astronaut Candidates Selected," NASA News; "Astronaut's Right Stuff Is Different Now," Associated Press, October 13, 1991.

27 Radloff, *Big Bang Theory*.

28 일부 대화는 편집하여 간략성과 관련성을 유지했다.

29 Radloff, *Big Bang Theory*.

30 "Emmy Watch: Critics' Picks," Associated Press, June 22, 2009.

5
대화는 갈등을 어떻게 해결하는가

1 제프코트가 내게 말한 바에 따르면 이 학교가 아니라 근처 학교에서 울린 경보 때문에 폐쇄되었다.

2 그해에 콜로라도주 오로라의 한 극장에서 총기 난사로 12명이 사망한 사건이 있었다.

3 제프코트는 '총기 규제'라는 용어보다 '총기 안전'을 더 선호한다.

4 참고로 말하자면 〈로스트〉의 마지막 시즌은 아주 훌륭했다.

5 Charles Duhigg, "The Real Roots of American Rage," *The Atlantic*, January/February, 2019; "Political Polarization," Pew Research Center, 2014.

6 "Political Polarization and Media Habits," Pew Research Center, October 21, 2014.

7 Jeff Hayes, "Workplace Conflict and How Businesses Can Harness It to Thrive," *CPP Global Human Capital Report*, 2008.

8 이 인용구는 간디가 한 말로도 알려졌다. 자주 인용되는 많은 명언이 그렇듯이 이 말의 출처도 모호하다.

9 이 프로젝트의 주최자는 스페이스십 미디어, 어드밴스 로컬, 앨라배마 미디어 그룹,

에센셜 파트너스, 기타 여러 신문사 기자 등으로 구성되었다.

10 사실 확인 요청에 대한 답변으로 에센셜 파트너스의 존 새러프는 이렇게 썼다. "이
    틀간의 대화 훈련과 기술 학습으로 참가자들이 이후 온라인에서 한 달간 대화하면
    서 오프라인에서 가능했던 것처럼 열린 마음으로 다층적으로 생각하고 교류하는 것
    이 가능한지 확인하고 싶었습니다."

11 "The Vast Majority of Americans Support Universal Background Checks. Why
    Doesn't Congress?," Harvard Kennedy School, 2016.

12 "Polling Is Clear: Americans Want Gun Control," *Vox*, June 1, 2022.

13 새러프는 "서로에 대한 신뢰가 부족하고 (…) 이런 사안을 논의할 때 사용하는 언어
    가 사람들을 더욱 갈라놓는다"라는 견해를 명확히 밝혔다. 그는 "구조화되고 의도
    적인 소통이 신뢰를 회복하며 상호 이해에 기초한 관계를 형성하고 집단행동에 필
    요한 양극화의 완화를 이끌어낼 수 있기"를 바랐다.

14 힌은 소통이라는 주제를 다룬 도서 중에 내가 제일 좋아하는 책의 공동 저자이
    다. 『*Difficult Conversations: How to Discuss What Matters Most*』(New York:
    Penguin, 2010).

15 힌은 다음과 같이 말했다. "더 깊은 문제는 각자 자신이 상대에게 어떻게 취급되고
    있다는 느낌에서 비롯한 관계의 문제입니다. 여기에는 분명 감정이 관여하는데, 그
    감정이란 문제가 아니라 증상이에요. (…) 문제는 다른 사람이 자신을 대하는 방식
    에 대한 느낌입니다. 그리고 그것이 좌절과 외로움, 오해, 무시당하는 기분 등을 줍
    니다. (…) '감정적이면 안 돼'라는 말을 하는 사람은 우리가 다른 사람을 대하는 방
    식이 곧 문제이자 해결책일 거라는 점을 놓치고 있다고 생각합니다."

16 이는 다툼 중에 자신의 감정을 인정하느냐 아니냐의 문제일 뿐 아니라 그 감정을 인
    정하는 방식도 중요하다고 힌이 덧붙여 말했다. "두 사람이 서로 자기는 화가 났다
    고 인정하면서 상대를 비난할 수 있으니까요. 그건 '그래, 난 듣고 있어. 당신이 왜
    그렇게 화가 났는지 이해해볼게'의 태도는 아니지요."

17 새러프는 자신의 목표를 이렇게 설명했다. "사람들에게 상대방의 말을 제대로 듣고,
    호기심, 그리고 이해하고 이해받으려는 열망을 불러오고, 이 문제를 다루는 다른 방
    식을 경험할 공간을 마련하고, 적절한 소통의 기술을 가르쳐주는 것입니다." 새러프
    는 또한 행사 시작 전에 참가자들에게도 주최자의 목표를 설명했다고 강조했다.

18 Dotan R. Castro et al., "Mere Listening Effect on Creativity and the Mediating
    Role of Psychological Safety," *Psychology of Aesthetics, Creativity, and the Arts*
    12, no. 4 (2018): 489.

19 새러프는 감정이 이 대화의 일부이지만 "사람들이 각자의 이유를 말하게 하는 게
    핵심이었어요. 저는 그들의 이야기를 듣고 싶습니다. 그들의 신념 아래에 있는 가치

관에 관해 듣고 싶어요. 그리고 그들의 신념이 얼마나 복잡한 것인지 말해주고 싶습니다. 감정이란 사람들이 그런 이야기를 할 때 딸려 나오는 일부일 뿐이에요. (…) 사람들이 노출하기 불편한 감정을 노출하는 걸 바라지는 않습니다. 그저 남이 한 얘기가 아니라 본인의 이야기를 말하게 하고 싶은 거예요. 그것이야말로 갈등하는 사람들끼리 해야 하는 것입니다. 나는 당신에 대해 들은 이야기가, 당신은 나에 대해 들은 이야기가 있어요. 하지만 건너 들은 그 이야기들은 대부분 정확하지 않지요. 그래서 이건 당신이 자신의 이야기를 다시 쓰는 기회가 될 겁니다."라고 말했다.

20 내가 '이해의 순환 고리'에 대해 처음 들은 것은 저널리스트 어맨다 리플리가 쓴 『극한 갈등』이라는 멋진 책에서였다. 워싱턴 D. C.에서의 소통 훈련 기간에 주최 측은 이 기법을 '이해의 순환 고리'라고 부르거나 가르치는 대신 좀 더 일반적인 접근법으로 알려주었다. 새러프는 자신의 접근 방식을 '전방위 듣기'라고 부르며 대개 다음과 같이 훈련한다고 설명했다. "네 명이 함께 모여서 (…) 당신이 이야기를 하고 나머지 세 사람은 듣는다. 그들 중 한 사람은 당신에게 무슨 일이 일어났는지를 듣는다. 두 번째 사람은 당신의 가치관에 대해, 즉 당신이 그 이야기에서 가장 신경을 쓰는 부분에 관해 듣는다. (…) 그리고 세 번째 사람은 당신에게 어떤 감정이 떠올랐을지를 생각하면서 듣는다. (…) 그런 다음 이 세 사람은 각자 자신이 들은 것을 이야기한다. 당신은 그들이 자기 얘기를 제대로 들었는지 아닌지를 말하지 않는다 (전혀 하지 않을 수는 없지만). 이 과정을 네 사람이 돌아가면서 한다. 이때 각자는 자신의 이야기를 들은 세 사람에게서 자신에 대해 배운다. 세 사람이 서로 다른 부분에 대해 서로 다른 채널로 깊이 있게 경청했기 때문에 자기의 경험에 대해 자기도 몰랐던 새로운 통찰을 얻게 된다. (…) 그들이 나누는 메시지를 제대로 듣는다면 당신은 그들의 삶에 대한 사실적 측면만이 아니라 그들에게 무엇이 중요하고 그들의 삶에 무엇이 중요하고 그들이 어떤 관계를 맺고 있으며 그들의 정서적 여행, 그들이 헌신하는 것, 그들의 딜레마가 어떤 것인지 알게 된다."

21 G. Itzchakov, H. T. Reis, and N. Weinstein, "How to Foster Perceived Partner Responsiveness: High-Quality Listening Is Key," *Social and Personality Psychology Compass* 16, no. 1 (2021); Brant R. Burleson, "What Counts as Effective Emotional Support," *Studies in Applied Interpersonal Communication* (2008): 207-27.

22 이 논문에서 연구자들은 대화의 수용성conversational receptiveness을 연구한다. '이해의 순환 고리' 같은 기법도 그 요소로 여겨질 수 있지만 그게 이런 접근법의 전부는 아니다. 이 논문을 인용하면 다음과 같다. "갈등 관리가 생산성과 직결되는 환경에서 조사한 현장 데이터를 사용해 우리는 대화 도입부에서 시작된 대화의 수용성이 대화가 끝날 때까지 갈등의 심화를 막는다는 점을 확인했다. 특히 수용적인 게시물

을 많이 쓰는 위키백과 편집자들은 의견에 동의하지 않는 편집자들로부터 인신공격을 덜 받았다." Michael Yeomans et al., "Conversational Receptiveness: Improving Engagement with Opposing Views," *Organizational Behavior and Human Decision Processes* 160 (2020): 131–48.

23 힌은 다음과 같이 썼다. "나는 이해의 순환 고리(또는 능숙한 능동적 듣기)에 실제로 세 가지 목적이 있다고 본다. 1. 화자가 화자 본인을 더 잘 이해하도록 돕기 위해서. 복잡한 갈등 상황에서 자신의 관점을 얘기하고 상대가 그걸 요약해서 다시 내게 얘기할 때 나는 종종 '맞아. 하지만 그게 다는 아니지. 나한테는 이런 것도…'라고 생각한다. 그래서 내 말을 듣는 청자는 화자인 내게 그것이 왜 중요하고 그 문제에 대한 나 자신의 관심과 이해관계와 감정이 어떤 것인지 파악하게 돕는다. 2. 청자가 더 잘, 그리고 더 완전하게 이해하도록 돕기 위해서. (나는 종종 양편에 '당신은 상대방이 어떤 지점에서 당신의 관점을 제대로 알아듣지 못했다고 생각합니까?'라고 묻는다. 그리고 다시 그 부분을 설명하게 하면 청자는 실제로 '아, 그랬군요. 제가 그 부분을 제대로 이해하지 못했네요.'라고 말한다.) 3. 화자에게 청자가 더 온전히 이해했다는 걸 알리기 위해서. 이는 또한 청자가 그 사안과 관계에 대해서 화자에게 가장 중요한 것을 이해하려고 노력한다는 걸 '보여준다'. 그래서 이해의 순환 고리는 이 모든 역할을 하므로 대화 중에 진지하게 행해야 하며, 또 상대도 그렇다면 두 사람의 관계에 극적인 변화를 불러올 수 있는 것이다."

24 새러프는 다음과 같이 썼다. "여기에서 설명한 것은 대화에서 서로 묻고 대답해야 하는 세 질문의 첫 번째였다. 1. 총기에 대한 귀하의 관점이나 신념을 형성한 삶의 경험에 대해 말해주시겠습니까? 2. 이 나라에서 총기의 역할에 대해 가장 중요하다고 생각하는 부분은 무엇입니까? 3. 이 사안에 대해 어떤 식으로든 모순된 감정을 경험하거나 다른 방향으로 끌리는 기분이 든 적이 있습니까? 이 문제를 생각할 때 당신의 가치관이 다른 가치관과 충돌하는 부분이 있습니까? 우리는 원형으로 둘러앉은 사람들이 돌아가면서 이 질문에 대답하게 한 다음 사람들에게 순수한 호기심에서 질문할 수 있는 시간을 주었습니다. 순수한 호기심에서 시작되는 대화의 목적은 깊이 이해하고, 호기심을 따르고, 명확한 부분만이 아니라 미묘한 점과 복잡성을 불러오는 것입니다."

25 "How and Why Do American Couples Argue?," YouGov America, June 1, 2022.

26 사실 확인 질문에 대한 대답에서 벤저민 카니는 다음과 같이 썼다. "실험실에서 관찰된 것 같은 결혼 생활의 갈등과 동시적인 결혼 생활에 대한 만족도, 만족도의 변화, 그리고 이혼의 연관성은 분명 유의미하지만 그렇게 강하지는 않다고 말하는 게 정확합니다. 즉, 평균적으로 갈등이 많은 부부일수록 끝이 더 좋지 못할 가능성은 훨씬 크지만 여전히 많은 부부가 수없이 싸우면서도 장기간 문제없이 결혼 생활을

하고 있으니까요. 왜 그럴까요? 부부 싸움의 성격이 두 사람의 관계에 대한 감정에 중요한 유일한 요소는 아니기 때문입니다. 그건 성격, 가족 배경, 외부적 스트레스, 경제 상황 등 결혼의 성공과 실패를 이해하는 데 기여하는 여러 변수 중에서 한 요소일 뿐입니다."

27 인구 통계 전반적으로 많은 부부가 비슷한 문제로 다투는 것은 일반적인 사실이지만, 경제 사정이 좋지 못한 부부는 빈곤과 관련된 스트레스 요인에 대해 더 많이 논쟁하고, 건강 또는 중독의 문제처럼 특수한 문제가 있는 부부는 그런 주제로 더 자주 싸운다는 연구 결과가 있다. 게다가 카니는 이렇게 강조했다. "이 초기 연구의 대부분(실질적으로 모든)은 상대적으로 부유한 백인 부부를 대상으로 수행되었다. 최근에 우리는 대상을 저소득 환경의 부부로 확대함으로써 부부 갈등에 대해 더 많은 것을 배우고 있다. 부부가 갈등을 다루는 방식은 그들이 통제할 수 없는 요인에 의해 크게 영향을 받는다. 대개 두 사람은 그들이 어긋나는 원천 또는 갈등의 정도를 선택할 수 없다. 갈등의 시점을 선택하고 갈등을 처리할 여유가 있다는 것만으로도 엄청난 특권이다. 또한 부부가 현명하게 충돌하는 법을 가르치기가 무척이나 어렵고 그렇다고 해도 개입할 수 없는 다른 방식으로 관계에 문제가 생겼을 때는 개선이 쉽지 않다는 것을 알게 되었다. 통합적 행동 부부 치료의 핵심은 자기 통제를 가르치는 것이 아니라 배우자를 역사와 한계가 모두 있는 한 인간으로 받아들이게 격려하는 것이다."

28 카니는 이렇게 썼다. "이 문헌에 따르면 결혼 생활에 만족하는 부부와 만족하지 못하는 부부는 의견 충돌 시 대화하는 방식이 상당히 다르다. 불만족스러운 부부는 그렇지 않은 부부보다 서로에게 부정적인 행동을 더 많이 한다. 한편 배우자가 하는 행동의 의도를 그 영향에서 분리하는 '토크 테이블' 접근법을 사용한 일부 연구에서는 행복한 부부와 그렇지 않은 부부는 행동의 의도가 크게 다르지 않아도 그 영향력은 크게 달랐다. 다시 말해 행복한 부부에서는 의도와 영향력이 일치했지만 행복하지 않은 부분에서는 의도가 영향을 예측하지 못했다."

29 통제권은 부부 갈등에 영향을 주는 한 요인에 불과하다는 사실을 유념하는 게 중요하다. "부부가 갈등할 때는 아주 많은 일이 일어나며 통제에 관한 싸움은 그중 한 가지 측면일 뿐이다. (…) 부부가 서로 의견이 일치하지 않을 때 일어나는 일은 한 가지가 아니다. (…) 부부간의 갈등은 기본적으로 배우자가 서로 다른 것을 원할 때 일어나기 때문에 갈등이 생기면 항상 한 사람은 다른 사람을 바꾸거나 타협하려고 한다. 그것을 통제라고 부를 수도 있고, 또는 원하는 것을 얻으려는 시도라고 부를 수도 있다."

30 녹취록은 참가자의 신원과 신원을 알 수 있는 구체적인 사항을 공개하지 않는 조건으로 공유되었다.

31 스탠리는 이렇게 썼다. "두 사람에게 약간의 틀을 주고, 속도를 늦추게 하고, 번갈아 말하게 하며 상대의 이야기를 듣고 비난을 삼가는 좋은 행동을 실천하게 하면 사람들은 빨리 진정하고 좋은 결과로 이어질 수 있습니다. 두 사람은 모든 좋은 것들을 행동에 옮길 수 있습니다."

32 이 장에 나오는 페이스북 대화는 이 그룹 페이스북에 올라온 게시물과 참가자들이 내게 공유한 개인 메시지 내용이다.

33 새러프는 이렇게 썼다. "이 설계의 한 가지 문제점은 훈련을 받지 않았거나 우리 연구에 익숙하지 않은 사람을 6배나 많이 페이스북 그룹에 투입했다는 사실입니다. (…) 그 경험이 없는 사람들이 들어오면서 상황이 악화되었어요. 훈련받은 사람들이 자신의 기술로 다른 이들을 도우려고 했지만 역부족이었지요."

34 "Dialogue Journalism: The Method," Spaceship Media; "Dialogue Journalism Toolkit," Spaceship Media.

35 새러프는 다음과 같이 썼다. "또한 중재자들은 참여의 목적을 다음과 같이 강조했습니다. '목적은 우리에게 아주 중요합니다. 이 대화의 목적은 상대를 설득하는 것이 아니라 서로 이해하고 서로에 대해 배우는 것입니다. 그건 이 연구의 큰 요소이므로 우리는 대화에 개입해 목적을 재차 강조하고, 여러분과 여러분의 목적을 지원하기 위해 준비된 소통 합의 내용의 일부를 계속해서 상기시킬 것입니다. 여러분은 우리가 배운 기술의 목적이 이해하기 위해 듣고, 이해받기 위해 말하며, 순수하게 호기심에서 질문을 던지는 것임을 알고 있습니다. 정답이 없는 질문이나 수사적 질문을 삼가고 순수한 마음에서 궁금한 내용을 물어봐야 한다는 것을 기억합시다.'"

36 이 장에서 주목했듯이 온라인 대화를 방해하는 것에는 통제권을 차지하려는 싸움 외에도 여러 역학관계가 개입되어 있다. 사실 확인 질문에 대한 답변에서 새러프는 그런 훼방 요소에 일부 참가자를 소외시키는 행위, 이 안에서 지켜야 할 소통 합의 내용을 따르지 않는 행위, 그 외에 열린 대화를 방해하는 여러 패턴이 있다고 썼다. 또한 그는 이렇게 말했다. "발언의 평등을 모색하고 사람들이 핵심을 말하게 하고 듣는 사람들이 그곳에서 계속 버티게 돕는 것이 목적입니다."

37 힌은 이 과정의 시간이 오래 걸리는 이유가 "시간이 지나면서 우리 자신의 견해가 변화하고 그것에 대한 다른 사람의 견해를 자신의 관점에 통합시키면서 계속 달라지기 때문"이라고 덧붙였다.

38 이 인용문의 전체 내용은 다음과 같다. "이 그룹이 점점 재미없어지네요. 더는 할 이야기가 없어요. 어차피 누구도 자기 생각을 바꿀 마음이 없잖아요. 자신과 가족 공동체, 국가를 지키는 것이 가장 근본적인 인간의 권리라고 믿거나, 이 가장 근본적인 권리를 부정하고 정치인이나 그들의 하수인의 손에 무기가 집중되고 힘이 독점되는 것이 옳다고 믿거나 둘 중의 하나입니다. 제 생각은 확고하고 아마 여러분도

그럴 것입니다. 뭐, 좋습니다. 저는 이곳의 정중한 분위기를 인정합니다만 결국엔 투표소에서나 만나겠죠."

39   이 인용문의 출처는 에센셜 파트너스에서 여러 차례 수행한 설문조사이다.

40   새러프는 이렇게 썼다. "여기에서 알아야 할 점은 누군가는 위에 있고 누군가는 그렇지 않다는 게 아니라, 그렇지 않은 사람보다 열린 마음으로 듣고 솔직한 질문을 할 수 있는 패턴과 경향을 만드는 것이 중요하다는 것입니다. (…) 저는 우리에게 어려운 주제에 관해 얘기하게 돕는 도구와 구조가 있다는 걸 알고 있고 또 오래 알아왔다고 생각합니다. (…) 우리는 사람들이 훌륭한 기본 교육과 인식, 소통 합의, 훌륭한 중재, 균형 잡힌 보도를 하는 지지적인 저널리스트, 그리고 제니코프와 고드프리처럼 진정으로 이 뜻을 이해하는 몇몇 사람들과 함께 온라인 공간으로 간다면 그곳에서도 더 나은 대화가 가능하다는 것을 배웠습니다."

감정을 나누는 대화

1   Tim Althoff, Cristian Danescu-Niculescu-Mizil, and Dan Jurafsky, "How to Ask for a Favor: A Case Study on the Success of Altruistic Requests," *Proceedings of the International AAAI Conference on Web and Social Media* 8, no. 1 (2014): 12–21; Cristian Danescu-Niculescu-Mizil et al., "How Opinions Are Received by Online Communities: A Case Study on Amazon.com Helpfulness Votes," *Proceedings of the 18th International Conference on World Wide Web*, April 2009, 141–50; Justine Zhang et al., "Conversations Gone Awry: Detecting Early Signs of Conversational Failure," *Proceedings of the 56th Annual Meeting of the Association for Computational Linguistics* 1 (July 2018): 1350–61.

2   Zhang et al., "Conversations Gone Awry"; Justin Cheng, Cristian Danescu-Niculescu-Mizil, and Jure Leskovec, "Antisocial Behavior in Online Discussion Communities," *Proceedings of the International AAAI Conference on Web and Social Media* 9, no. 1 (2015): 61–70; Justin Cheng, Cristian Danescu-Niculescu-Mizil, and Jure Leskovec, "How Community Feedback Shapes User Behavior," *Proceedings of the International AAAI Conference on Web and Social Media* 8, no. 1 (2014): 41–50.

6

누군가의 세계를 이해할 때 성숙한 대화가 시작된다

1　Dewesh Kumar et al., "Understanding the Phases of Vaccine Hesitancy During the COVID-19 Pandemic," *Israel Journal of Health Policy Research* 11, no. 1 (2022): 1–5; Robert M. Jacobson, Jennifer L. St. Sauver, and Lila J. Finney Rutten, "Vaccine Hesitancy," *Mayo Clinic Proceedings* 90, no. 11 (2015): 1562–68. Charles Shey Wiysonge et al., "Vaccine Hesitancy in the Era of COVID-19: Could Lessons from the Past Help in Divining the Future?" *Human Vaccines and Immunotherapeutics* 18, no. 1 (2022): 1–3; Pru Hobson-West, "Understanding Vaccination Resistance: Moving Beyond Risk," *Health, Risk and Society* 5, no. 3 (2003): 273–83; Jacquelyn H. Flaskerud, "Vaccine Hesitancy and Intransigence," *Issues in Mental Health Nursing* 42, no. 12 (2021): 1147–50; Daniel L. Rosenfeld and A. Janet Tomiyama, "Jab My Arm, Not My Morality: Perceived Moral Reproach as a Barrier to COVID-19 Vaccine Uptake," *Social Science and Medicine* 294 (2022): 114699.

2　'사회적 정체성'을 단일 개념으로 언급하다 보면 다양한 정체성이 가질 수 있는 영향력을 간과하기 쉽다. 예를 들어 한 사람의 인종은 그들의 성별보다 삶에 더 큰 영향을 줄 수 있으므로 '사회적 정체성'이라는 말은 이런 개념을 포착하는 유용한 용어임에도 이것만으로는 충분하지 않은 경우가 많다는 점을 인지해야 한다. 이와 비슷하게 교차성의 개념, 즉 "인종, 계급, 성별처럼 특정 개인이나 집단에 적용되는 사회적 범주화의 상호 연결된 속성으로서 차별이나 불이익의 중첩되고 상호의존적 시스템으로 여겨지는 것"은 사회적 정체성을 이해하는 중요한 구성 요소이다. 이런 개념을 이해하는 데 ABPN 인증 소아과 의사이자 존스 홉킨스 메디슨의 조교수 칼리 D. 사이러스Kali D. Cyrus가 이 장들을 검토하고 좀 더 탄탄하고 포괄적인 제안을 해주며 큰 도움을 주었다.

3　Joshua L. Miller and Ann Marie Garran, *Racism in the United States: Implications for the Helping Professions* (New York: Springer Publishing, 2017).

4　Michael Kalin and Nicholas Sambanis, "How to Think About Social Identity," *Annual Review of Political Science* 21 (2018): 239–57; Russell Spears, "Social Influence and Group Identity," *Annual Review of Psychology* 72 (2021): 367–90.

5　Jim A. C. Everett, Nadira S. Faber, and Molly Crockett, "Preferences and Beliefs in Ingroup Favoritism," *Frontiers in Behavioral Neuroscience* 9 (2015): 15; Matthew D. Lieberman, "Birds of a Feather Synchronize Together," *Trends in Cognitive*

Sciences 22, no. 5 (2018): 371–72; Mina Cikara and Jay J. Van Bavel, "The Neuroscience of Intergroup Relations: An Integrative Review," *Perspectives on Psychological Science* 9, no. 3 (2014): 245–74; Thomas Mussweiler and Galen V. Bodenhausen, "I Know You Are, but What Am I? Self-Evaluative Consequences of Judging In-Group and Out-Group Members," *Journal of Personality and Social Psychology* 82, no. 1 (2002): 19.

6   Muzafer Sherif, University of Oklahoma, and Institute of Group Relations, *Intergroup Conflict and Cooperation: The Robbers Cave Experiment,* vol. 10 (Norman, Okla.: University Book Exchange, 1961).

7   Jellie Sierksma, Mandy Spaltman, and Tessa A. M. Lansu, "Children Tell More Prosocial Lies in Favor of In-Group Than Out-Group Peers," *Developmental Psychology* 55, no. 7 (2019): 1428; Sima Jannati et al., "In-Group Bias in Financial Markets" (2023), available at https:// ssrn.com/abstract=2884218; David M. Bersoff, "Why Good People Sometimes Do Bad Things: Motivated Reasoning and Unethical Behavior," *Personality and Social Psychology Bulletin* 25, no. 1 (1999): 28–39; Alexis C. Carpenter and Anne C. Krendl, "Are Eyewitness Accounts Biased? Evaluating False Memories for Crimes Involving In-Group or Out-Group Conflict," *Social Neuroscience* 13, no. 1 (2018): 74–93; Torun Lindholm and Sven-Åke Christianson, "Intergroup Biases and Eyewitness Testimony," *The Journal of Social Psychology* 138, no. 6 (1998): 710–23.

8   교차성(사람이 이분법적 짝짓기를 초월한 수많은 정체성에 영향을 받고, 또 그런 교차하는 정체성이 사람들을 증가된 차별과 불이익에 노출시키는)이 사회적 정체성의 힘을 이해하는 중요한 구성 요소임에 주목할 필요가 있다. 자세한 내용은 다음 학자들의 연구를 참고하기 바란다. Kimberlé Williams Crenshaw, Patricia Hill Collins, Sirma Bilge, Arica L. Coleman, Lisa Bowleg, Nira Yuval-Davis, Devon Carbado. 특히 아래 문헌들이 도움이 되었으므로 추천한다. Sumi Cho, Kimberlé Williams Crenshaw, and Leslie McCall, "Toward a Field of Intersectionality Studies: Theory, Applications, and Praxis," *Signs: Journal of Women in Culture and Society* 38, no. 4 (2013): 785–810; Ange-Marie Hancock, *Intersectionality: An Intellectual History* (New York: Oxford University Press, 2016); Edna A. Viruell-Fuentes, Patricia Y. Miranda, and Sawsan Abdulrahim, "More Than Culture: Structural Racism, Intersectionality Theory, and Immigrant Health," *Social Science and Medicine* 75, no. 12 (2012): 2099–106; Devon W. Carbado et al., "Intersectionality: Mapping the Movements of a Theory," *Du Bois Review:*

Social Science Research on Race 10, no. 2 (2013): 303-12.

9 Saul Mcleod, "Social Identity Theory: Definition, History, Examples, and Facts," Simply Psychology, April 14, 2023.

10 Matthew D. Lieberman, "Social Cognitive Neuroscience: A Review of Core Processes," *Annual Review of Psychology* 58 (2007): 259-89; Carolyn Parkinson and Thalia Wheatley, "The Repurposed Social Brain," *Trends in Cognitive Sciences* 19, no. 3 (2015): 133-41; William Hirst and Gerald Echterhoff, "Remembering in Conversations: The Social Sharing and Reshaping of Memories," *Annual Review of Psychology* 63 (2012): 55-79; Katherine D. Kinzler, "Language as a Social Cue," *Annual Review of Psychology* 72 (2021): 241-64; Gregory M. Walton et al., "Mere Belonging: the Power of Social Connections," *Journal of Personality and Social Psychology* 102, no. 3 (2012): 513.

11 사회가 일부 정체성에 부여한 권한-때로는 특권이라고 하는-이 어떻게 삶에 영향을 주는지에 주목할 필요가 있다. 이 주제에 대해 다음 문헌을 참고하라. Allan G. Johnson, *Privilege, Power, and Difference* (Boston: McGraw-Hill, 2006); Devon W. Carbado, "Privilege," in *Everyday Women's and Gender Studies* by Ann Braithwaite and Catherine Orr (New York: Routledge, 2016), 141-46; Linda L. Black and David Stone, "Expanding the Definition of Privilege: the Concept of Social Privilege," *Journal of Multicultural Counseling and Development* 33, no. 4 (2005): 243-55; and Kim Case, Deconstructing Privilege (New York: Routledge, 2013).

12 Matt Motta et al., "Identifying the Prevalence, Correlates, and Policy Consequences of Anti-Vaccine Social Identity," *Politics, Groups, and Identities* (2021): 1-15.

13 "CDC Museum COVID-19 Timeline," Centers for Disease Control and Prevention, https://www.cdc.gov/museum/timeline/covid19.html.

14 James E. K. Hildreth and Donald J. Alcendor, "Targeting COVID-19 Vaccine Hesitancy in Minority Populations in the US: Implications for Herd Immunity," *Vaccines* 9, no. 5 (2021): 489; Lea Skak Filtenborg Frederiksen et al., "The Long Road Toward COVID-19 Herd Immunity: Vaccine Platform Technologies and Mass Immunization Strategies," *Frontiers in Immunology* 11 (2020): 1817.

15 Claude M. Steele, *Whistling Vivaldi: How Stereotypes Affect Us and What We Can Do* (New York: W. W. Norton, 2011).

16 위의 책.

17 사실 확인을 위해 보낸 이메일에 대한 답변으로 스틸은 이런 차이가 암묵적 편견에

서 온 것은 아니라는 결론을 내리게 된 이유를 다음과 같이 설명했다. "1. 우리 연구
에서는 참가자들이 실험실에서 혼자 시험을 치렀는데 암묵적 편견의 가능성이 없는
상황에서도 성적이 좋지 않았습니다. 2. 고정관념 위협을 제거했더니 성적 부진이
완전히 사라졌습니다. 따라서 적어도 이 실험에서는 고정관념 위협이 성적 부진의
원인이었다고 생각할 수 있습니다."

18 스틸은 다음과 같이 썼다. "그들은 자신의 실제 능력에 대해 걱정하기보다 자신이
남에게 어떻게 판단되고 보여질 것이며, 그것이 자신의 미래에 어떤 의미일지를 더
걱정합니다."

19 Steven J. Spencer, Claude M. Steele, and Diane M Quinn, "Stereotype Threat and
Women's Math Performance," *Journal of Experimental Social Psychology* 35, no. 1
(1999): 4-28.

20 스틸은 다음과 같이 썼다. "이제 우리는 그들이 압도당해서 성적이 나쁜 것이 아니
라 자신이 어떻게 하고 있는지 지속적으로 모니터링을 하고, 그것이 그들의 성적 및
그것과 관련된 결과에 어떤 영향을 미칠지를 걱정하면서 지나치게 노력하고 멀티태
스킹을 하는 바람에 성적이 낮아졌다는 걸 알고 있습니다."

21 Claude M. Steele and Joshua Aronson, "Stereotype Threat and the Intellectual Test
Performance of African Americans," *Journal of Personality and Social Psychology*
69, no. 5 (1995): 797.

22 사실 확인 요청에 대한 답변으로 이 연구의 공동 저자인 애런슨Aronson은 이렇게 말
했다. "흑인 학생은 자신이 이 테스트로 평가받지 않는다고 느낄 때 훨씬 더 성적이
좋았습니다. 반면에 백인 학생의 성적은 차이가 없었는데 아마도 이들은 평소 고정
관념에 휘둘리지 않기 때문일 것입니다." 애런슨은 흑인과 백인 수험자를 비교하면
서 이렇게 강조했다. "흑인 학생은 고정관념이 작용하는 상황에 마주하는 일이 더
많습니다. 그들은 어떤 식으로든 고정관념을 상기시키거나 시험이 그들의 능력을
진단한다고 생각할 때 성적이 더 낮게 나왔습니다."

23 Charlotte R. Pennington et al., "Twenty Years of Stereotype Threat Research: A
Review of Psychological Mediators," PLOS One 11, no. 1 (2016): e0146487. 현재
스틸은 스탠퍼드대학교 사회과학 루시 스턴 명예교수이다. 과거에는 컬럼비아대학
교와 UC버클리에서 교무처장을 맡았다.

24 스틸은 다음과 같이 썼다. "여성이나 흑인 학생이 다른 이들에 의해 이 집단에 속하
게 되었다고 생각하는 것은 아니다. 남성이나 백인 학생처럼 그들은 그냥 그것이 자
기 집단이라는 것을 안다. 편견이 강한 누군가가 그들을 여기에 배정했다고 가정하
지 않아도 사회에서 자신의 집단에 대한 고정관념이 있다는 걸 알고 있다. 그들이
특정 상황에서 그러한 고정관념에 의해 판단되는 위협을 받거나 고정관념에 부합하

는 일을 겪을 때 느끼는 위협만으로 충분하다."

25 고정관념 위협에 대처하는 방법에 관해 여러 해결책을 제안하고 시험한 연구가 방대하게 이루어졌다. 자세한 내용은 클로드 스틸의 『고정관념은 세상을 어떻게 위협하는가』 9장을 참고하라.

26 Dana M. Gresky, "Effects of Salient Multiple Identities on Women's Performance Under Mathematics Stereotype Threat," *Sex Roles* 53 (2005).

27 Salma Mousa, "Building Social Cohesion Between Christians and Muslims Through Soccer in Post-ISIS Iraq," *Science* 369, no. 6505 (2020): 866–70.

28 Richard Hall, "Iraqi Christians Are Slowly Returning to Their Homes, Wary of Their Neighbors," Public Radio International (2017).

29 "For Persecuted Christian Women, Violence Is Compounded by 'Shaming,'" World Watch Monitor, March 8, 2019.

30 Hall, "Iraqi Christians Are Slowly Returning."

31 사실 확인 이메일에 대한 답변으로, 무사는 회의에서 사람들에게 "지역사회의 모든 일원이 이 리그에 참여할 수 있도록 우리는 기독교인이든 아니든 무작위적으로 선수를 팀에 추가할 것"이라고만 말했으나 참석자들은 추가되는 선수가 무슬림일 가능성이 크다는 걸 짐작했다고 말했다.

32 무사는 카라코시 지역사회 지도자들과의 긴밀한 협업, 그리고 연구 매니저 라비 자카리아Rabie Zakaria의 도움을 받았다. 이 연구를 진행할 당시 무사는 박사과정 학생이었고 현재는 예일대학교 정치학과 조교수이다.

33 Thomas F. Pettigrew and Linda R. Tropp, "Allport's Intergroup Contact Hypothesis: Its History and Influence," in *On the Nature of Prejudice: Fifty Years After Allport* by John F. Dovidio, Peter Samuel Glick, and Laurie A. Rudman (Malden, Mass.: Blackwell, 2005): 262–77; Marilynn B. Brewer and N. Miller, "Beyond the Contact Hypothesis: Theoretical," *Groups in Contact: The Psychology of Desegregation* (Orlando, Fla.: Academic Press, 1984): 281; Yehuda Amir, "Contact Hypothesis in Ethnic Relations," *Psychological Bulletin* 71, no. 5 (1969): 319; Elizabeth Levy Paluck, Seth A. Green, and Donald P. Green, "The Contact Hypothesis Re-Evaluated," *Behavioural Public Policy* 3, no. 2 (2019): 129–58.

34 Mousa, "Building Social Cohesion," 866–70.

35 Salma Mousa, "Contact, Conflict, and Social Cohesion" (diss., Stanford University, 2020).

36 무사는 동등한 발판을 마련하기 위해 다른 조건을 추가했다. 팀에 있는 모든 선수는 무슬림든 기독교인이든 ISIL 민병에게 피해를 본 사람들이었다. "이 연구에 참가한

무슬림들은 대부분 샤바크 시아라는 지역사회 출신으로, 그 공동체 사람들은 ISIL 에게 이단자로 박해받았어요 (…) 그래서 이것은 '가해자 대 피해자'의 구도는 아니었습니다. 그보다는 서서히 도시로 이주하면서 카라코시의 기독교 성격을 희석하는 것으로 여겨지는 무슬림에 대한 깊은 불신과 편견, 그리고 교육 수준이 낮고 가난하며 보수적이라는 고정관념이 작용한 사례입니다. 두 집단이 공유한 강제 이주 경험이 서로 유대감을 형성하는 데는 도움이 되지 않았어요. 집단 내 정체성, 불신, 분리만 공고해졌죠."

37 "COVID-19 Weekly Epidemiological Update," World Health Organization, February 23, 2021.

38 사실 확인 요청에 대한 답변에서 로젠블룸은 다음과 같이 말했다. "부스트 오리건의 목적은 사람들을 설득해 백신을 맞게 하려는 것이 아닙니다. 정보를 바탕으로 결정할 수 있게 교육하는 것이죠. 맞습니다. 우리는 왜 백신이 좋고 안전한지 가르칩니다. 하지만 (…) 우리가 할 일은 과제를 시작도 하기 전에 망쳐버릴 어떤 의제가 없도록 그들의 궁금증을 해소하는 것입니다."

39 Jennifer Hettema, Julie Steele, and William R. Miller, "Motivational Interviewing," *Annual Review of Clinical Psychology* 1 (2005): 91-111; William R. Miller and Gary S. Rose, "Toward a Theory of Motivational Interviewing," *American Psychologist* 64, no. 6 (2009): 527; William R. Miller, "Motivational Interviewing: Research, Practice, and Puzzles," *Addictive Behaviors* 21, no. 6 (1996): 835-42; W. R. Miller and S. Rollnick, *Motivational Interviewing: Helping People Change* (New York: Guilford Press, 2013).

40 Ken Resnicow and Fiona McMaster, "Motivational Interviewing: Moving from Why to How with Autonomy Support," *International Journal of Behavioral Nutrition and Physical Activity* 9, no. 1 (2012): 1-9.

7
나 자신을 온전히 드러내는 대화의 마법

1 인종과 민족에 관한 글을 쓸 때 저지르기 쉬운 많은 실수가 있다. 특히 저자가 나처럼 평생 많은 혜택과 특권을 누려온 이성애자 백인일 때는 말이다. 그중 한 가지가 다른 작가들에게는 명백한 사실을 깨닫지 못하는 것이다. 그런 이유로 나는 이 장을 쓰면서 인종차별, 편견, 인종 간 소통을 전공하는 여러 학자와 이야기했다. 이들 중 다수는 배제의 경험이 있는 사람들이었다. 그들이 너그러이 내어준 시간과 통찰에

감사한다. 이 장의 검토와 함께 의견과 제안을 부탁드린 분도 있고, 그 내용이 본문이나 주에 실리기도 했다. 또 한 가지 특히 주의할 점이 있다면 많은 종류의 편견이 종종 공통점이 있지만 그렇다고 하나로 묶여서는 안 된다는 사실이다. 인종차별은 성차별과는 다르고 동성애 혐오와도 다르다. 모든 선입견, 그리고 모든 불공정의 사례는 고유한 형태를 지닌다. 마지막으로 이 책에서 특정 인종이나 민족을 언급하는 방식을 포함해 민감한 주제를 말하는 방식에 대해서는 연합 통신사 스타일북의 기준을 따랐다.

2   "At Netflix, Radical Transparency and Blunt Firings Unsettle the Ranks," *The Wall Street Journal,* October 25, 2018.

3   불쾌함을 주는 말은 인종 비방처럼 노골적으로 드러내거나 반대로 크게 눈에 띄지 않게 은근슬쩍 표현될 수도 있다. 이런 것을 일부 학자들은 '미세공격microaggression'이라고 부른다. 이 주제에 대해서는 다음을 참고하라. Derald Wing Sue and Lisa Spanierman, *Microaggressions in Everyday Life* (Hoboken, N.J.: John Wiley and Sons, 2020); Derald Wing Sue et al., "Racial Microaggressions in Everyday Life: Implications for Clinical Practice," *American Psychologist* 62, no. 4 (2007): 271; Derald Wing Sue, "Microaggressions: More Than Just Race," *Psychology Today* 17 (2010); Anthony D. Ong and Anthony L. Burrow, "Microaggressions and Daily Experience: Depicting Life as It Is Lived," *Perspectives on Psychological Science* 12, no. 1 (2017).

4   리드 헤이스팅스는 마크 랜돌프Marc Randolph와 넷플릭스를 공동 창업했다.

5   넷플릭스 기업에 대해서는 리드 헤이스팅스가 에린 메이어Erin Meyer와 함께 쓴 책을 포함해 아래와 같은 여러 문헌을 참고했다. *No Rules Rules: Netflix and the Culture of Reinvention* (New York: Penguin, 2020); Corinne Grinapol, *Reed Hastings and Netflix* (New York: Rosen, 2013); Patty McCord, "How Netflix Reinvented HR," *Harvard Business Review* 92, no. 1 (2014): 71–76; James Morgan, "Netflix: Reed Hastings," *Media Company Leader Presentations* 12 (2018); Bill Taylor, "How Coca-Cola, Netflix, and Amazon Learn from Failure," *Harvard Business Review* 10 (2017); Kai-Ingo Voigt et al., "Entertainment on Demand: The Case of Netflix," in *Business Model Pioneers: How Innovators Successfully Implement New Business Models* (Switzerland: Springer International Publishing, 2017): 127–41; Patty McCord, *Powerful: Building a Culture of Freedom and Responsibility* (San Francisco: Silicon Guild, 2018).

6   사실 확인 요청에 대한 답변에서 넷플릭스 대변인은 이 관행이 현재는 자주 일어나지 않으며 회사가 크게 성장하고 복잡해지면서 직원들이 외부 스카우트 제안을 요

청할 필요가 없도록 업계 표준에 따라 연봉을 더 잘 책정하고 있다고 말했다.

7 사실 확인 질문에 대한 답변으로 넷플릭스 대변인은 현재는 이런 일이 덜 일어난다고 말했다.

8 2010년에 선정되었다.

9 Evelyn R. Carter, Ivuoma N. Onyeador, and Neil A. Lewis, Jr., "Developing and Delivering Effective Anti-bias Training: Challenges and Recommendations," *Behavioral Science and Policy* 6, no. 1 (2020): 57-70; Joanne Lipman, "How Diversity Training Infuriates Men and Fails Women," *Time* 191, no. 4 (2018): 17-19; Peter Bregman, "Diversity Training Doesn't Work," *Harvard Business Review* 12 (2012); Frank Dobbin and Alexandra Kalev, "Why Doesn't Diversity Training Work? The Challenge for Industry and Academia," *Anthropology Now* 10, no. 2 (2018): 48-55; Hussain Alhejji et al., "Diversity Training Programme Outcomes: A Systematic Review," *Human Resource Development Quarterly* 27, no. 1 (2016): 95-149; Gwendolyn M. Combs and Fred Luthans, "Diversity Training: Analysis of the Impact of Self-Efficacy," Human Resource Development Quarterly 18, no. 1 (2007): 91-120; J. Belluz, "Companies Like Starbucks Love Anti-bias Training but It Doesn't Work—and May Backfire," *Vox* (2018); Dobin and Kalev, "Why Doesn't Diversity Training Work?," 48-55; Edward H. Chang et al., "The Mixed Effects of Online Diversity Training," *Proceedings of the National Academy of Sciences* 116, no. 16 (2019): 7778-83.

10 Elizabeth Levy Paluck et al., "Prejudice Reduction: Progress and Challenges," *Annual Review of Psychology* 72 (2021): 533-60.

11 Francesca Gino and Katherine Coffman, "Unconscious Bias Training That Works," *Harvard Business Review* 99, no. 5 (2021): 114-23.

12 Frank Dobbin and Alexandra Kalev, "Why Diversity Programs Fail," *Harvard Business Review* 94, no. 7 (2016): 14.

13 This quote comes from "Unconscious Bias Training That Works," and is a summary of another study: Alexandra Kalev, Frank Dobbin, and Erin Kelly, "Best Practices or Best Guesses? Assessing the Efficacy of Corporate Affirmative Action and Diversity Policies," *American Sociological Review* 71, no. 4 (2006): 589-617.

14 Elizabeth Levy Paluck et al., "Prejudice Reduction: Progress and Challenges," *Annual Review of Psychology* 72 (2021): 533-60. 편견과 편향된 태도를 줄이는 효과가 지속적으로 나타나는 것으로 보이는 방법에는 2021년 「심리학 연례 리뷰」에 실린 '대면 집단 간 접촉'과 '장기적인 개인 간 대화'의 장려가 있다.

15 사실 확인 요청에 대한 답변으로 넷플릭스는 모든 직원이 이 사실을 알고 의견을 형성했던 것은 아니라고 말했다.

16 이런 종류의 기준이 공식적이든 비공식적이든 직원의 규범과 의견에 적용된다면 소수 집단에 속한 직원들에게 지나친 불이익을 줄 수 있다고 제시하는 연구 결과가 많다. 더 자세한 내용은 다음을 참조하라. James R. Elliott and Ryan A. Smith, "Race, Gender, and Workplace Power," *American Sociological Review* 69, no. 3 (2004): 365–86; Ashleigh Shelby Rosette, Geoffrey J. Leonardelli, and Katherine W. Phillips, "The White Standard: Racial Bias in Leader Categorization," *Journal of Applied Psychology* 93, no. 4 (2008): 758; Victor Ray, "A Theory of Racialized Organizations," *American Sociological Review* 84, no. 1 (2019): 26–53; Alice Hendrickson Eagly and Linda Lorene Carli, *Through the Labyrinth: The Truth About How Women Become Leaders* (Boston: Harvard Business Press, 2007).

17 Michael L. Slepian and Drew S. Jacoby-Senghor, "Identity Threats in Everyday Life: Distinguishing Belonging from Inclusion," *Social Psychological and Personality Science* 12, no. 3 (2021): 392–406. 사실 확인 요청에 대한 답변으로 슬레피언은 어려운 대화에 관한 문제는 "우리가 이야기한 29개 이상의 상황 중에서 단 하나에 불과했다"라고 명확히 밝혔다.

18 슬레피언은 이 결과들은 다수의 연구와 논문을 바탕으로 했다고 말했다.

19 Sarah Townsend et al., "From 'in the Air' to 'Under the Skin': Cortisol Responses to Social Identity Threat," *Personality and Social Psychology Bulletin* 37, no. 2 (2011): 151–64; Todd Lucas et al., "Perceived Discrimination, Racial Identity, and Multisystem Stress Response to Social Evaluative Threat Among African American Men and Women," *Psychosomatic Medicine* 79, no. 3 (2017): 293; Daan Scheepers, Naomi Ellemers, and Nieska Sintemaartensdijk, "Suffering from the Possibility of Status Loss: Physiological Responses to Social Identity Threat in High Status Groups," *European Journal of Social Psychology* 39, no. 6 (2009): 1075–92; Alyssa K. McGonagle and Janet L. Barnes-Farrell, "Chronic Illness in the Workplace: Stigma, Identity Threat and Strain," *Stress and Health* 30, no. 4 (2014): 310–21; Sally S. Dickerson, "Emotional and Physiological Responses to Social-Evaluative Threat," *Social and Personality Psychology Compass* 2, no. 3 (2008): 1362–78.

20 슬레피언은 연구 참가자를 모집하는 공고에서 특히 자신이 속한 사회 집단 때문에 소외를 느낀 사람들을 찾았다. 따라서 이 표본에는 정체성 위협의 경험이 많은 사람들이 주로 모여 있을 가능성이 크다. 그러므로 전체 인구에서는 정체성 위협의 빈도

가 더 적다는 결론이 나온다.

21 Nyla R. Branscombe et al., "The Context and Content of Social Identity Threat," *Social Identity: Context, Commitment, Content* (1999): 35–58; Claude M. Steele, Steven J. Spencer, and Joshua Aronson, "Contending with Group Image: The Psychology of Stereotype and Social Identity Threat," in *Advances in Experimental Social Psychology* (Cambridge, Mass.: Academic Press, 2002), 34:379–440; Katherine T. U. Emerson and Mary C. Murphy, "Identity Threat at Work: How Social Identity Threat and Situational Cues Contribute to Racial and Ethnic Disparities in the Workplace," *Cultural Diversity and Ethnic Minority Psychology* 20, no. 4 (2014): 508; Joshua Aronson and Matthew S. McGlone, "Stereotype and Social Identity Threat," in Handbook of *Prejudice, Stereotyping, and Discrimination* (New York: Psychology Press, 2009); Naomi Ellemers, Russell Spears, and Bertjan Doosje, "Self and Social Identity," *Annual Review of Psychology* 53, no. 1 (2002): 161–86.

22 사실 확인 요청의 답변에서 샌체즈는 추가로 연구 참가자 80~90퍼센트가 이런 대화에 많은 기대를 걸고 있다고 설명했다. 다음 문헌을 참고하라. Kiara Lynn Sanchez, "A Threatening Opportunity: Conversations About Race-Related Experiences Between Black and White Friends" (PhD diss., Stanford University, 2022).

23 Robert Livingston, *The Conversation: How Seeking and Speaking the Truth About Racism Can Radically Transform Individuals and Organizations* (New York: Currency, 2021).

24 팬데믹으로 인해 이 대화는 대부분 화상 회의로 진행되었다.

25 사석에서 흑인 친구에게 인종차별 경험을 먼저 말하게 요청하면 관계에 장벽이 생길 수 있다는 점에 유의할 필요가 있다. 칼리 D. 사이러스 박사는 이 장을 검토하면서 이렇게 말했다. "때때로 흑인인 사람에게 트라우마 공유를 요청하면 그 (유색인종의) 경험은 그에 대한 견해를 말하든 사과하든 또는 다른 어떤 식으로든 백인과는 다르거나 타자화된 경험으로 사용되어 전시되는 경우가 있습니다. (…) 통합이라는 대의를 위해 흑인이나 사회적 약자가 어려운 대화에 나서야 할 의무는 없다는 걸 인정해야 합니다! 왜냐하면 일반적으로 그들은 백인이 중심인 직장이나 환경에서 성공하려면 이것을 기본적으로 해야 하기 때문입니다. 하지만 저처럼 기꺼이, 그리고 감정적으로 참여할 의사가 있는 유색인종도 있지요."

26 구체적인 내용은 다음과 같다. "조금 후에 여러분은 친구와 대화를 시작할 것입니다. 하지만 먼저 저희가 알게 된 몇 가지 사실을 공유하고 싶습니다. 우리는 사람들

에게 다른 인종의 친구와 인종에 관한 이야기를 하는 것에 관해 물었습니다. 그리고 그 결과를 당신과 친구에게 공유할 것입니다."

27 샌체즈는 "사람들에게 인내심을 발휘할 수 있는 틀"을 주는 것이라고 했다. "불편감 자체도 도움이 될 수 있다는 이론을 바탕으로, 불편감을 없애는 대신 그것이 의미 있는 대화나 관계에 반드시 장벽이 되어야 하는 건 아님을 보여주고자 합니다."

28 샌체즈는 실험군과 대조군에 관해 다음과 같이 언급했다. "두 집단에서 대화 시간의 통계적 차이는 없었습니다. 또한 집단에 따라 대화의 내용이 더 깊어지거나 취약해졌다는 증거도 아직 없습니다. 전반적으로 우리가 발견한 것은 양 집단에서 대화가 실제로 아주 잘 흘러갔다는 것입니다. 두 친구 모두 대화에 진정으로 참여하고 있다는 기분을 느꼈고 긍정적인 경험을 했다고 보고했습니다. 또한 대화의 내용에서도 유의미한 차이가 발견되지는 않았습니다."

29 사실 확인 요청에 대한 답변에서 샌체즈는 이 흑인 참가자는 "백인 환경에서 흑인으로 살아가는 것의 내적 갈등을 이야기하고 있습니다. 가끔은 잊고 지내지만 평소 그 사실을 자주 상기하면서 저 두 경험의 균형을 맞춰가고 있었습니다. (그런 복잡성이) 이런 대화와 전반적인 인종 간 관계의 속성을 대표합니다."라고 말했다.

30 Kiara Lynn Sanchez, "A Threatening Opportunity: Conversations About Race-Related Experiences Between Black and White Friends" (PhD diss., Stanford University, 2022).

31 샌체즈에 따르면 대화 직후에 가장 강한 결과가 나타났다. "대화 전에서 대화 직후까지 두 사람은 친밀감이 급증했습니다. 하지만 몇 개월 뒤에도 흑인 친구는 백인 친구들과 인종에 대해 좀 더 편안하게 얘기할 수 있었고 관계가 좀 더 진실해졌습니다." 계속해서 샌체즈는 사실 확인 요청에서 다음과 같이 답했다. "즉각적인 결과는 훈련 여부와 상관없이 두 집단에서 모두 나타났습니다. 하지만 훈련은 흑인 친구들에게 장기적으로 '진실성'과 '친밀감'을 주었어요. 즉, 장기적인 혜택이죠. 이 대화를 통해 모두 즉각 '진실성'과 '친밀감'이 증가했지만, 훈련을 받은 흑인 친구들은 그 효과가 장기적으로 이어졌어요. 따라서 인종에 대한 대화를 하는 것만으로도 도움이 되지만 흑인 친구들에게 훈련은 오래 지속되는 효과를 줍니다."

32 불편감에 대비하는 것과 그것에 집착하는 것의 차이에 유념해야 한다. 칼리 D. 사이러스 박사가 강조한 것처럼 집착은 확증편향을 일으킨다.

33 사실 확인 요청에 대한 답변으로, 샌체즈는 이렇게 썼다. "정체성 위협은 종종 누가 아무것도 하지 않았을 때도 나타납니다. 그저 다른 집단에서 온 사람에게 이야기를 하는 것만으로도 그 사람이 고정관념의 렌즈로 자신을 볼지 모른다는 걱정을 유발합니다(그 사람이 아직 한마디도 하지 않았는데). 개인적인 경험과 의견을 나누는 힘에 관한 견해도 있지만 저는 일반화를 피하는 것이 다른 사람의 정체성 위협을 감

소시키는 확실한 방식이라고는 말하지 않겠습니다."

34 사실 확인 요청에 대한 답변으로 마이어스는 이렇게 확장해서 말했다. "모두 적극적인 반인종차별주의자가 되어야 합니다. 다시 말해 개인, 그리고 회사로서 우리는 먼저 자신의 무의식적인 편견을 인정하고 그것이 동료와 사업에 의도치 않게 미치는 영향을 인지해야 합니다."

35 넷플릭스는 마이어스가 법무부 장관 비서실에서 "법무부 장관과 지도진에 자문하는 일은 물론이고 비서실 내에서 다양성과 고용 유지, 성희롱 및 차별 금지 교육 증가와 연방국에서 소외 집단에 대한 지원과 참여 강화" 업무를 담당했었다고 밝혔다.

36 Hastings and Meyer, *No Rules Rules*.

37 마이어스는 자기 팀이 "장기적인 전략 변화 프로세스를 위해 투입되었으며, 이를 위해 기업 내 인사과 및 경영진과 협업하여 이런 전략을 구체화했습니다. 워크숍이나 대화는 이런 전략의 한 부분일 뿐입니다"라고 말했다.

38 마이어스는 다음과 같이 말했다. "대부분은 자신과 자신의 문화, 다른 이들의 문화를 인식하고 어떻게 자신의 정체성, 경험, 문화가 세계관, 인간관계, 행동, 판단을 형성하는지를 이해하게 하는 일입니다. 또한 자신의 편견을 인지하고 확인하며 자기가 누구를 왜 (의식적으로, 그리고 무의식적으로) 배제하거나 포함하는지 인지해 모두 각자 포용적이고 존중받는 환경을 창조하는 데 일조하게 하는 일이기도 합니다."

39 비록 누구나 배제되거나 소외된 아픔을 겪은 적이 있지만 그렇다고 모두의 경험이 동일하지는 않다는 사실에 주목해야 한다. 어떤 배제는 다른 것보다 훨씬 치명적이고 자신의 사회적 정체성 때문에 다른 이들보다 더 자주, 또는 특별한 방식으로 경험해야 하는 사람들이 있다.

40 마이어스는 이렇게 썼다. "정체성은 유색인종이나 여성에게만 있는 것이 아니다. 모든 사람이 각자의 정체성이 있고, 우리는 모두 개인적으로 각자를 고유한 존재로 만드는 다중 정체성과 여러 경험이 있기 때문에 다양성이란 모든 사람에게 존재하는 것이다. 그러나 많은 기업 공간이 역사적 배제와 인종차별, 성차별로 인해 특정 정체성에 의해 지배되고 있으며, 그것은 그 안에서 모든 것을 판단하는 규범이 되었다. (…) 규범을 바꾸거나 다양한 사람으로 채우는 것만으로는 충분하지 않고 그들이 팀, 작업 방식, 언어, 정책 등에서 존중받고 반영되는 환경을 만들어야 한다. (…) 그 작업은 항상 다면적 측면에서 변화를 이끄는 식으로, 개인적 수준(사람들이 생각하고 믿고 느끼는 방식), 대인적 수준(사람들의 행동과 관계), 조직적 수준(정책과 관행), 문화적 수준(무엇이 옳고 아름답고 진실이라고 여겨지는가)의 네 가지 수준에서 일어난다."

41 마이어스는 이런 대화는 인종에 대한 의견을 끌어내려고 설계된 것이 아니라고 했다. "그것은 차이에 관한, 세상에 존재하는 모든 차이와 사람들이 그 차이에 반응하

는 방식에 대한 것입니다. 인종 이야기가 많이 올라오지만 젠더일 수도, 장애, 소득, 성적 성향, 억양, 언어일 수도 있습니다."

42 마이어스는 "어떤 사람들에게 이런 대화는 어렵고 절대 안전하지 않습니다. 어떨 때는 걱정을 해결하기 위해 내용을 바꿉니다"라고 말했다. 마이어스는 모두가 안전하고 편안하게 느끼는 것은 아니라고 강조했다.

43 이런 종류의 질문은 불편할 수 있으므로 회사는 지나치게 불편한 상황이 되었을 때를 대비한 규범이 있다. 넷플릭스 포용 전략팀 팀장인 토니 해리스 퀴네를리Toni Harris Quinerly는 "자신에 대한, 또는 그들의 정체성과 관련된 문제를 논의하는 것이 불편하면 동료에게 그런 대화는 원하지 않는다고 말하라고 권합니다"라고 말했다. "포용팀에서는 이런 종류의 경계 설정을 규칙으로 만들기 위해 애쓰고 있습니다. 그래야 사람들이 어떤 주제를 논의하고 싶거나 하고 싶지 않을 때 좀 더 편안하게 소통할 수 있고, 상대편에 있는 사람들이 그런 경계에 응하고 존중할 수 있기 때문입니다. 여기에는 사람들에게 자기가 완전히 이해하지 못하는 경험에 대해 배울 수 있는 여러 방법이 있다고 소개하는 것이 포함됩니다(일례로 관련 기사나 책을 찾거나, 그 사안에 대해 지식이나 견해가 있는 다른 사람이나 동맹의 고견을 구하는 것)."

44 그레그 월턴Greg Walton은 사실 확인 요청에 대한 답에서 이런 연습의 목적은 이미 힘이 있는 사람들을 위안하는 것이 아니라 사람들이 자신과 사회를 돌아보고 다른 이의 관점을 들을 수 있는 분위기를 창조하는 것이라고 했다. 핵심은 "더 긍정적이고 덜 편견 있게 행동하도록 하는 훈련"에 있다. 인터뷰에서 월턴은 내게 "문화 안에서 불완전한 사람을 위한 공간을 창조해야 합니다. 우리는 '갓차gotcha' 문화(상대의 사소한 실수나 약점을 꼬투리 잡아 공격하는 행위―옮긴이)를 원치 않습니다. 불완전한 사람들을 적이 아닌 동맹으로 동지로 만드는 것이 목표입니다"라고 말했다.

45 Vernā Myers, "Inclusion Takes Root at Netflix: Our First Report," Netflix.com, January 13, 2021.

46 Vernā Myers, "Our Progress on Inclusion: 2021 Update," Netflix.com, February 10, 2022.

47 이 수치는 2022년 인구통계를 반영한다.

48 Stacy L. Smith et al., "Inclusion in Netflix Original U.S. Scripted Series and Films," *Indicator* 46 (2021): 50−56.

49 이 시위에 정확히 얼마나 많은 직원들이 참여했는지는 확실치 않다. 현장에서 기자가 추정하기로 20여 명이었다. 일부 직원은 샤펠 쇼에 반대하기 위해 점심에 조퇴했다.

50 사실 확인 요청 이메일에 대한 답변에서 넷플릭스는 이렇게 말했다. "넷플릭스는 세계에게 즐거움을 주기 위해 노력하고 있으며 DEI(다양성, 형평성, 포용성)는 그 목

표를 성취하는 데 도움이 됩니다. 그래서 이것은 단지 사회적 선 그리고 우리가 서로 존중하며 일하고 다름의 이점을 이용하게 배우는 것만이 아니라 어떻게 이것이 우리 모두와 이 사업이 번창하게 할지, 그 방식에 관한 것입니다." 마이어스는 이렇게 덧붙였다. "대표성을 높이고 우리가 하는 모든 일에 포용의 렌즈를 적용한다면 혁신적이고 창의적이 될 것입니다. 또한 누구도 전에 말하지 않은 진실과 새로운 이야기를 말하게 될 것이며 과거에 배제되었던 인재에게 발판과 무대를 제공하게 됩니다. (…) 이건 사업에도 도움이 되고 우리 사회의 현재 구성원과 앞으로 구성원이 될 사람들에게게도 정말 바람직한 일입니다."

51 마이어스는 2023년 9월, 5년 만에 넷플릭스의 자기 자리에서 내려왔고 지금은 자문위원으로 남아 있다. 그 자리는 웨이드 데이비스가 이어받았다.

에필로그

1 이 연구를 이해하기까지 다음 문헌이 큰 도움이 되었다. Robert Waldinger and Marc M. D. Schulz, *The Good Life* (New York: Simon and Schuster, 2023); George E. Vaillant, *Triumphs of Experience* (Cambridge, Mass.: Harvard University Press, 2012); George E. Vaillant, *Adaptation to Life* (Cambridge, Mass.: Harvard University Press, 1995); John F. Mitchell, "Aging Well: Surprising Guideposts to a Happier Life from the Landmark Harvard Study of Adult Development," *American Journal of Psychiatry* 161, no. 1 (2004): 178–79; Christopher Peterson, Martin E. Seligman, and George E. Vaillant, "Pessimistic Explanatory Style Is a Risk Factor for Physical Illness: A Thirty-Five-Year Longitudinal Study," *Journal of Personality and Social Psychology* 55, no. 1 (1988): 23; Clark Wright Heath, *What People Are; a Study of Normal Young Men* (Cambridge, Mass.: Harvard University Press, 1945); Robert C. Intrieri, "Through the Lens of Time: Eight Decades of the Harvard Grant Study," *PsycCRITIQUES* 58 (2013); Robert Waldinger, "Harvard Study of Adult Development" (2017).

2 이 프로젝트에서 연구자들은 논문에서 항상 참가자들을 가명으로 언급했고 그들의 신상 내용을 변경해 신원을 보호했다. 이 장에 포함된 정보 역시 저 출판된 논문을 참조했고 따라서 연구자들이 변경한 이름과 세부 상황을 사용했다. 그러나 연구자들을 직접 인터뷰하여 부족한 부분을 채웠다. 또한 출간되었든 아니든 출판물을 참조해 정확성을 확인했다.

3 Julianne Holt-Lunstad, "Why Social Relationships Are Important for Physical

Health: A Systems Approach to Understanding and Modifying Risk and Protection," *Annual Review of Psychology* 69 (2018): 437–58.

4   Yang Claire Yang et al., "Social Relationships and Physiological Determinants of Longevity Across the Human Life Span," *Proceedings of the National Academy of Sciences* 113, no. 3 (2016): 578–83.

감사의 말

먼저 나에게 생각과 지혜와 경험을 나누어준 사람들부터 시작해야겠다. 이 책을 쓰기 위해 조사한 3년 동안 너그러이 시간을 할애해준 수백 명의 과학자와 사상가들에게 무한한 감사를 드린다. 대형 보도 프로젝트의 한 가지 안타까운 점은 도움을 많이 준 멋진 분들의 이름을 본문에서 언급하지 못하는 경우가 있다는 것이다. 그중에서도 UC 버클리의 대커 켈트너Dacher Keltner, 노스이스턴대학교의 리사 펠드먼 배럿Lisa Feldman Barrett, 다트머스 사회 시스템 연구실과 나사 관계자들, 〈빅뱅 이론〉의 작가진에게 큰 고마움을 전한다.

나는 이 책을 쓰면서, 또 지금까지 살면서, 내 담당 편집자 앤디 워드Andy Ward와 가장 즐거운 대화를 나누었다. 워드는 재능 있고 꼼꼼하며 혜안이 있는 문장가이자 헌신적인 벗이다. 영국에서 나이절 윌콕슨Nigel Wilcockson은 멋진 제안과 응원을 아끼지 않았고, 브루클린에서 스콧 모이어스Scott Moyers는 집필 초기에 귀중한 의논 상대가 되어주었다. 나는 랜덤하우스를 작가들의 천국으로 만든 지나 센트렐로Gina Centrello는 물론이고 톰 페리Tom Perry, 마리아 브래켈Maria Braeckel, 그레그 쿠비Greg Kubie, 사뉴 딜런Sanyu Dillon, 아옐릿 듀란트Ayelet Durantt, 윈디 도레스텐Windy Dorresteyn, 아즈라프 칸Azraf Khan, 조 페레즈Joe Perez와 일하는 행운을 누렸다. 랜덤하우스의 뛰어난 마케팅팀에게도 많은 빚을 졌다.

그를 아는 사람은 누구나 동의하겠지만 앤드루 와일리Andrew Wylie는 작가들이 살기 좋은 세상을 만들어왔고, 와일리의 동료 제임스 풀렌James Pullen은 해외에서 용맹하게 마케팅 전투를 벌였다. 나는 과거에 《뉴욕타임스》에서 일하며 여러 훌륭한 동료들을 만났고, 지금은 《뉴요커》에 기고하는데, 데이비드 렘닉David Remnick과 대니얼 잘레프스키Daniel Zalewski는 친절과 지성, 그리고 최고의 저널리즘은 자연스럽게 동반한다는 걸 매일 증명한다. 이 책의 사실 관계 확인을 맡은 데이비드 코르타파David Kortava와 언제나 현명한 조언으로 나를 이끌어주는 조수 아샤 스미스Asha Smith, 올리비아 분Olivia Boon, 리처드 램펠Richard Rampell에게 특별히 감사하고 싶다.

이 책의 대부분은 우리 가족을 기꺼이 맞아준 캘리포니아의 산타크루즈에서 썼다.

마지막으로 아들 올리와 해리, 그리고 아내 리즈에게 가장 깊은 고마움을 전한다. 이들의 사랑과 응원, 인도와 지혜, 그리고 우정 덕분이 이 책을 마칠 수 있었다.

옮긴이 조은영

서울대학교 생물학과를 졸업하고, 동 대학교 천연물과학대학원과 미국 조지아대학교에서 석사 학위를 받았다. 옮긴 책으로 『코드 브레이커』 『문명 건설 가이드』 『신경가소성』 『암컷들』 『파브르 식물기』 『10퍼센트 인간』 『바이러스, 퀴어, 보살핌』 『다른 몸들을 위한 디자인』 『눈부신 심연』 『나무는 거짓말을 하지 않는다』 등이 있다.

대화의 힘

초판 1쇄 발행 2024년 6월 25일
초판 7쇄 발행 2024년 8월 26일

지은이 찰스 두히그
옮긴이 조은영

발행인 이봉주 **단행본사업본부장** 신동해
편집장 조한나 **책임편집** 이혜인 **교정** 박나래
디자인 studio forb
마케팅 최혜진 백미숙 **홍보** 반여진
국제업무 김은정 김지민 **제작** 정석훈

브랜드 갤리온
주소 경기도 파주시 회동길 20
문의전화 031-956-7208(편집) 031-956-7129(마케팅)

홈페이지 www.wjbooks.co.kr
인스타그램 www.instagram.com/woongjin_readers
페이스북 www.facebook.com/woongjinreaders
블로그 post.naver.com/wj_booking

발행처 (주)웅진씽크빅
출판신고 1980년 3월 29일 제 406-2007-000046호

한국어판 출판권 ⓒ (주)웅진씽크빅, 2024
ISBN 978-89-01-28510-8 03300